새 벽 을 열 어 길 이 된 사 람

빗방울
김수업

김수업 선생 1주기 추모사업회

빗방울

김수업

떨어지네.

하늘에서 땅으로
한없이
아래로만
떨어지네.

곤두박질로 떨어지고서도
다시
올라가려 하지 않고
낮은 데로, 낮은 데로만 찾아
손에 손잡고 하나되어
내려만 가네.

마침내
바다에 가서
모두 모여
한 데 어우러져
더불어 울렁이며 춤추네.

해님이
빙그레 웃으며 내려다보더니
수증기 만들어
다시 불러
들어올려 주시네.

지금은 국어의 시간

지금은 국어 시간

형노야 태기야 정숙아

선생님이 우리를 부르시던 간절하고 애틋한 그날

한 처음에 신이 말씀으로 세상을 지어 내셨듯이

'으앙' 울음소리 터트린 첫마디로부터 비롯된 것

일러주셨다네 말은 생각의 집이란다 주춧돌은 어머니말이란다

애오라지 인간만이 누릴 수 있는 장하고 귀한 선물

우리가 살아내는 일이

말의 꽃이 피워내는 숭어리들이란 말이다

말꽃을 피워내고 놀이꽃을 피우고 사람을 키우는

믿음, 흔들림 없이 세상 모두를 안아라

안고 뒹굴고 팽팽하게 끌어당기란 말이다

힘없고 보잘 것 없고 수고하고 짐을 진 자들 그 사람들의 말들

서러운 국어에 운명을 걸어라

거미줄 시시한 줄이 아니라 동아줄 튼튼하게

참된 것은 참된 것끼리 착한 것은 착한 것끼리

어여쁘면 어여쁜 대로 한 세상 바쁠 일이다

집과 학교와 성당, 세 발 굳건한 삼위일체 당신의 세상

도대체 학술논문의 쪽수는 얼마인지요

가르쳐 주신 제자는 몇 명인가요
깨우침을 받은 이들 숫자는 셈이나 될는지요

한 생애가 다 닳아버렸습니다

오늘 다시 모국어의 시간으로 돌아왔습니다
스승이 이루어 놓으신 알뜰한 영토 차근차근 밟아봅니다
어리석기만한 저희들
감자의 싹눈 조각을 나누어 가지듯
최후의 일분조차 아껴 길러내신 말꽃 놀이꽃 삶꽃
이어서 피워나갈 욕심 많은 상속자가 되렵니다
그리하여 온 누리 배달말 강이 되고 물이 되고 흘러흘러 넘치도록
스승이시여
서러운 국어의 눈물은 이제 그만 거두어 주소서
인자한 당신의 웃음을 영원히 기억하게 하소서

문정임 (시인, 경상대학교 국어교육과 2회 졸업)

매화를 보러 왔다가

- 김수업 선생님을 추모하며 -

매화를 보러 왔다가 말꽃을 보았습니다
아직 찬바람 속 살랑거리는 매화를 보면서
매화보다 더 매화 같은 말꽃을 보았습니다
저 찬바람을 이겨내는 유연한 하늘거림
그 연약한 꽃잎의 부드러움
매화를 보러 왔다가 말꽃을 보았습니다.

매화를 보러 왔다가 선생님을 보았습니다
홀로 아득하니[1] 말꽃 세상을 만들었던,
선생님을 보았습니다.
봄바람 살랑거리는 유연함으로 말꽃 세상을 꿈꿨던
선생님을 보았습니다.
봄보다 먼저 와서 봄길에 피는 말꽃을 만들었던
선생님을 보았습니다.

---

1) 이육사의 '광야'에서 인용

매화를 보러 왔다가 매화처럼 살다 간
말꽃을 보았습니다
선생님을 보았습니다
제 세상의 매화를 보았습니다.

이정관 (전주효문여자중학교 교사)

말과 문화, 그리고 얼을 지키고 가꾸신
김수업 선생의 삶을 기리며

2019년 6월 23일, 김수업 선생께서 세상을 떠나신 지 1년이 되는 날입니다. 이날을 맞이하여 선생을 기억하고, 존경하고, 따르고, 기리고자 하는 분들이 함께 선생의 삶을 되돌아보는 책을 만들기로 하였습니다. 선생께서 우리 곁을 떠나 하느님 나라로 가신 것에 큰 슬픔을 이길 수 없었지만, 자료가 사라지기 전에, 기억이 희미해지기 전에 선생의 발자취를 기록해 놓아야겠다는 생각으로 서두르게 되었습니다.

선생께서는 우리 겨레가 겪은 파란만장한 시기에 사셨습니다. 우리 강토를 강점한 일제가 침략 전쟁을 일으키며 우리나라 사람과 물자를 전쟁터로 보내던 시기에 세상에 나서서 해방, 분단, 전쟁을 고스란히 겪으셨습니다. 학생 시절에는 독재에 항거한 4.19, 군부가 권력을 잡은 5.16과 그 이후의 독재를 겪으셨고, 중앙 권력이 지역 문화를 유린하던 상황을 보셨습니다. 대학에서 가르치기 시작한 이후에는 구성원이 주인이 되는 민주화운동, 지역 문화를 되살리는 움직임의 중심에 계셨습니다.

우리는 선생의 삶의 발자취를 더듬어보면서 20세기 후반에서 21세기 초에 이르는 격동의 시기에 더 나은 사회를 만들어가고자 치열하게 살아온 지식인의 전형을 보았습니다. 선생은 대학에서 공부할 때부터 우리의 말과 글을 제대로 쓰고 배우는 것이 중요하다고 생각하신 것 같습니다. 그 뒤 대학에서 가르치시면서부터 예비교사들과 졸업생인 현직 교사들이 국어교육을 올바로 하도록 진력하셨습니다. 또한 토박이말을 살리며, 배달말, 배달말꽃[문학]을 연구하고 교육하여 겨레말과 글의 학문 깊이와 폭을 넓히고자 하셨습니다. 이런 일은 대학 밖의 연구모임이나 단체 활동으로 이어졌습니다. 선생께서는 이렇게 우리의 말과 글을 올바로 연구하고 가르치는 일을 하느님이 주신 소명이라고 여기신 것 같습니다.

우리말을 지키고 가꾸는 일은 자연스럽게 겨레의 문화에 대한 관심으로 이어졌습니다. 선생께서는 진주오광대, 솟대쟁이놀이 같이 잊혀온 문화유산을 되살리고 널리 퍼트리는 일을 하셨습니다. 선생의 수십 대 선조들이 살아온 진주에 터를 잡고 그런 일을 하신 점이 특별합니다. 선생께서는 사람은 삶의 터전을 떠나서 살 수 없다는 자연의 이치를 인식하여 선조들이 남겨주신 문화유산을 잘 지키고 가꾸어 후대에게 전하는 일이 우리의 삶터를 더욱 풍요롭게 만드는 것이라고 생각하셨습니다. 그러면서 지역 문화와 역사를 배우고 가르치는 지역화 교육을 강조하셨습니다. 그렇기에 선생께서 진주문화연구소를 비롯한 여러 기관이나 단체를 만들고 이끄는 일을 하신 것은 자연스러운 것이었습니다.

지역 문화를 가꾸고 퍼트리는 것은 말과 글을 연구하고 가르치신 선생의 평생 과업과 밀접하게 이어진 것이었습니다. 그렇지만 말과 글을 가꾸고 가르치는 전국 차원의 활동이나, 가톨릭 신자로서 재속프란치스코회 한국국가형제회의 활동에서 보듯이, 선생께서는 지역에 갇혀 있지 않았고, 또 지역주의에 매몰되지 않으셨습니다. 지역에서 활동하시면서도 언제나 열린 자세로 성찰하고 비전을 탐색하셨던 것입니다.

말과 문화를 강조하신 선생의 발자취를 되새겨보면 그 바탕에는 사람의 본 모습을 지켜야 한다는 선생의 뜻이 배어있습니다. 선생께서는 모든 사람이 인간으로서의 존엄을 누리며 더불어 사는 사회가 되기를 바라셨습니다. 그렇기에 겨레의 얼을 중요하게 여기시며 그 얼을 높이는 활동을 이끄셨습니다. 그렇다고 편협한 민족주의에 붙잡혀 있지 않으셨습니다. 진주문화연구소에서 결혼이주여성들을 위한 한국어 교실을 열어 정성을 다해 운영한 것도 사람의 얼, 민족의 얼, 더 나아가 인류의 얼을 지키고 가꾸어야 한다는 생각을 실천한 것이었습니다.

선생께서는 끊임없이 겨레의 말과 문화, 그리고 얼을 지키고 가꾸는데, 때로는 전국적으로, 때로는 지역에서 앞장서서 이끌어주시기도 하고, 밀알과 같이 참여하시기도 하셨는데, 그러한 선생의 삶을 관통하는 중심축은 신앙이었다고 생각됩니다. 젊은 시절에 받아들인 가톨릭 신앙과 성인들, 특히 프란치스코 성인의 삶의 모습은 평생 선생의 삶을 이끈 좌표였을 것으로 여겨집니다. 그것은 선생께서 대학의 민주화 과정이나

가톨릭 단체 활동에서 헌신적으로 일하는 원동력이었을 것으로 짐작됩니다. 선생께서는 어느 곳에서든지, 어떤 일이든지 옳다고 생각하면 마다하지 않고 자신이 쓰일 수 있도록 내놓으셨던 것입니다.

때로는 가까이에서, 때로는 멀리서 전해 들은 선생의 모습을 그리며 이렇게 적어보지만, 제가 선생의 삶을 제대로 그리는 것은 불가능한 일입니다. 누구나 선생의 삶 전체를 온전히 그리는 것은 어려울 것입니다. 그렇기에 이 책은 선생께서 각 영역에서 해 오신 일을 가장 잘 아는 사람이 쓰도록 기획되었습니다. 그래서 되도록 각 단체나 활동에서 선생을 가까이에서 지켜본 분에게 부탁하여 글을 받았는데, 제한된 분량 탓으로 선생의 행적을 온전히 담기가 쉽지 않았을 것입니다. 최대한 객관적으로 기술하여 선생의 모습을 남기려고 계획하였지만, 글에 따라서는 글쓴이의 감정이나 주관적 평가가 없지 않을 것입니다. 그러나 이렇게라도 해서 선생의 모습을 남겨놓는 것이 선생을 추모하는 우리들의 몫이라고 생각하였습니다.

평생을 겸허하게 사신 선생께서는 이런 책의 출간을 못마땅하게 여기실 것이라는 염려도 없지 않지만, 항상 기록의 중요성을 강조해 오신 선생의 가르침을 이 책을 만드는 빌미로 삼았습니다. 하느님 나라에 계신 선생께서도 너그러이 봐 주실 것이라고 믿으며, 이 책이 선생의 삶을 되돌아보는 데 도움이 되면 좋겠다는 것이 우리들의 소박한 바람입니다.

선생께서 하신 연구나 활동 분야를 이해하는 데 활용된다면 이 책을 준비한 사람들에게는 더할 나위 없이 큰 기쁨이 될 것입니다. 더 나아가, 우리말과 우리글의 교육과 연구, 지역 문화, 가톨릭 평신도 활동 등 여러 분야의 학습자나 연구자들에게 가치 있는 자료로 평가된다면 더욱 기쁠 것입니다.

선생께서 세상을 떠나신 뒤 그 빈자리가 얼마나 큰지는 함께 일해 본 분들은 모두 느끼시리라고 생각합니다. 저 자신도 선생의 뒤를 이어 진주문화연구소 이사장을 맡아 일하면서 '이럴 때 선생께서는 어떻게 하셨을까,' '이럴 때는 선생께서 이끌어주시면 얼마나 좋을까' 생각한 적이 한두 번이 아니었습니다. 이제 이 책의 출간을 계기로 애달픈 마음을 달래면서, 각자의 영역에서 선생의 뜻을 기억하며 선생의 유업을 계승해가는 데 마음을 다잡으면 좋겠습니다.

이 책이 나오기까지 많은 분들이 수고해 주셨습니다. 김태기 진주문화연구소 이사를 비롯한 선생의 제자들이 편집위원을 맡아 기획부터 출간까지 추진하셨습니다. 선생께서 참여하셨던 각 단체나 활동 과정을 알고 계신 분들은 대가 없이 글을 써주셨습니다. 무엇보다도 선생의 1주기 추모사업회 추진위원으로 참여한 전국의 많은 분들과 단체가 이 책의 간행 비용을 부담하셨습니다. 이 모든 과정에 참여해 주신 분들께 선생을 추모하는 분들을 대신하여 고마운 마음을 전하고자 합니다. 아울러 이 책의 출판을 맡아주신 피플파워 출판사의 김주완 이사를 비롯한 담당자 여러분과 선생과의 인연을 귀하게 여겨 자청하여 이 책을 꾸며주신 김미경 디자이너에게 감사드립니다.

　마지막으로, 선생께서 하느님 나라에서 편안한 안식을 누리시기를 기도드리며, 사모님을 비롯한 유족들께도 마음 깊이 위로의 말씀을 전합니다.

2019년 6월
김수업 선생 1주기 추모사업회에 참여하는 분들을 대표하여
진주문화연구소 이사장 김중섭

차
례

1. 공부하고

2. 나누며

1. 대학 살이

2. 배달말 사랑

공부하고

배달말 가르치기는
과녁을 어디에다 두어야 마땅한가?
우리는 '왜' 국어를 교육해야 한다는 말인가?
대답부터 하고 보자면, 국어를 '더욱 잘 알도록' 하고,
국어를 '더욱 잘 살도록' 하는 것,
이 두 가지가 배달말 가르치기의
과녁일 수밖에 없다고 생각한다.

- 『배달말 가르치기』에서

선생의 학술 연구 업적

빗방울 김수업 선생은 세상을 떠나기 약 3년 전에, 2015년 발간된 책까지 포함된 저서와 논문 목록을 직접 정리하였다(파일명: 김수업의 약력). 그에 따르면, 저서는 『배달문학의 길잡이』(금화출판사, 1978)부터 『삼국유사 이야기』(휴머니스트, 2015)까지 모두 12권이다. 그리고 논문은 1963년 12월에 경북대학교 대학원 석사학위 논문으로 제출한 「한국 초기단편소설의 분석: 「물레방아」와 「운수 좋은 날」을 대상으로」부터 2015년 12월에 『문화고을 진주』 제9호에 발표한 「연지사 종과 청주 주치」까지 모두 43편이다.

물론 선생은 2015년 이후에도 학술 연구를 계속 발표하였다. 또 앞의 목록에는, 논문으로는 공동 연구와 학회 발표문, 책으로는 개정판, 공저, 감수 등이 빠져 있는가 하면, 통상 논문으로 간주하지 않는 형식의 글도 들어 있다. 무엇보다 챙겨야 할 점은, 거기에는 1995년부터 2011년까지 약 16년 동안의 업적이 뭉텅 빠져 있다는 사실이다.[1] 이

---

[1] 2006년과 2007년의 글 2편을 제하고는 거의 모두 빠져 있다. 약력 서술 부분에서의 '현재'가 2005년이고, 파일의 '문서 정보'에 기록된 날짜가 2013년 11월 11일인 것으로 보아, 2015년 출간된 책과 논문까지 일부 포함되어 있지만, 이 파일은 본래 2005년에 작성되었고, 나중에 사정에 따라 대강 몇 가지만 첨가한 결과물로 보인다. 빠진 기간의 연구업적은 대개 경남 문화, 국어교육, 탈춤 등에 관한 것으로서, 당시 현장에서 활발히 활동하던 분야에 관한 학문적 탐색들이다.

책 뒤에 들어갈 '글 목록'의 초고를 미리 보니, 그 기간에 발표된 '단독' 논문 형식의 글만도 17편을 웃돈다. 따라서 전체의 자세한 내용을 알려면 그 목록과 '해적이'를 보아야 하고, 일반 기준을 떠나 새로운 잣대로 갈래를 지을 필요가 있다.

　여기서는 선생의 '학술적 연구 업적'을 따로 살피고자 한다. 처지로 보나 역량으로 보나 필자는 이 일을 하기에 적합하지 않은 사람이다. 게다가 시간도 충분하지 않아 대상 자료를 꼼꼼히 살피지 못했기에, 이 분야에서 선생이 이룩하신 것의 가치와 특징을 종합하고 드러낼 진술 방식을 찾지 못하였다. 그러므로 일단 선생이 정리한 목록으로 미루어 대상 선정의 기준을 짐작하고, 주요 활동과 저술을 고려하여 몇 가지 항목으로 나누어 살피는 데 그치며, 눈 밝은 이가 뒷날 철저히 살필 때를 기다리기로 하였다. 또 업적의 평가가 아니라 정리에 일차 목적이 있기에 되도록 사실을 밝히고 간추리기에 힘쓰며, 다른 업적을 다루는 데서도 나올 사항은 되도록 중복을 피하기로 하였다.

저서

배달말과 배달말꽃 관련 책

선생이 국문학개론서에 해당하는 『배달문학의 길잡이』를 처음 펴낸 것은 1978년 9월이었다. 이 책은 출판사가 선일문화사로 바뀌고 내용도 개정되어 1983년에 다시 나오고, 9년 후인 1992년에 현암사에서 『배달문학의 갈래와 흐름』으로 새롭게 나왔다. 그리고 또다시 10

년이 흐른 2002년에는 지식산업사에서『배달말꽃—갈래와 속살』이라는 이름의 신A5판형 616쪽의 방대한 저서로 발전하였다. 애초부터 한문문학을 대상에서 제외하였고, 새로이 '문학' 대신 '말꽃'을 쓴 이 책의 '책을 펴내면서'에서, 선생은 "그러고 보니 나는 우리 말꽃의 바탕과 얼개에 매달려 한 삶을 보낸 셈"이라고 적었다.『배달문학의 길잡이』를 처음 내기 3년 전(1975)에 뜻을 같이하는 이들과 배달말학회를 창립하였음을 참고해 보면, 선생은 '배달말', '배달말꽃'이라는 개념은 물론 그 학문적 체계를 세우는 일에 '한 삶'을 바친 것이다. 배달말꽃의 세 가지 큰 갈래 이름꽃—놀이말꽃, 노래말꽃, 이야기말꽃—에만 주목해도, 이 책이 토박이말을 살려 '한국 학문'을 하는 일의 아름다움과 정밀함을 보여주는 본보기임을 알 수 있다. 한국 말글의 나아갈 길이 토박이말로 살아가기에 있다는 깨달음이 자리를 잡아가고, 장르 대신 '갈래'가, 서사문학 대신 '이야기문학'이 널리 사용되는 모습들을 보면, 선생이 기른 숲이 온 땅에 퍼짐을 실감하게 된다. 앞으로 통일이 되어 새로운 시각에서 한국문학을 체계화하게 되면, 겨레 문화의 내부에서 오롯이 커온 고유의 것 중심으로 한국문학을 체계화한 선생의 업적이 더욱 높이 평가될 터이다.

1978. 금화   1983. 선일문화사   1992. 현암사   2002. 지식산업사

선생의 배달말과 배달말꽃에 대한 애정은 그 올바른 사용과 발전을 가로막는 갖가지 것들에 대한 비판을 낳았다. 그리고 세월이 흐르면서 선생의 주장에 대한 비판에 대응할 필요도 생겼다. 그런 것들을 다룬 산문을 모은 책이 『말꽃 타령─김수업의 우리말 사랑 이야기』(지식산업사, 2006)와 『우리말은 서럽다』(나라말, 2009)이다. 일반인에게는 이 책에 실린 글들이 더 쉽고 분명하게 선생의 뜻을 전할 것이다. 특히 뒤의 책은 토박이말의 어원적 탐색이 들어 있어 선생의 우리말 사랑을 실감케 하고 있다.

국어교육 관련 책

선생은 1981~1982년에 일 년 동안 이탈리아에 파견되어 유럽의 국어교육을 연구하였다. 그리고 1983년에 뜻을 같이하는 이들과 모국어교육학회를 창립하고, 초대회장으로 선출되었다. 그로부터 6년이 지난 1989년 5월에 선생은 청하출판사에서 『국어교육의 원리』를 펴냈다. 모국어교육학회와 함께 이 책은 한국 국어교육 분야의 학문적 초석을 놓은 것이었다.

출판사가 문을 닫는 바람에 구하기 어려워진 『국어교육의 원리』를, 선생은 그 틀만 그대로 두고 완전히 새로 써서 1998년에 『국어교육의 길』이라는 이름으로 나라말 출판사에서 간행하였다. 그리고 다시 개정을 하여 2000년에 제2판을 내놓았다. 이 책은 또다시 발전하여 모두 451쪽 분량의 『배달말 가르치기』(나라말, 2006)가 되는데, 그 표지에 '고치고 더한 국어교육의 길'이라는 말을 적어서, 앞 책의 수정증보판임을 표시하고 있다. 이 책은 『국어교육의 원리』부터 쳐서 17년이 걸

1989년, 청하　　　　1998년, 나라말　　　　2000년, 나라말　　　　2006년, 나라말

린 국어교육 원론의 완결판으로서, '국어'가 무엇을 어떻게 가르치는
교과목인지조차 모호했던 시기부터 줄곧 국어교육의 길잡이 역할을
하였다. '국어교육'이라는 말까지 마침내 '배달말 가르치기'로 바꾸었
는데,『배달말꽃, 갈래와 속살』과 함께 선생이 특히 힘을 기울인 대표
적 저술이다. 이 두 책은 우리 역사와 문화를 말에서 발견하고, 또 "말
로써 사람과 겨레를 살리는 교육"[2]을 하고자 한 선생의 근본 뜻을 제
시하는, 마치 형제와 같은 책이다.

　『배달말 가르치기』가 나오기 전해인 2005년 12월에 선생은 국어
교육의 제도와 내용을 자세히 파고든 여러 글들을 모아『국어교육의
바탕과 속살』을 나라말 출판사에서 펴내었다. 그 무렵에 선생은 오랫
동안 도와 온 (사)전국국어교사모임 산하에 우리말교육연구소를 개
설하여 소장을 맡고, 2006년에는 다시 그 아래에 우리말교육현장학
회를 설립하여 초대회장을 맡았다. 이는 그 두 책이 교사들과 함께 '현
장'에서 국어교육을 개혁하고자 분투한 결과임을 말해준다.

---

2)　2016년 7월 8일에 강마을산마을학교 여름 연수에서 한, 일생을 회고하는 강연의 제목에서 따온 말이다.

한편 선생은 입말교육연구모임을 오래 이끌었는데, 이 모임이 공동 번역한 메리 언더우드 지음 『듣기 교육』(나라말, 1999)의 원고를 감수하였다. 그리고 경상대학교 교육연구원 지음 『한국 교육의 지역화 연구 I, II』(교육과학사, 2005)의 국어교육 분야 공동 저자로 참여하였다. 이는 선생의 발의로 한국학술진흥재단의 연구 프로젝트를 따서 2년간 진행한 연구 결과를 모은 보고서이다. 논문으로 치면, 선생은 「지방자치 시대의 지역 언어문화와 국어교육: 지역 언어문화와 국어교육」(『국어교육연구』 제13집, 국어교육학회, 2001)부터 교육의 지역화를 주장해왔고, 이 연구 진행 중에도 발표와 토론에 적극 참여하였다. 이 사업과 보고서는 선생의 앞서가는 통찰과 추진력을 다시 한 번 보여주었다. 앞으로 지방자치가 자리 잡고 지역문화의 중요성이 널리 알려져 교육 또한 지역의 특성을 살리는 쪽으로 나아갈 때, 선생의 선구적 안목과 노력은 새로이 평가될 것이다.

전기

선생은 두 권의 전기를 썼다. 남성문화재단 후원으로 낸 '진주문화를 찾아서' 총서 제1권인 『논개』는 김용철의 사진을 넣어 지식산업사에서 2001년에 발간되었다. 이 책은 과거부터 현재까지, 또 역사 자료에서 문학 자료까지 거의 모든 자료를 모으고 시대 상황과 사람의 내면을 읽는 섬세한 상상력을 발휘하여, '진주 정신'의 한 줄기가 의기 논개한테서 비롯되었음을 드러내었다. 관련된 그릇된 주장들도 일일이 바로잡고 있으므로, 이 책으로 말미암아 일어난 변화가 많을 터이다.

선생은 천주교도이자 한국 재속프란치스코회 국가형제회 회원으로, 그 회장을 세 차례 맡기도 하였다.『한국의 프란치스코 김익진』은 그 모임에서 펴낸 인물전총서 3번으로, 2013년에 발간되었다.『논개』에 선생의 고향인 진주에 대한 애정의 진수가 녹아 있다면, 이 책에는 선생의 종교적 믿음의 진수가 녹아 있다.

이 두 전기는 철저한 자료 수집을 바탕으로, 진실을 파고드는 섬세한 상상력이 엄정한 언어와 만나 빚어진 결정체이다. 전기문학이 발달하지 않은 한국 현실에서, 또 이른바 '문화콘텐츠 시대', '스토리텔링의 시대'를 맞아, 이 두 책은 학술적 업적을 넘어서 선생을 '작가'로 자리매김할 것이다.

그 밖의 책

선생은 고전을 청소년이 읽기 좋게 다시 쓰는 작업을 하였다.『한 푼도 못 되는 그놈의 양반』(나라말, 2007)은 연암 박지원의 한문소설을 골라 풀어쓴 책이다. 그리고『삼국유사 이야기』(휴머니스트, 2015)는 그 책의 재미있고 중요한 이야기를 뽑아 다시 쓴 것이다. 배달말꽃 교육의 원리만이 아니라 그 실제 교육의 자료 마련에까지 관심을 보인 결과이다. 단독 저술은 아니지만,『문학시간에 단편소설 깊이 읽기』(이야기말꽃모임 엮음, 나라말, 2009)도 그런 노력의 결과 중 하나이다.

미처 내지 못한 책도 있다. 선생은 백석의 시를 자세히 읽는 글을 한국글쓰기연구회가 발행하는『우리 말과 삶을 가꾸는 글쓰기』에 34회에 걸쳐 연재하였는데, 그 글들을 모은 4개의 파일을 남겼다. 모두 원고지 500장이 넘으며, 그중 하나는 1000장이 넘기도 한다. 2017년 무렵에 작성한 머리말 달린 원고가 두 가지 있는 것으로 보아, 출판사와 조정하는 중에 병환이 깊어져 중단한 듯하다. 제목이 '거룩한 삶과 말의 곳간인, 백석의 노래'인데, 백석의 시를 감상하면서 토박이말을 맛보고 익히게 하고자 집필한 책으로 보인다. 백석의 시를 가지고 '배달말꽃 잔치'를 열고자 했던 것이다.

우리말은 서럽다, 휴머니스트

국어 교육의 바탕과 속살,
휴머니스트

말꽃 타령, 지식산업사

문학시간에 단편소설 깊이읽기,
나라말

박지원의 한문소설, 휴머니스트

삼국유사 이야기, 휴머니스트

논문

선생이 직접 정리한 43편에, 거기서 빠진 1995년부터 약 16년 동안의 단독 논문 17편을 더하면 선생이 지은 논문은 모두 60편이 된다. 갈래 기준을 느슨하게 잡으면 늘어나므로 최소 60편 웃도는 양의 논문을 발표한 셈인데, 이들을 일일이 읽고 정리하려면 높은 안목과 많은 시간이 필요하다. 미처 그 일을 하지 못했지만, 이 책 뒤의 '글 목록'에 드러나 있는 사실 한 가지를 지적해둘 필요가 있다.

그것은 선생이 1998년 무렵부터 정기 간행물에 발표한 글이 200편이 훌쩍 넘는다는 점이다. 그 간행물의 이름은 『함께 여는 국어교육』(전국국어교사모임), 『어린이와 함께여는 국어교육』(전국초등국어교과모임), 『우리말 우리얼』(우리말 살리는 겨레모임), 『한겨레신문』, 『문화고을 진주』(진주문화연구소), 『평화의 사도』(재속프란치스코회) 등이다. 연재 형태로 연속된 글들이 많은데, 논문에 가까운 것도 있고 먼 것도 있으며, 앞에 적은 책들에 흡수된 것도 있으나 그러지 않은 것이 더 많다. 간행물 이름에서 짐작할 수 있듯이, 그들은 거의가 한국어의 속살을 밝히고 알려서 우리 문화를 진흥함과 아울러 보다 많은 사람이 한국인답게 살도록 돕기 위한 것이다. 20년 가까운 세월 동안, 글의 형식과 발표지에 매이지 않으며 쉬지 않고 쓴 그 간절한 뜻이, 읽는 이의 가슴에 사무치는 글들이다.

그 글들을 갈래짓고 정리하는 작업은 뒤로 미루고, 여기서는 앞에서 지적한 논문 60여 편만을 대상으로, 그것도 겉에 드러난 경향 중심으로 간추려 적기로 한다.

첫째, 국어교육에 관한 것이 약 17편으로 수가 가장 많다. 그것은

『모국어교육』제1호(1983)에 발표한 「이탈리아의 모국어문교육과 라틴어문교육」으로 시작되었다. 석사학위 논문을 제출한 1963년부터 학자로서의 삶이 출발되었다고 볼 때, 선생은 출발기로부터 20년 후, 경상대 사범대 전임강사가 된 해(1973)로 따지면 10년 후(45세)부터 국어교육 방면의 연구를 발표하기 시작하였다. 이렇게 다른 분야보다 다소 늦게 뜻을 세웠지만 끊임없이 써서 결국은 가장 많은 논문을 발표한 것이다.

둘째, 옛노래(고시가)에 관한 것이 14편으로 두 번째로 많다. 선생의 석사학위 논문이 신비평 이론으로 근대 단편소설을 연구한 글이고, 박사학위 논문이 옛이야기인 「아기장수 이야기 연구」인데, 그 두 분야의 논문을 합친 수(근대소설 6편, 고소설 및 설화 6편)보다도 많다. 특히 1970~1980년대에 많이 발표되었다. 학위논문을 가지고 전공을 따지는 편협한 관습에 매이지 않고 선생은 한국 문학 전반에 걸친 저술과 연구를 하였으되, 특히 고시가 연구에 애착을 가졌음을 알 수 있다.

셋째, 앞서와 같은 갈래 개념을 떠나 헤아릴 때, 전반적으로 민중의 문학과 예술에 대한 연구가 많다. 일일이 헤아리기 어려운 점이 있어 숫자로 제시하지는 않으나, 선생은 글말 중심, 지배층 중심의 문화사에서 별 대접을 못 받아온, 입말(구비)문학, 민요, 설화, 탈놀음, 민속예술, 지역문화 등에 대한 연구를 끊임없이 발표하였다. 여기서 한국 문화의 핵심을 한문문화에 찌든 지배층이 아니라 기층 민중의 문화에서 찾은 선생의 지향을 알 수 있다. 선생은 앞서 살핀 책『논개』에서, 논개가 기녀임을 부끄럽게 여기는 생각들을 비판하며 "거룩한 일을 하고 못하고는 핏줄이나 신분이 아니라 능력과 의지에 달린 것"(47쪽)이라고 쓴 적이 있다.

넷째, 뜻을 같이하는 사람들과 함께 벌인 여러 모임, 학회, 위원회 활동과 밀접히 관련되어 있다. 그들은 크게 두 가지, 곧 전통문화를 발굴하고 이어받는 일과 현장 교육을 바로잡는 일로써, 그들을 좀 더 합리적으로 해나가기 위해 지은 논문이 많다. 선생은 학자로서의 탐색과 현실 개혁 활동을 늘 병행하였다, 다시 말해 현실이 요구하는 학문 곧 실학을 추구했다고 할 수 있을 것이다.

다섯째, 논문을 모아 책을 내어, 논문이 그대로 책의 일부가 된 경우가 적다. 논문과 저서를 일일이 대조하지 않아 조심스러우나, 선생은 논문을 모아 책을 내는 관행에 따르지 않았다. 이는 박사학위 논문을 책으로 출판하지 않았고, 앞에서 숫자가 두 번째로 많다고 한 옛노래 관련 단독 저서를 펴내지 않은 데서 알 수 있다. 주요 저서들을 여러 차례 개정하며 발전시켜 간 사실에서 엿보았듯이, 선생은 연구 결과들을 늘어놓기보다 계속 새롭게 융합하여 탑처럼 쌓아가는 길을 걸었던 것이다.

글을 맺으며, 삼가 적는다.

선생은 논리를 추구하되 통찰을 값지게 여겼다. 늘 탐구하면서 실천하였다. 남이 가지 않는 길이라도 굳게 앞서 나아갔다.

따르는 이가 찾기 쉽도록 선생은 길을 닦아놓았다. 어머니한테 배운 말로 길잡이를 세워 놓고, '빗방울'처럼 낮은 곳으로 흘러 씨앗들의 땅을 적시었다.

최시한 (숙명여자대학교 명예교수)

참 국어교육을 열다

1.

빗방울 선생은 1989년 『국어교육의 원리』라는 책을 펴내고, 그 십 년 뒤 1998년 이를 다시 깁고 고친 『국어교육의 길』을 펴내었다. 그리고 2006년에 이를 다시 깁고 고친 『배달말 가르치기』라는 책을 내었다. 이러한 저서에서 빗방울 선생은 줄곧 우리의 국어과 교육과정의 잘 못됨을 여러 장을 빌려 비판하였다. 우리나라 국어교육은 광복 이후 1946년 미군정청 학무국에서 발표한 교수요목이 지금까지 우리나라 국어과 교육과정의 줄기가 된 점에 대해 그 잘못을 지적하였다. 한 마디로 교수요목은 다문화국가인 미국에서 쓰던 언어교육 방법이었는 데 이것을 한 겨레이며 같은 말을 사용하는 배달겨레 우리의 국어교 육에 그대로 적용시킨 잘못을 저질렀다는 것이다.

2.

그리고 선생은 이전의 '지식'과 '활동'을 똑같은 뜻은 아니지만 '앎'과 '삶'이라는 새로운 '뜻넓이'를 국어교육에 들여놓았다. 그리고 '말의 앎', '말의 삶', '말꽃의 앎', '말꽃의 삶'이라는 큰 얼개를 교육과정이나 교과서에 골고루 담아내어야 한다고 하였다. 더구나 국어교육의 영역 가운데 특히 입말 교육의 중요성을 강조하였다. 그 가운데 남들이 관심을 가지지 않았던 듣기 교육의 중요성을 깨우쳐 주었다. 그러나 지금까지도 우리 국어 교육은 읽기 중심의 교육에서 벗어나지 못하고 있으며 '말하기 듣기 교육'은 거의 이루어지지 않고 있는 절름발이 국어교육을 하고 있는 실정이다.

"'말하기·듣기'를 하나로 묶겠지만 그것은 옳지 못하다. 화법이 있다면 청법(聽法)도 얼마든지 있을 수 있는 것이고 또 마땅히 있어야 하는 것이다.'

- 『배달말 가르침』, 349쪽

선생은 그만큼 국어교육에서 '말하기'와 '듣기'의 중요성을 강조하였다.

3.

국어교육에서 말이 가지고 있는 힘(얼) 가운데 겨레를 동아리 짓는 힘에 대해 늘 도드라지게 강조하셨고, 삶과 얼의 바탕을 가장 온전히 드러내는 입말의 중요성을 강조하시면서 입말교육과 입말문학이 곧 국어교육이라고 하셨다. 빗방울 선생께서 강조하신 입말 교육이 우리 교육 마당에 들어선 것은 5차 교육과정부터였다. 선생의 뜻이 반영된 것이다. 그러나 지금도 참다운 입말 교육 속살을 담지 못하고 있는 것은 안타까운 일이다. 국어 교육 정책을 세우는 사람들은 지금도 선생께서 주장하신 입말이 가지고 있는 힘과 윤리적이고 철학적 얼에 대해서 알지 못하고 있다.

4.

그리고 선생은 국어교육에서 '제 삶과 삶터를 사랑해야 한다.'고 하였다. 이러한 뜻은 다행히 제6차 교육과정에 지역화 교육과정이라는 이름으로 어느 정도 반영된 것으로 보인다. 그래서 방언의 중요성도 깨치게 되었고 자기 삶터의 문학도 중요하게 생각하게 되었다. 그러나 지역말과 지역문학 교육은 아직도 제대로 이루어지지 않고 있다. 방언교육은 여전히 뒷전에 밀려 있고 지역의 신화, 전설, 민담 등 입말 문학에 대한 교육도 거의 이루어지지 않고 있다.

5.

필자가 1976년 경상대학교 국어교육과에 입학하면서 알게 된 놀라운 사실 가운데 하나가 국어 교사의 역할과 교수방법에 대한 경상대학교 국어교육과만 가지고 있는 가르침이었다. 짐계 선생이나 빗방울 선생께서는 국어 교사는 말을 적게 하는 교사가 올바른 교사라고 하셨다. 학생에게 무엇을 가르치려고 들지 말고 학생이 스스로 깨우치게 하라는 가르침이다.

빗방울 선생은 아래와 같이 말씀하였다.

'교사는 학생의 배움에 불을 질러서 애살을 북돋우고 호기심을 불러 일으키고 물음을 일깨우는 일에 전문가로서 기술을 발휘해야 한다. 슬기 롭고 분별 있게 묻는 사람이 되어야 하고, 주의 깊고 세밀하게 듣는 사람 이 되어야 한다. --- 분별없는 열정과 자기도취에 빠져서 한 시간 내내 입에 침을 튀기며 지칠 줄 모르는 교사, 열의도 의욕도 없이 책임과 의무라는 고삐에 매여 근근이 시간만 메우는 교사, 교육이 뭘 하는 것인지 고민해 보는 바 없이 월급날이나 기다리면 참고서 따위를 칠판에 적는 것으로 소임을 다하는 교사는 국어를 교육할 수 없다.'

-『배달말가르침』, 359쪽

당시만 하더라도 유능한 교사는 학생에게 지식을 많이 가르치고 암기시키는 교사라고 알고 있었다. 그러나 빗방울 선생은 수업시간에 말을 적게 하는 교사가 유능한 교사라고 하니 쉽게 이해가 가지 않았다. 그래서 선생의 이러한 가르침을 받고 교사가 된 경상대학교 국어교육과 출신 교사들은 현장에서 학생 중심으로 활발하게 국어를 가르쳤다. 학생들에게 끊임없이 발표하게 하고, 글을 많이 쓰게 하는 등 학생 활동을 많이 시켰다. 그러나 이러한 깊은 뜻을 알지 못했던 당시 많은 교장이나 교감, 선배 교사들은 경상대 국어교육과 출신 교사들의 교수 방법을 못내 못마땅해하고 부정적인 시각으로 바라보았던 것이 사실이다. 경상대 국어교육과 졸업생 교사들은 빗방울 선생의 가르침에 따라 말로만 수요자 중심, 학생 중심의 교육이 아니라 실제로 학생 중심의 교육을 했던 것이다. 지금도 교육과정에는 학생 중심의 탐구 활동을 하라고 되어 있지만 실제 현장에서 그러한 교육은 거의 이루어지지 않고 있으니 빗방울 선생의 가르침이 언제 이루어질지 안타깝기만 하다.

6.

경상대학교 국어교육과 교육과정을 교과교육으로 바꾼 것 또한 빗방

1979년 4월 경상대학교 춘계학술발표회

울 선생을 비롯한 경상대학교 국어교육과 교수님들이 전국에서 처음이 아닌가 한다. 필자가 경상대학교 국어교육과에 입학한 1976년만 하더라도 우리나라 대부분 사범대학 국어교육과는 교육과정이나 교육방법에서 인문대 국어국문과와 크게 다를 바가 없었다. 국어교육을 국어학과 교육학을 그냥 더한 것으로 보았다. 참다운 국어교육의 속살을 몰랐던 것이다. 그렇지 않으면 국어교육을 하찮은 학문으로 보고 남의 눈을 속이려고 한 것인지도 모른다.

빗방울 선생을 중심으로 경상대학교 국어교육과가 당시 이 틀을 깨뜨리는 데 앞장선 학과라는 사실은 국어교육에 조금이라도 관심을 가진 사람이면 모르는 사람이 없다. 빗방울 선생을 중심으로 '국어교육'이란 국어학이나 국문학에 교육학을 그냥 붙인 교과가 아니라 독립된 교과교육이고 독자적인 특성을 가지고 있다는 것을 전국에 널리 펼쳤다. 그래서 국어교육과 교육과정을 '말하기 교육론', '읽기 교육론', '소설 교육론' 등과 같이 사범대학의 목적에 맞게 교과 교육론을 공부하도록 바꾸었다. 당시만 해도 이러한 변화는 상상하기 어려웠다. 그 뒤 대부분 한국의 사범대 국어교육과 교육과정이 경상대학교 국어교육과 교육과정을 따라 교육론이나 지도론으로 바뀌게 된 것이다. 교육대학원도 마찬가지였다. 당시 대부분 교육대학원 석사 논문들이 일반대학원 논문과 다를 바가 없었다. 그러나 경상대학교 교육대학원 국어교육전공 학위 논문은 철저하게 국어교육과 관련된 논문을 쓰도록 했다. 그렇지 않으면 졸업을 할 수가 없었다. 빗방울 선생은 이처럼 이름에 맞는 공부를 하도록 가르쳤다.

7.

빗방울 선생을 중심으로 한 경상대학교 국어교육과 학부 졸업 논문에 대한 이야기도 하지 않을 수 없다. 경상대학교 국어교육과 학사 졸업 논문은 교과서 단원에 대한 지도 방법에 대해 쓰도록 했다. 그 논문들을 묶어서 낸 논문집이 '배달말 가르침'이다. 졸업생들은 이 논문을 쓰기 위해 일 년 내내 씨름을 하였으며 교수님들께서는 꼼꼼하게 때로는 엄하게 논문 지도를 하셨다. 사범대학에서 실제 교수법에 대한 논문을 책으로 인쇄해서 낸 대학도 경상대학교가 처음이었다. 듣기로는 다른 사범대학 국어교육과나 교육대학원에서 이『배달말 가르침』논문집을 보고 깜짝 놀랐다고 하며, 이후 많은 대학에서『배달말 가르침』논문집을 돌려가면서 공부했다고 한다.

빗방울 선생은 우리나라 배달말 가르침(국어교육)의 참 뜻을 세워, 세상에 널리 알리고, 교사를 가르치며, 교육마당에 실천하였던 분이다.

임규홍 (경상대학교 국어국문학과 교수)

울타리를 넘은 학문 연구 공동체

1975년에 학과(경상대학 국어교육과)의 기틀이 어느 정도 잡히자, 선임 교수인 려증동 교수와 같이 학문 연구 공동체를 만들자는 논의를 하였다. 처음에는 학회라기보다는 국어교육과 교수들의 세미나 수준에 머물러 있었다. 이 모임은 1982년에 경상대학교 안에 국어국문학과가 생기자 두 학과의 학문 세미나로 바뀌어 지속되었다. 두 학과 교수들은(최대 15명이었음) 매월 한 번씩 국어교육과 학과사무실에 모여 세미나를 하였다. 자기가 관심을 가지고 있는 분야에서 한 가지 주제를 정하여 발표를 하고 토론을 하였다. 세미나를 마치면 꼭 저녁 식사를 하면서 학문에 관한 이야기로 시간을 보냈다. 그러니 이 세미나는 일반 학회의 학술발표대회 못지않은 심도 있는 학술토론의 장이었다. 그리고 이때 논의된 것을 정리하여 『배달말』 논문집에 실었다.

학회 초창기에는 학과 교수들이 일 년씩 돌아가며 학회장을 맡았는데, 초대 학과장은 려증동 교수였고, 2대 학회장은 김수업 선생이었다. 그 후 김수업 선생은 1992년부터 1993년까지 2년간, 그리고 1999년부터 2002년까지 4년간 배달말학회를 이끌어가면서 줄곧 학회의 발전을 위해 노력하였다.

　특히 배달말학회가 지금 전국 규모의 학회로 발전하는 데는 김수업 선생의 의지가 크게 작용하였다. 1996년인가 학술진흥재단에서 전국의 모든 학회지를 심사하여 심사 기준에 부합하는 학술지를 '등재학술지'로 평가하고, 그 학회지 발간에만 발간비를 지원해 주겠다고 하였다. 이는 학회와 학회지에 권위를 부여해 주는 매우 중요한 것이었다. 김수업 선생은 두 학과 교수들을 모아 놓고, '이제 우리 배달말학회도 경상대학교 안에만 머무는 학회에서 벗어나야 한다.'고 했다. 그러면서 우선 경남에 있는 경남대학교, 창원대학교, 전남에 있는 순천대학교와 손을 잡은 다음, 우리 학회의 뜻에 찬동하는 전국에 있는 '국어학, 국문학, 국어교육학' 전공 교수들과 힘을 합쳐 전국 규모의 학회로 발전시키자고 했다. 김수업 선생의 뜻에 따라 두 학과 교수들이 우선 남도에 있는 여러 대학 교수들을 찾아가 만났다. 배달말학회를 전국 규모의 학회로 만들자는 계획을 말하자 모두 찬성하였다. 이로부터 배달말학회는 경상대학교의 울타리를 넘어 전국의 교수들이 참여하는 학회가 되었다. 매년 한 번씩 열리는 학술대회에는 전국의 학자들이 모여 심도 있는 발표와 토론을 하였다. 2003년에 경남대학교 국어국문학과 교수인 조진기 교수가 경상대학교 교수가 아닌 교수로서 처음으로 배달말학회장을 맡았다. 그리고 그 이후 계속해 남도의 대학별로 돌아가며 배달말학회 회장을 맡아서 학회를 이끌어 가는 동안 배달말학회는 전국 규모의 이름 있는 학회로 발전해 갔다.

조규태 (경상대학교 명예교수)

국어교육을 학문으로

1970년까지만 하더라도 우리나라에는 국어교육이란 학문이 존재하지 않았다. 학문적인 이론이 없으니, 각급 학교의 국어교육은 국어를 가르치는 사람들의 선험적인 판단으로, 글 읽는 능력을 기르는 것이 국어교육의 전부인 것으로 교육해 왔다. 이런 현실을 개선하기 위해 국어 교육을 체계화하고 국어교육이란 학문의 토대를 마련한 곳이 경상대학교 국어교육과이다.

이를 위해 첫 단추를 꿴 사람은 려증동 교수이다. 1974년에 려 교수는 『국어교육론』이란 저서를 출간하였다. 일선 학교에서 국어를 가르쳐온 경험을 바탕으로 '국어교사란 어떤 사람인가' 하는 것 등을 중심으로 국어 교육이 해야 할 일들에 관한 여러 의견을 제시하였다. 이에 자극을 받아 1978년에 이상태 교수가 『국어교육의 기본 개념』이란 책을 펴냈다. 이 교수는 여러 서양 서적에서 국어교육과 관련된 이론들을 섭렵한 다음, 이를 통해 국어 교육의 이론 정립을 위한 기본 개념들을 제시하였다. 한편으로 경상대학교 국어교육과에서는 1989년까지 학생들에게 국어교육에 관한 내용을 담은 졸업논문을 쓰게 하였다. 학생들은 4학년이 되면 지도교수의 지도를 받으며 졸업 논문을 써서 공개석상에서 발표하였고, 학과에서는 학생들의 논문을 모아 책자로 출간하였다.

이런 학과 분위기 속에서 김수업 선생은 서양 선진국 사람들은 모국어교육을 어떻게 하고 있는가를 직접 살펴보기 위해 1981년 9월부터 일 년간 이탈리아에 다녀왔다. 귀국한 후 김수업 선생은 이탈리아에 가서 보고들은 이탈리아 사람들의 모국어 교육에 대해 학과 교수들에게 기회 있을 때마다 들려주었다. 그리고는 국어교육을 제대로 하려면 체계적인 연구가 필요하다며 학회를 조직하자고 하였다. 1983년 3월 1일 경상대학교 국어교육과 교수, 국어국문학과 교수 등 모두 18명이 삼천포 노산공원 근처에 있는 횟집에서 학회를 조직하기 위한 발기회를 가졌다. 학회 이름은 〈모국어교육학회〉로 하고 초대 회장은 김수업 교수로 하기로 하였으며, 모두 6장 14조로 된 회칙을 마련하였다. 이날 모임에서 합의된 데 따라 1983년 4월 9일에 경상대학교 교육관에서 창립총회를 개최하였다. 회칙을 통과시키고, 임원으로는 회장 김수업, 총무 배대온, 연구이사 염선모, 이상복, 사업이사 김규선, 조규태, 감사 이상태, 명형대가 선임되었다. 그리고 당일 김수업 회장은 「이탈리아의 모국어 교육에 대하여」라는 논문을 발표하였다. 이 논문의 일부를 인용하면 다음과 같다.

…… 이처럼 복잡하게 얽힌 우리의 역사적 현실 속에서 '국어교육'을 어떻게 개선할 수 있을까? 이것이 중등학교의 국어교육자를 양성하고 있는 사범대학 국어교육과의 숙제다. 이 숙제를 조금씩이나마 풀어가기

위하여 여러 가지 노력이 있어 왔고, 앞으로 더욱 적극적인 노력이 있어야 할 것이다. 이러한 노력의 일환으로 나는 서양문화의 종주국이라고도 할 수 있는 이탈리아에 가서 그들의 모국어 교육에 대하여 살펴보고 그를 통하여 우리 국어교육을 위한 암시라도 받아볼까 한 것이다. 특히 오래 동안 라틴어를 국어로 써 오다가 이탈리아어로 국어가 바뀐 그들의 그 두 언어를 어떻게 교육시키고 있는가를 살피는 것은 한문과 한자어 문제에 시달리고 있는 우리 국어 교육을 위하여 무슨 도움이 될는지도 모르겠다는 생각으로 이탈리아에 가 보고자 한 것이다. ……

학회가 만들어지자 국어교육에 관한 연구 활동이 본격적으로 시작되었다. 1983년만 하더라도 아홉 차례의 월례 발표회를 개최하였다. 그리고 1983년 8월에 210쪽, 7편의 국어교육에 관한 논문을 실은 『모국어교육』제1호가 발간되었다. 모국어교육 논문집의 제호는 세종대왕이 지은 '월인천강지곡'에서 집자하였다. 그리고 이 논문집 말미에는 오십 만원의 현상금을 내걸고 현

『모국어교육』제1호

장 교육에 관한 논문을 모집하는 광고도 게재하였다. 모국어교육 제1호에 실린 논문 목록을 제시하면 다음과 같다.

「교육과정에 관한 연구(1)」, 조규태

「입말에 대하여」, 이상태

「짓기 지도 연구(1)」, 임규홍

「시 지도를 어떻게 할 것인가」, 강희근

「소설 지도의 방법 연구」, 김태기

「이탈리아의 모국어교육과 라틴어문 교육」, 김수업

「짓기 평가를 어떻게 할 것인가」, 김규하

처음에는 경상대학교 국어교육과와 국어국문학과 교수, 그리고 경상대학교 국어교육과와 인연이 있는 교수와 중등학교 교사를 중심으로 학회를 이끌어 갔으나, 점차 전국으로 학회 회원의 범위를 넓혀 갔다. 그리고 가끔 전국에서 이름 있는 학자들을 초빙하여 강연회를 개최함으로써 회원들의 지식과 국어 교육에 관한 인식을 넓혀갔다. 일 년에 몇 차례의 월례회를 개최하였고, 매년 학회 논문집을 발행하여 전국의 국어 교육과 관련된 단체에 보내 주었다. 이 모든 일들의 기획은 김수업 선생의 제안으로 이루어졌다. 김수업 선생이 관여하여 이루어진 십 년간의 학회 활동을 요약하면 다음과 같다.

1984년에는 7편의 논문을 실은 모국어교육 제2호를 발간하였고, 이 해에는 7차례의 월례발표회, 1회의 초청강연회를 개회하였고, 회원이 132명이 되었다.

1985년에는 10편의 논문을 실은 모국어교육 제3호를 발간하였고, 이 해에는 5차례의 월례발표회, 1회의 초청강연회를 가졌고, 회원이 183명에 이르렀다.

1986년에는 9편의 논문을 실은 모국어교육 제4호를 발간하였고, 이 해에는 6차례의 월례발표회, 1회의 초청강연회를 가졌고, 회원이 216명에 이르렀다.

1987년에는 11편의 논문을 실은 모국어교육 제5호를 발간하였고, 이 해에는 6차례의 월례발표회, 1회의 초청강연회를 가졌고, 회원이 294명이 되었다.

1988년에는 10편의 논문을 실은 모국어교육 제6호를 발간하였고, 이 해에는 4차례의 월례발표회, 1회의 초청강연회를 가졌고, 회원이 353명이 되었다.

1989년에는 9편의 논문을 실은 모국어교육 제7호를 발간하였고, 이 해에는 5차례의 월례발표회, 1회의 초청강연회를 가졌고, 회원이 364명에 이르렀다.

1990년에는 9편의 논문을 실은 모국어교육 제8호를 발간하였고, 이 해에는 3차례의 월례발표회, 1회의 초청강연회를 가졌고, 회원이 390명이 되었다.

1991년에는 10편의 논문을 실은 모국어교육 제9호를 발간하였고, 이 해에는 3차례의 월례발표회를 가졌고, 회원이 423명에 이르렀다.

김수업 선생은 『모국어교육』 제5호가 발행될 때까지 5년간 학회장을 역임하다가 그 이후 다른 사람이 학회장을 맡았으나, 제10호가 발행될 때까지는 학회 일에 적극 관여하였다. 그러나 그 이후로는 학회에 관여하지 않았다. 그것은 새로 바뀐 학회장이 제호의 글씨도 바꾸고, 월례발표회도 하지 않을 뿐만 아니라, 논문 모집도 공개적으로 하

〈모국어교육학회〉 모임을 하면서

지 않았기 때문이다. 심지어는 제15호부터는 학회 이름도 〈배달말교육학회〉로, 논문집도 『배달말교육』으로 바꾸었기 때문이다.

그러나 김수업 선생이 만들어 이끌어간 모국어교육학회는 한국의 국어 교육 발전에 지대한 영향을 미쳤다. 지금까지 이름만 '국어교육학회'였지 국어교육에 관한 논문을 제대로 싣지 않던 학회지들에 국어 교육에 관한 논문이 실리기 시작했다. 전국 각 대학의 국어교육과에서는 국어 교육을 학문적으로 연구하기 시작하였을 뿐만 아니라, 대학원 박사과정에도 국어교육전공이나 국어교육학과가 생겨, 국어교육을 전문으로 연구하는 학자를 양성하기 시작하였다.

요컨대 경상대학교 국어교육과에 재직한 려증동 교수가 지은, 『국어교육론』, 이상태 교수가 지은 『국어교육의 기본 개념』, 김수업 선생이 지은 『국어교육의 원리』 같은 저서들이 우리나라 국어 교육의 토대를 마련한 것이다. 그러므로 경상대학교 국어교육과는 한국의 국어교육학을 일으켜 세우는 선도자 역할을 하였기에 한국 국어교육사에 그 공로가 길이 남을 것이고, 그 가운데 김수업 선생의 역할이 지대한 것으로 기록될 것이다.

조규태 (경상대학교 명예교수)

사범대학 역할 찾기

경상대학교가 1980년에 단과대학에서 종합대학으로 승격되고, 캠퍼스도 칠암동에서 가좌동 넓은 곳으로 옮겨가 종합대학으로 제법 자리를 잡아가고 있을 무렵인 1989년이었다. 김수업 선생은 뜻을 같이하는 사범대학 교수들과 의논하여 중등교사를 양성하는 사범대학이 제 역할을 제대로 하도록 하기 위해 〈중등교육연구소〉를 만들었다. 초대 연구소장이 되어 연구소장을 세 번 연임하여 무려 육 년 간 연구소를 이끌어가면서 사범대학의 위상, 사범대학 교수의 역할, 또한 중등교사 양성 교육에 관한 제반 문제들을 해결하기 위한 갖가지 연구를 수행하게 하였다.

1989년 12월에 발행된 논문집 『중등교육연구』 창간호의 간행사에서 김수업 선생은 중등교육연구소를 만든 취지를 다음과 같이 밝혀놓았다. 간행사는 제법 긴 글인데, 맨 처음에는 우리나라의 근현사대를 약술하고, 그 다음에는 이십 세기 들어서의 우리나라 교육의 현실을 서술하고, 이어 중등교육의 현실을 이야기한 다음, 중등교사를 양성하는 사범대학 교수들의 역할을 말하고, 마지막으로 중등교육연구소를 세운 목적과 해야 할 일들로 마무리하고 있다. 이 중에서 다섯 번째 부분만 옮기면 다음과 같다.

이러한 인식이 우리로 하여금 본 〈중등교육연구소〉를 세우게 하였고, 그 첫 공동 과업으로서 특집 주제를 '사범대학 교육의 문제점 개선 방안'으로 잡게 하였다. 우리는 우리가 중등교육자를 양성하는 사범대학 교수 신분임을 철저히 인식하지 못했던 지난날의 잘못을 뼈아프게 반성한 나머지 그 직분으로부터 오는 책임과 의무의 본령에 먼저 충실하고자 하여 연구소의 목적을 '중등교육'에 관한 연구로 제한하게 되었다. 그리고 서둘러 작업을 개시하면서 첫 번째 공동연구(특집)의 주제를 '사범대학 교육의 문제점과 개선 방안'으로 잡았는데, 이는 말할 필요도 없이 우리 자신들의 현실 상태를 최우선으로 확인해야겠다고 판단했기 때문이었다.

우선 사범대학 교육의 현실 상태를 사실적으로 조명해 봄으로써 그 안에 들어 있는 문제점을 진솔하게 찾아낸다면 앞으로 그 개선의 터전을 마련해 볼 수 있으리라 기대를 하고 있다. 그리하여 대략 사범대학 교육의 목적, 역사, 내용, 방법, 여건 등의 5개 부문으로 나누어 더듬어 보고자 하면서 그것을 외래적 이론이나 방법을 크게 기대지 않고, 우리의 현실적 상황과 역사적 과정을 존중하여, 있는 그대로 확인해 보는 데에 일차적 목표를 두기로 했다. 그러나 우리의 출발이 너무 늦었다는 자책감 때문에 갖추어야 할 준비를 미처 갖추지도 않은 상태에서 서둘러 진행한다고 기대하였던 모든 것이 성취되리라고는 생각하지 않는다.

다만 우리는 교육자 양성의 문제가 우리 사범대학의 교수들에게 부여

된 제일차적 과제임을 명심하면서 지속적으로 이 문제로부터 눈을 떼지 않을 것이며, 사범대학 교육이 바람직하게 이루어져서 중등학교의 교육자가 훌륭하게 양성된다면 그것은 이제까지 난마와도 같이 얼크러져 있던 우리의 중등교육을 올바로 개선하는 태반을 성취하는 셈이 된다고 믿는다. 뿐만 아니라 그것은 우리의 중등교육을 전반적으로 개혁해 나간다는 거대한 목적을 달성하기 위하여 필수적인 일종의 교두보를 마련하게 되는 것이라고 생각하는 것이다. 그리고 이렇게 우리 모두가 자기에게 맡겨진 영역을 주체적으로 진단하고 그 문제점을 솔직하게 확인함으로써 개선의 실마리를 찾아내게 될 때에 사회 전체의 진정한 문화적 진보가 이루어진다는 사실을 거듭 되새길 것이다.

1989년에 발간된 『중등교육연구』 창간호에는 모두 12편의 논문이 실려 있다. 다음 해인 1990년부터는 세미나, 토론회 등을 개최하여 특집으로 실었는데, 제2집에는 「중등교육의 방향」, 「교과교육의 현황과 문제점(사회과 교재연구 및 지도법 강의의 현황과 문제점)」, 「사범대학 부속학교와의 심포지엄」을 특집으로 실었다. 1991년 제3집에는 특집으로 「교과교육의 현황과 문제점(역사과 교재연구 및 지도법 강의의 현황과 문제점)」, 「중등학교 교과서 연구」 등을 실었고, 1992년 제4집에는 특집으로 「중등교원 임용제도 개선을 위한 토론회」를 실었다. 이 토론회는 1992년 11월 5일 경상대학교 대학본부 5층 대회의실에서 열렸는데, 이 토론회에서 김수업 선생은 연구소 소장으로서 다음과 같은 개회사를 하였다.

…… 두말할 필요도 없이 좋은 교육은 훌륭한 교육자의 헌신적인 노력으로만 이루어질 수 있고, 훌륭한 교육자는 충분하게 준비된 양성과정을 통하여 교육되지 않고는 얻을 수 없습니다. 신념과 지식과 기술을 충실하게 닦는 양성과정을 보장하여 자격증을 부여하고, 그런 과정을 거쳐 훌륭하게 양성된 자격증 소지자를 대상으로 자유 경쟁의 임용제도가 논의될 수 있을 것입니다. 그런데 지금 우리는 갖가지 부실한 자격증 남발에 따른 교육자 과잉 공급 상태에서, 양성과정의 충실화를 위한 고민은 하지 않고 느닷없이 자유 경쟁이라는 이름으로 전면적 임용고시를 실시하고 말았습니다. 이 사태가 결과적으로 우리의 교원 양성교육 전반의 문제와 임용 제도를 근본적으로 다시 숙고하게 하여 전화위복의 계기로 될 수도 있을지 모르겠으나, 우선 당장에 국립 사범대학에서조차 양성교육을 제대로 할 수 없게 만들고 말았다는 것이 커다란 과오로 기록될 것입니다. 처음부터 교육자가 되겠다는 의지를 가지고 입학하여 모든 학생이 교단에 선다는 전제 아래 양성교육을 받는 국립 사범대학은 70년대에 들어서야 각 시도별로 설립되어 지금 겨우 15회 내외의 졸업생을 내고 있어서 그 성과가 이제부터 나타나려고 하는 참입니다. 이 시점에서 전면적 임용고시를 강행하여 국립 사범대학조차 교단에 선다는 보장이 없는 학생들을 대상으로 허울만의 양성교육을 할 수밖에 없도록 만든다는 데에 우리의 우려가 있습니다.

항간에 이와 같은 우려를 국립 사범대학의 집단이기주의로 오해하기도 하는 모양입니다. 그러나 사실 극단적으로 말해서, 오늘의 임용고시 제도를 계속한다면 국사립의 모든 사범대학이 함께 허울뿐인 것이 되어 교육 내용은 일반대학과 다를 바 없이 되겠지만, 그런 상태에서도 학생들은 교원자격증을 받아 졸업하겠기에 국립 사범대학의 교수와 학생들에게 개인적으로 해로울 것은 조금도 없습니다. 교수들은 골치 아픈 중등교육의 문제와 교과교육에 매달리지 않아도 되고, 학생들은 다양한 사회의 각종 직업을 선택할 기회조차 만끽하면서 교단에 설 기회도 잡아볼 수 있기 때문입니다. 하지만 그런 결과는 결국 우리의 중등교육만을 초토화하여 20년이나 30년 뒤에 아무도 책임질 수 없는 사회를 만드는 원인이 될 것을 두려워하는 것입니다. 어떻게 하든지 이 사태를 하나의 계기로 삼아 중등교원의 양성과정을 전면적으로 다시 반성하면서 임용제도 또한 국사립을 막론하고 모든 사범대학에서 더욱 착실한 양성교육이 이루어지도록 유도하는 방향으로 바로잡아야 하겠다는 뜻이 여기에 있습니다. 국사립 사범대학 사이의 이해문제와 같은 차원의 고민이 아니라, 나라와 겨레의 미래를 좌우한 엄숙한 교육 현실에 얽힌 문제들을 앞에 놓고 괴로워하면서 우리는 오늘 우선 이 임용제도 개선을 위한 토론회를 가지는 것입니다. ……

1993년 12월 7일에는 '교육개혁과 중등교원 양성체계'에 관한 세미나를 중등교육연구소와 경상대학교 사범대학과 공동으로 국립사범대학장 협의회의 후원으로 개최하였다. 이날 한림대학 정범모 총장이 '교육개혁 차원에서의 교사양성체계 개혁방안'이란 주제로 기조강연을 하였고, 서울대학교 박용헌 교수가 '종합대학교 내에서의 사범대학 운영 개선 방안'이란 제목으로, 경상대학교 강재태 교수가 '교사 양성제도로서의 사범대학의 위상 및 그 개혁 방안'이란 제목으로 각각 주제 발표를 하였다. 이 날 발표된 논문과 토론한 내용은 『중등교육연구』제5집에 실려 있다.

1994년 7월 6일에는 '중등교원 양성제도 개선 방안'이란 주제로 토론회를 개최하였는데, 교원대학교 정태범 교수가 '중등교육 양성제도 개선 방안'이란 제목으로, 영남대학교 송병순 교수가 '중등교원 양성제도 개혁의 방향'이란 제목으로, 경상대학교 이동호 교수가 '교사교육 개혁의 기본 방향'이란 제목으로 각각 주제 발표를 하였다. 이날 발표된 논문과 토론한 내용은 『중등교육연구』제6집에 실려 있다.

또 김수업 선생은 중등교육연구소를 이끌어가면서 사범대학 교수들의 교육에 대한 안목을 높이기 위해 해마다 사범대학 교수 한 명씩 선진국에 파견하여 선진국의 교육과 교사양성제도 살펴보고 오게 하는 프로그램을 만들었다. 파견 경비는 독지가인 김장하 님이 지원해 주도록 설득하였다. 이 프로그램에 참여한 교수들이 선진국에 다녀온 뒤 써낸 글들을 모아 엮은 『세계의 학교 교육과 교사양성 교육』서문에는 이 책의 발간 경위에 대해 다음과 같이 서술되어 있다.

…… 경상대학교 사범대학 부설 중등교육연구소에서는 오늘날 우리가 당면하고 있는 교육의 근본적인 문제를 해결하기 위해서는 우리처럼 문화의 뿌리를 지닌 서양 선진국들의 교육에 대하여, 직접 조사·연구하는 것이 무엇보다 중요하다는 판단 아래 이 사업을 수행하기 위한 기획을 하였다. 기획 과제는 '선진국의 학교 교육과 교사 양성 교육'으로 정하였다. 그리고 이를 수행하기 위하여 해마다 희망하는 교수 한 사람을 선진국으로 파견하기로 하였다. 이 기획 과제에 드는 비용은 남성당한약방 김장하 원장님이 부담해 주기로 하였다. 그리하여 93년도에는 강호

신 교수가 프랑스에, 94년도에는 이도수 교수가 영국에, 95년도에는 김인호 교수가 아일랜드에, 96년도에는 조규태 교수가 캐나다에, 97년도에는 곽철홍 교수가 벨지움에 가서 직접 해당 국가들의 학교 교육과 교사 양성 교육에 대해 조사한 후, 중등교육연구소의 세미나와 논문집에 조사 결과를 보고하였다.

2000년 『세계의 학교 교육과 교사 양성 교육』

그런데 불행하게도 이 기획 사업은 나라의 경제가 어려워짐에 따라 97년도부터 중지하지 않으면 안 되었다. 그러나 몇 년에 걸친 기획 연구를 중도에 그만 둔다는 것은 지금까지 이 기획 연구에 들인 공이 너무나 아까운 일이기에 99년도에 연구소의 평의원들이 모여 이 사업을 마무리 짓기 위한 논의를 하였다. 그 결과 직접 조사해 오지 못한 나라에 대해서는 그곳에 유학한 적이 있는 교수들에게 조사·연구를 의뢰한다면 가능하리란 결론을 내렸다. 이 논의에 따라 일본에 대해서는 안병곤 교수와 윤강구 교수가, 이탈리아는 김수업 교수가, 독일은 이영석 교수가, 미국은 강재태 교수가, 러시아는 한인기 교수가 맡아 조사·연구를 하게 되었다. 해당 국가에 대한 과거의 현장 경험과 개인적인 연고, 그리고 갖가지 정보 통신의 발달은 이들의 조사·연구를 가능하게 해 주었다. ……

– 2000년 11월 7일 중등교육연구소장 조규태

이처럼 김수업 선생은 사범대학 교수로 재직하면서 경상대학교 사범대학 교수가 주축이 된 중등교육연구소를 설립하여 중등교육을 본 궤도에 올려놓기 위해 혼신의 힘을 기울였다. 육 년간 각고의 노력으로 중등교육연구소를 이끌면서 경상대학교 사범대학교만이 아니라 우리나라 모든 사범대학이 중등교육이 나아가야 할 방향을 정립하는데 커다란 공헌을 하였다.

조규태 (경상대학교 명예교수)

현장과 학문이 어우러지는 우리말교육학

전국국어교사모임(아래 전국모)은 온 나라의 아이들에게 단 한 권의 교과서, 아이들의 삶과 동떨어진 교과서로 우리말을 가르치기에는 너무 모자라다며, 국정교과서를 넘어 우리 손으로 교육과정과 교과서를 만들기로 하고 1999년에는 '교육과정 2000'을, 2000년부터 2002년까지는 대안 교과서 『우리말 우리글』 네 권을 만들었다. 그 과정에서 현장의 국어교사들이 교육과정과 교과서를 만들기에는 지식과 이론과 철학이 너무나 모자란다는 사실을 뼛속 깊이 깨달으며, 우리말교육의 현장을 우리말교육의 학문으로 이어 우리말교육이 우리 삶터에 제대로 뿌리내리도록 해야 한다는 데 뜻을 모으고 '우리말교육연구소'(아래 연구소)를 세우기로 하였다.

2005년 전국모 이사회의 의결을 거쳐 전국모 부설 기관으로 연구소의 문을 정식으로 열고, 사업으로 크게 다섯 가지를 잡았다. 첫째 국어교육과정과 교과서를 개발하는 일, 둘째 〈우리말교육대학원〉을 설립 운영하는 일, 셋째 〈우리말현장학회〉를 설립 운영하는 일, 넷째 민족통일 국어교육을 준비하는 일, 다섯째 『우리말새사전』을 편찬하는 일이었다. 이밖에 연구소 이사회가 의결한 사업을 하기로 하였다. 김수업 선생은 이전부터 연구소 일에 함께 하며 소장을 맡고 있었으나, 2005년 연구소장에 정식으로 추대되어 2년의 임기를 채우고 두 번 잇달아 소장을 함으로써 2011년 2월 19일 6년의 임기를 마치고 전교조 대전지부 사무실에서 2대 연구소장을 고안덕 선생에게 넘겼다. 연구소가 자리 잡을 때까지 온 힘을 다하고, 그 뒤로는 국어교사들이 손수 연구소장을 맡도록 한 셈이다.

연구소에서 가장 먼저 출발한 곳은 우리말교육대학원이었다. 『우리말 우리글』을 만들면서 길을 밝혀줄 이론과 학문을 바랐지만, 이미 있던 대학원에서는 목마름을 채우지 못한 탓이었다. 성찰과 토론 끝에 새로운 대학원을 세우기로 하고, 한 대학에 몸담은 몇몇 교수가 아니라 전국 어디에 있든 목마름을 적셔줄 사람이 있으면 찾아 모시고 배우되 학위는 받을 수 없는 채로 출발하였다. 김수업 선생은 대학원장을 맡아 이 모든 일을 앞장서 하면서 연구소 이사, 대학원 위원들과 함께 대학원 교육과정을 짜고 강의를 맡을 교수를 찾아 정하는 일을 하였다.

2005년 2월 26일, 대전 샤또 그레이스 호텔에서 30명의 입학생을 데리고 제1회 대학원 입학식이 열렸다. 개학 중에는 다달이 넷째 주에 특강을 듣고, 방학 중에는 여름에 2주 겨울에 3주간 합숙 수업을 하는 일정이었다. 교육은 다가오는 세상의 주인공을 키우는 일이므로 특강의 주제는 '다가오는 세상'으로 잡아 국어교육에 값진 바탕이 될 삶과 세상의 여러 핵심 주제(과학 기술, 남북 교류, 생명환경, 자연과학, 한국 경제 등)를 골라 미래를 알아보는 시간으로 이루어졌다. 합숙의 하루 일정은 강의 6시간과 질의응답 1시간, 토론 1시간, 전통 실습 2시간으로 모두 10시간이었으며, 김수업 원장은 강의하러 오는 교수들을 일일이 맞이하고 배웅하며 대학원생들과 토론 1시간, 전통 실습 2시간을 함께 하였다. 학위를 받지는 못하지만 학위 논문은 입학생들이 같은 주제로 집필하여 책으로 펴내기로 하고 1학년 겨울 합숙 기간에 학년 회의에서 정하기로 하여, 1기는 '북한의 국어교육', 2기는 '전자말 세상', 3기는 '지역화교육', 4기는 '입말 교육' 등으로 잡았다.

선생은 2005년 8월 1일 목원대학교에서 시작된 합숙 강의부터 2011년 연구소장을 그만두는 그날까지 대학원 특강과 합숙에 빠짐없이 함께 하였다. 교사들도 지내기 쉽지 않은 대학교 기숙사에서, 함께 기숙사 밥을 먹고 함께 잠을 자면서 낮에 배운 강의 내용에 대해 대학원생들이 토론하는 모습을 말없이 지켜보고, 전통 실습이 끝난 뒤 대학원생들이 낮에 배운 이론을 어떻게 현장에 적용할 것인가 술을 한잔 기울이며 토론할 때도 함께 하였다. 대학원생들의 배움에 대한 목마름과 교육에 대한 열정, 철없는 소리에 때로는 분명한 답을, 때로는 확고한 신념을, 때로는 마음에서 우러나는 격려와 위로를 하며 대학원에 끝없는 사랑을 베풀어 주었다.

방학은 짧아지고 업무는 많아지면서 학교현장이 점점 어려워지자 방학 중 합숙 수업을 하기도 덩달아 어려워졌다. 또한 대학원 학위도 받지 못하면서 직무연수로도 인정받지 못하자 대학원 신입생이 점점 줄어 대학원과 전국모에서는 우리말교육대학원을 문 닫고 2015년 〈집중연구과정〉을 열기로 하였다. 집중연구과정은 국어교육 현장에

2011년 2월 우리말연구소장을 마무리하는 날

2012년 8월 한민족 국어-조선어문교육 학술발표회(훈춘시)를 마치고

서 같은 주제로 고민하는 교사들이 모여 다섯 학기 동안 지도교수의 도움을 받으며 현장의 문제를 연구하는 과정으로, '고전, 매체, 스토리텔링' 세 가지 주제로 시작되었다. 7월 18일 대전대에서 열린 집중연구과정 총회에서 선생은 '연구자로서 교사의 삶'이라는 제목으로 특강

을 하며 교사들이 배우고 가르치는 일의 임자 노릇을 할 수 있어야 '선생'이 아니라 '스승'이 될 수 있다며, 집중연구과정은 스스로 스승이 되기 위해 닫는 걸음이니 힘껏 나아가기를 바란다는 말로 격려하였다.

우리말교육현장학회는 이름에서 짐작할 수 있듯이 '우리말교육'과 '현장'을 붙들겠다는 남다른 뜻을 가지고 만들어졌다. 유치원의 어린이 교육과 남의 나라 사람들에게 가르치는 한국어교육까지를 모두 싸잡아 우리말교육을 돌보고, 현장을 모른 채 이론에만 머무는 학회를 현장에서 말미암고 현장으로 돌리고자 함이었다. 우리말교육현장학회를 제안한 선생은 2006년 9월 창립총회에서 초대회장으로 뽑혀 학회를 여는 뜻을 세우고, 조직을 구성하고 회칙을 만들며 학회가 제대로 자리를 잡도록 애를 썼다. 무엇보다 현장교사들이 학회의 주인으로 나서서 몸소 겪으며 애태운 온갖 걱정거리를 거리낌 없이 내놓아 생각을 나누고 슬기를 모으는 학회가 되기를 바랐다.

2007년 4월 '바뀐 국어과 교육과정 살펴보기'라는 주제로 첫 학술발표회를 시작하면서 그해 5월에는 학회지 『우리말교육현장연구』 창간호를 펴내었다. 선생은 창간호 간행사에서 학회를 처음 세운 뜻을 이렇게 밝히며, 삶으로 온전히 이루어낼 수 있기를 바랐다.

우리 학문이 우리 삶터에서 움이 트고 싹이 돋아 자라났다면 반드시 우리 삶의 현장과 사이좋게 어우러졌을 것이다. 그러나 안타깝게도 오늘날 우리네 학문은 우리와 다른 삶터에서 자라난 것을 허겁지겁 끌어다 쓰는 학문인지라 어쩔 수 없이 우리 삶터의 현장과 어우러지지 못하고

마냥 따로 놀았다. 현장 없는 학문과 학문 없는 현장이 저마다 있는 힘을
다해 제 길을 밝히느라 버둥거렸으나 학문도 현장도 우리 삶을 끌어올리
는 몫을 다하지 못했다. 이제 학문의 씨앗을 현장 구석구석에다 두루 뿌
리고 현장에서 그것을 북돋워 가꾸면서 꽃을 피우고 열매를 맺도록 해보
아야 한다. 우리 삶의 현장에 뿌리내리고 현장에서 숨 쉬고 현장을 빨아
먹으며 현장에서 자라나서 현장에 도사린 답답함에 빛을 비추는 학문을
일으켜 세워야 한다. 현장과 학문이 반갑게 만나 어우러지는 우리말교육
학으로 마침내 우리 삶을 끌어올리는 몫을 다하도록 해보아야 한다.

학회는 지금까지 스물네 차례의 학술발표회와 스물네 권의 학회지
를 내놓았다. 그 사이에 선생은 2010년 12월 11일에 열린 제8회 학술
발표회 '교과서에 실어야 할 문학작품의 선별 논리 찾기'라는 주제에

〈우리말교육대학원〉졸업 및 입학식에서

서 기조발표를 하고, 2011년 5월 학회지에 「우리말교육에서 다루어야 할 문학작품 고르기」라는 논문[3]을 실었다. 2012년 7월 14일에 열린 제11회 학술발표회에서는 '삶을 위한 이야기교육'이라는 주제 아래 기조발표를 하고, 2012년 11월 학회지에 「삶을 위한 이야기교육의 뜻」이라는 논문[4]을 실었다. 선생은 2년의 학회장 임기를 마치고 2008년에 물러났지만 학회 평의원으로서 회의와 학술발표회에 자주 나와서 발표를 듣고 토론을 지켜보았으며, 특히 그동안 우리말교육학에서 제대로 돌보지 못한 유아 분과와 한국어 분과에서 애쓰는 분들과 늘 인사를 나누며 격려를 아끼지 않았다. 2016년 12월 최시한 교수가 다섯 번째 학회장을 맡을 때까지도 진주에서 멀리 서울까지 걸음하여 축하하며 학회에 대한 사랑을 보여주었다.

전국모에서는 대안 교과서 『우리말 우리글』을 마무리할 즈음에 우리 손으로 교육과정과 교과서를 만들면서 뼈저리게 느꼈던 모자람을 채우려면, 우리말교육의 뼈대인 교육과정을 공부해야 한다며 교육과정모임을 만들어 2003년부터 2005년까지 외국의 국어 교육과정을 같이 공부하였다. 일주일에 한 번 당시 모임 집이었던 서울의 아남아파트에서 초등 교사와 중등 교사 열다섯 안팎이 모여 유럽에서 국어교육을 잘한다는 프랑스와 이탈리아, 영국의 교육과정을 읽으면서 우리말교육연구소 이름으로 2003년에는 일본, 중국, 영국, 프랑스의 교

---

3) 김수업, 『우리말교육현장연구』 제5집1호(통권제8호), 우리말교육현장학회, 2011.

4) 김수업, 『우리말교육현장연구』 제6집2호(통권제11호), 우리말교육현장학회, 2012.

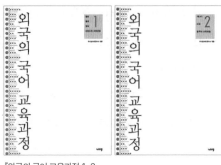

육과정을 뒤쳐서『외국
의 국어 교육과정 1』(나
라말)을 엮었고, 2004년
에는 캐나다, 미국, 호주
의 교육과정을 뒤쳐서
『외국의 국어 교육과정
2』(나라말)를 엮었다. 외

『외국의 국어 교육과정 1, 2』

국의 국어 교육과정을 뒤치고 읽으면서도 교육과정만으로는 모국어
교육의 본디 모습을 들여다보기 어려워서 프랑스 초등학교, 중등학교
교과서와 이탈리아 초등학교, 중등학교 교과서를 프랑스 현지에 살고
있던 이부런 선생의 도움으로 뒤쳐 책으로 만들어 공부하였다. 김수
업 선생은 처음부터 이 과정을 함께 하면서, 교육과정과 교과서는 초
등과 중등이 같이 연구하면서 만들어야 제대로 만들 수 있다고 말하
며 초등과 중등의 연구 분위기를 같이 끌어나가는 데 많은 애를 썼다.

국가 수준 2007 개정 교육과정에 맞춰 2005년부터는 전국모에서
도 다시 한번 우리 손으로 교육과정과 교과서를 만들기로 하여, 선생
은 2006년 1월 전국모 겨울연수에서 '새로운 국어교과서 만들기'라
는 제목으로 강의를 하고 2007년 상반기 초중등 교사가 힘을 합쳐 '우
리 손으로 만드는 교육과정'을 만드는 데 틀을 잡고 내용을 채우는 일
을 도왔다. 2008년 9월 전국모의 사정으로 검정 교과서 만들기를 그
만둘 때에도 모임에 대한 사랑을 놓지 않고, 모임 곁을 떠나지 않았다.

교과서 만들기를 그만두고도 교육과정모임은 말본(언어)과 말꽃(문
학) 이론 공부를 계속하며 모임을 이어갔다. 월요일마다 전국모 사무

실에서 만나 책을 읽고 간추려 온 내용을 발표하며 궁금한 것을 묻고 답했다. 선생은 말본과 말꽃이 학문적으로는 떨어져 있지만 교육은 같이 해야 하며, 이 둘이 교육과정의 내용을 이루어 듣기, 말하기, 읽기, 쓰기 활동과 씨줄과 날줄처럼 얽힐 때 교육과정이 제대로 될 수 있다고 늘 힘주어 말했다. 선생과 같이 한 교육과정모임은 2011년까지 이어졌고, 모임은 그동안의 공부를 바탕으로 교육과정의 두 축인 내용과 활동을 정리하여 몇 권의 자료집을 내놓았다.

하지만 전국모에서는 외국의 국어 교육과정을 공부하고, 우리 삶터에 맞는 교육과정을 만들기 위해 수많은 교사들이 매달려 몇 차례나 애썼으나 한 발 더 나아가지 못하고 있었다. 제대로 된 교육과정 없이 제대로 된 교육을 하기가 어려움을 누구보다 잘 알고 있는 모임에서는, 2012년 다시 한번 우리말 교육과정을 만들어 보고자 뜻을 세웠다. 강원, 경남, 대구, 부산, 서울, 전북, 충북 등의 지역모임과 전국모 매체 연구회가 함께하여 11월에는 교육과정개발본부를 꾸리고, 2015년 4월 '우리말 교육과정 2015'가 나오기까지 전국 각지에 흩어져 있는 교사들이 쉽게 모일 수 있도록 거창, 대구, 대전, 서울, 원주, 천안 등을 돌며 교육과정 개발 회의를 이어 갔다. 2012년부터 서울살이를 마무리하고 진주로 내려간 선생은 교육과정 개발본부 회의에 틈이 날 때면 함께하며 교육과정이 담아야 할 바탕과 속살을 일깨워주었다.

우리말과 우리 말꽃을 제대로 가르치기 위해서는 교육과정에 우리의 정신이 깃든 토박이말을 담아야 하며, 모국어 화자에게 언어의 본질과 언어와 심리, 언어와 사회 같은 의식화 교육은 1주기부터 4주기까지 되풀이되어 이루어져야 하고, 언어 영역을 조금 더 분명하게 이름 짓되 이름은 불완전한 것으로 전체를 담으려고 애쓴 것일 뿐이므로 그 점을 늘 생각하면서 학생들을 가르쳐야 한다고 하였다. 또한 교육과정을 만드는 일은 교과서와 함께 가야 하므로 언제나 교과서를 생각하며 교육과정을 만들어야 하고, 논란이 일지 않는 교육과정을 만드는 일은 불가능하므로 누구든 마음껏 이야기하고 문제를 제기할 수 있다는 열린 생각을 가져야 한다고도 하였다.

전국모를 만들어 우리말 가르치기를 더 잘 해 보려고 애쓰면 애쓸수록 끝내 다다랐던 교육과정의 길에, 선생은 언제나 함께 하면서 현장 교사들의 고민과 의견을 귀담아 들어주고 가닥을 잡아주고 뜻을 잃지 않도록 힘을 주었다. 우리 삶터에 뿌리내리는 교육과정을 만들기는 참으로 어렵지만, 그보다 중요한 일은 없음을 늘 일깨워주며 함께 길을 걸어주었다.

연구소의 네 번째 일은 남북의 우리말교육 교류와 통일을 준비하는 우리말교육이다. 전국모가 남북어린이 어깨동무와 연대하면서 2005년 방북 대표단에 김수업 선생을 비롯한 네 명이 전국모 대표로 10월 16일부터 2박 3일의 일정으로 평양을 다녀왔다. 우리말교육대학원생들이 후원하고 있는 남북어린이 어깨동무의 평양 연필·볼펜 공장 준공식에도 가고, 소학교도 방문하여 학생들의 다양한 예체능 활동을 보았으며 묘향산도 들렀다. 연구소에서는 1차 남북교류를 시작으로 북한의 국어교육을 연구하고 교류를 넓혀가고자 우리말교육대학원 1기의 논문 주제를 '북한의 국어교육'으로 잡기도 하였고, 2006년에는 남북어린이 어깨동무의 제안으로 북녘 어린이들이 학교에서 제대로 교육받을 수 있는 환경을 지원함으로써 평화 통일을 앞당기는 데 도움이 되고자 전국모에서 평양 장교리 소학교에 책걸상과 교육기자재를 살 돈을 모으기도 하였다. 2009년에는 연구소 통국위 주최로 '바람직한 통일 국어교육 길 찾기'라는 제목으로 학술발표회를 열어 '북한교육의 현황과 과제', '북한 국어교육의 실태', '남북한 국어과 교육과정의 통합 방안', '남북 언어 교류 사업 방향'에 대한 강의를 들으며 북녘의 교육과 국어교육을 수박 겉핥기라도 살피려 애썼다. 김수업 선생이 연구소장을 하면서 통일을 내다보는 우리말교육을 해야 한다는 뜻을 세우지 않았다면, 시작조차 어려웠을 일이었다.

이 무렵 중국 북경에서 코리아언어문화교육센터를 하고 있던 유병수 박사와 전국모가 연결되어, 전국모와 중국 연변대학 한국조선문화연구소 조선어문교수연구회가 주최하여 조선족 국어교사들과의 교류가 시작되었다. '한민족 국어교육 세미나'라고 이름 붙인 이 교류는 2005년 7월 25일 2박 3일의 일정으로 '한·중 청소년 언어교육의 과제와 전망'이라는 제목으로 길림성 연변자치주 연변두레마을에서 처음 시작되어, 해마다 주제를 바꾸며 동북3성 조선족 자치주인 길림성과 요령성, 흑룡강성에서 돌아가며 열렸다. 2007년 3회부터는 '한민족 국어-조선어문 교육 학술토론회'라 이름을 고치고 말하기 교육, 문법교육, 표현하는 힘을 기르는 교수학습 방법 연구 등의 주제로 열렸으며, 김수업 선생은 2012년 길림성 훈춘시 국제학교에서 열린 제8회 학술토론회에 초청되어 '배달말의 깊고 그윽한 속살'이라는 제목으로 강의를 하고 3박 4일간의 일정을 함께 하였다. 이 행사는 2013년 중국 교육국의 사업 불허 방침과 공안당국의 제지로 갑자기 끊어져서 아직까지 이어지지는 못하고 있다.

연구소의 마지막 일은 『우리말 새사전』을 만드는 일이었다. 하지만 남북 관계가 풀리면서 2004년 4월 남북이 사전편찬의향서를 얽어서 맺고 2005년 2월 겨레말큰사전 편찬위원회를 만들어 사업이 본격적으로 시작되자, 선생은 연구소에서 새사전을 만들 까닭이 없어졌다며 남북이 하나 되어 『겨레말큰사전』을 부디 잘 만들어주기만을 바랐다.

선생의 마지막 일은, 우리말의 깊고 그윽한 속살을 쉬운 말로 제대로 풀이한 사전을 만드는 일이었다. 2014년 선생이 함께 뜻을 세워 '겨레말살리는이들'을 만들자, 온 나라 교사들 가운데 뜻을 함께 하는 이들이 있었고 이는 사전편찬위원회로서 연구소에 보고되었다. 겨레말살리는이들 꼭지는 따로 있으므로 여기서는 따로 말하지 않는다.

돌아보면 선생은 늘 뜻을 세우고 길을 닦는 삶을 살았다. 루쉰의 말처럼 한 사람이 가고 많은 사람이 함께 가면 길이 된다고 보았다. 2005년 1월 공직생활을 마무리하면서 그 길을, 신영복 선생의 말을 빌리면 머리로 가슴으로 하지 않고, 당신의 발로 함께 하였다.

김미숙 (전 우리말교육연구소 사무국장)

입말과 입말꽃 공부하며 가르치기

"분량도 중요하지만 내용을 손아귀에 잡아와요."

1996년 3월초, 경상대학교 가까운 식당에서 저녁을 먹고 옛 사범대 건물 1층 선생 연구실에 박사과정 1명, 석사과정 5명의 대학원생들이 모여 앉았다. 별다른 준비 없이 온 우리에게 선생은 공부할 거리와 과제를 주었다. 그때 모였던 사람 중 두 사람 정도를 빼면 대개 경험 짧은 국어교사로 현장에서 허둥대고 있었고, 교육대학원에 들어온 뒤, 선생이 말하기 · 듣기 교육 분야에 관한 논문을 써야만 지도교수를 맡아 주겠다고 하자, 덥석 그 공부를 하겠다고 달려들었던 사람들이었다.

선생은 몇 권의 책[5]을 소개하며 차례로 읽어나갈 것이니, 다음 모임 때는 모두가 각각 정해진 부분을 모자라지도 넘치지도 않게 A4 한 장 분량으로 요약해오라고 하였다. 이때부터 모이면 늘 각자가 출력해온 A4 종이를 다른 사람들에게 나누어주고 차례로 자기 생각과 의문점

---

5) 존 포웰 · 로레타 브래디, 『대화 길잡이 25』, 분도출판사, 1990.
   월터.J.옹, 『구술문화와 문자문화』, 문예출판사, 1995., 월터.J.옹, 『언어의 현존』, 탐구당, 1985.

을 말하며 토의를 하였다. 선생은 우리끼리 먼저 자유롭게 이야기하게 두었지만, 가끔 누군가가 아무 말도 하지 않고 가만히 있으면 뒤에라도 이름을 불러 말하게 하였다. 우리가 나눈 말, 누군가가 한 말을 끝까지 정확하게 다 듣고 난 뒤에 알맹이를 빗나갔거나 속살과 맥락을 잘 모르고 있는 부분을 짚어주고, 보다 중요한 어떤 것, 우리가 놓치고 있는 것에 이르기 위한 방법과 방향, 본디의 목적 들을 일러주었다.

또 선생은 음성언어 교육이 국어교육의 내용 영역으로 온전히 자리매김하지 못했다며 직접 찾아서 워드로 정리해 놓은 국어교육 분야 박사학위 논문 목록과 음성언어교육 관련 논문 목록을 내놓았다. 또 대학원 공부는 논문을 쓰는 것이고, 논문은 지도교수와 함께 쓰는 것이며, 계속해서 고쳐나가는 것이라 하였다. 다음 달에 올 때에는 자신이 쓸 논문의 차례를 적어오라고도 하였다.

"지금, 현재 국어교육의 기본적인 틀을 깨 가면서 기본 원리를 확보한 연후에 실천적인 방법을 찾아야 합니다."

무엇을 지향하여 어떤 내용으로 어떻게 해나가야 하는가를 교육과정에서가 아니라 다른 데서 찾아보고, 교육과정과 교과서가 그러한 점에서 타당한지를 짚어보는 기초연구를 한 후에 방법적인 면을 고민하라고 하였다. 그때 선생은 이미 논문의 영역을 민요, 설화 등과 같은 입말문학과 연관하여 확장하라고 하였고, 전자시대의 전자 매체에 관심을 가지고 매체를 바르게 듣거나 활용하는 방법에 대한 대전제와 원칙을 가지고 있어야 한다고도 하였다. 또 전자매체에 기대어 연구를 심화시키고 연속적으로 해나가지 않으면 이중의 노력이 들 것이며, 얼마 안 가서 의미가 없어져 버릴 것이라고도 하였다. 먼 앞날을 꿰뚫어 본 것이다.

처음 소개받은 책 중 『대화 길잡이 25』를 시작으로 『구술문화와 문자문화』를 한 달에 한 번씩 만나 차례로 읽어나갔고, 해가 바뀌고 사람들이 늘면서 입말 분석과 입말 교육에 관한 책[6]들을 차곡차곡 읽고 토의했다. 선생이 가지고 있던 영어 원서[7]도 분량을 나누어 함께 번역해 가며 읽었다.

그러는 동안 입말의 특징, 서양 사람들과 우리의 언어관, 언어교육 방법 차이, 서양 사람들이 쓰는 분석의 틀이나 기법을 알게 되었고, 서양 것으로부터 방법이나 틀은 배우되, 실제 우리 교육 현장에서 우리에게 맞는 방법을 찾아야 한다고 강조하던 말씀도 들었다. 맥락도 다 살릴 수 없고, 들은 그대로도 아니지만, 공부하던 종이 여백에는 선생의 말씀들이 적혀 있다.

"입말은 채록하기가 어렵습니다. 한글 자모가 우리 입말을 적는 데 결코 완전한 게 아니에요. 성조에 따른 차이를 표현하거나 모음을 받아 적기가 어렵습니다. 그러니 입말을 연구하려는 사람은 먼저 입말을 붙들어야 합니다."

---

6) 미카엘 스터브즈, 송영주 옮김, 『담화분석-자연언어의 사회언어학적 분석』, 한국문화사, 1993. 캐슬린 K. 리어든, 임칠성 옮김, 『대인의사소통』, 한국문화사, 1997. 피터 B. 덴즈, 엘리엇 N. 핀슨, 고도흥 외 옮김, 『음성언어의 이해』, 한신문화사, 1995. 마틴 브리안, 윤희원 역, 『좋은 화법과 화법 지도』, 교육과학사, 1995. 장 랑케마, 이원표 옮김, 『담화연구의 기초』, 한국문화사, 1997.

7) Mary Underwood, Teaching Listening, Longman, 1989.
　 Guy Cook, Discourse, Oxford University Press, 1989.

"국어교육의 범위를 좁게 생각하지 마세요. 입말교육을 연구한다고 하지만, 사실은 입말의 정체도 모릅니다. 입말교육을 위해 입말을 확인하고 정체를 알아야 해요. 고등학교 아이들이 실제로 쓰고 있는 입말, 실제 교실 현장에서 쓰는 아이들의 입말, 옳은 것과 틀린 것, 인정할 만한 것을 아는 것이 필요합니다. 그게 무슨 국어교육이냐? 얘기하면 너무 좁아요. 시야를 넓혀야 해요."

"우리 교육이 우리 실정에 맞는, 삶을 바탕으로 한 교육이 아닙니다. 삶을 위한 교육이 아니라 시험 봐서 점수를 내기 위한 교육이다 보니 그러합니다."

"서양의 '의사소통' 책에는 철학이 있습니다. 그래서 세상이 더 나아져 가도록 하지요. 그러나 우리 '화법' 책에는 철학이 없어요. 그러다 보니 세상이 더 나아지지도, 사람이 더 나아지지도 않아요."

"농학과 교수가 농촌에서는 융자를, 나라에서는 빚을 빼고 나면 휘청한다고 합니다. 우리 학문은 그렇지 않겠는가? 국어교육은 그렇지 않은가? 외국의 것을 빼버리고 나면 남는 게 없습니다."

"이것은 서양 문화 안에서 하는 이야기입니다. '우리 문화 안에서 어떻게 하는가?'를 연구해 봐야 합니다. 이 책에서와 같은 서양식의 방법이 안 맞아요. 현실에 토착해서 국어교육의 방법을 찾아야 합니다. 실제 현장에서부터 논리를 세워야 합니다."

선생은 뜻이 모호하고, 우리말답지 않은 문장으로 번역된 책을 읽으며 원전이 있으면 좋겠다는 말씀을 자주 하였다. 가끔은 그 번역 문장을 다시 쉬운 우리말 문장으로 바꿔보게도 하였다. 겨울방학이면

〈입말교육연구모임〉에서 함께 뒤쳐낸『듣기교육』

통영에서 하던 합숙 세미나를 세 차례 거친 후 1999년에 모임 이름으로 번역 책[8]을 낸 것은 공부의 과정이었고, 이러한 아쉬움을 해결하기 위한 방책이었다. 그러나 이 미흡한 번역이 책으로 엮어져 나오게 된 데는 오롯이 선생의 힘이 컸다. 박기주 대표가 책의 말미에 "부랴부랴 서두르고 여러 사람의 손으로 옮긴 글이라 용어와 말투가 한결같지 못한 것을 우리 모임의 지도교수이신 김수업 선생님께서 한 문장 한 문장 꼼꼼히 살핀 끝에 마침내 책으로 펴내게 되었습니다."라고 한 말은 공연한 것이 아니다.

　"입말문학은 그 시대의 다른 어떤 것보다도 핵심적인 삶을 붙듭니다."
　입말과 입말교육을 다룬 책들을 어느 정도 읽고서는 입말문학에 관한 책[9]을 공부했다. 그때 읽은 우리 신화는 이제껏 모르던 새로운 세

---

8)　Mary Underwood, 입말교육연구모임 옮김, 김수업 살핌, 『듣기교육(Teaching Listening)』, 나라말, 1999.

9)　김선풍 외, 『민속문학이란 무엇인가?』, 집문당, 1995. 김태곤 편저, 『한국의 무속신화』, 집문당, 1989.

계였다. 선생은 글말문학만을 값지게 여기다가 『한국구비문학대계』 80여 권을 접하고 크게 눈을 떴다고 말하며 우리들에게 「경남편」 14권부터 시작해서 구비문학 자료를 직접 많이 보고 들으라고 하였다. 구비문학이 아이들 속에서 사장된 것이 우리의 비극이라 말하였고, 국어교육이 제대로 되었다면 50년을 통하여 단절될 것이 아니라 살아 있을 것이며, 창조성이 있는 우리 젊은 세대들이 판만 만들어주면 많이 이야기할 것이라 하였다.

"학문의 작업은 작답, 논을 넓혀가는 것입니다. 다른 사람이 만들어 놓은 논을 쪼고 있으면 안 됩니다. 그것은 독창성이 없는 것입니다. 선행 연구들을 검토하여 이것들을 계열화하고, 자기 손아귀에 넣어 장악해야 합니다."

선생이 경상대학교를 떠나기 전까지 지도한 석사학위논문 중 입말교육에 관한 모임 사람들의 논문은 14편이 있다. 모두 입말과 입말꽃 교육에 관한 것들이다. 이 가운데는 모임을 시작하기 직전에 쓴 석사학위논문도 1편 있고, 선생께서 대구로 가면서 지도교수를 바꾸어 뒤에 완성한 1편도 있다. 그리고 그때까지 쓰고 있다가 마무리하지 못한 석·박사 논문이 두셋 있다.

"실제를 바탕으로 잡고, 이론을 터득할 수 있도록 단원을 구성해야 합니다."

모임에서 연구한 것을 일반 사람들이 쉽게 읽을 수 있게 다듬고 묶어서 책을 내자는 계획을 진행하던 무렵, 제7차 개정 교육과정에 따른 검인정 교과서 공모가 있었고, 도서출판 태성에서 선생에게 의뢰가 들어왔다. 선생은 국어교육을 바꾸기 위해서 직접 교과서를 만들어야겠다는 뜻을 세워 입말교육연구모임과 함께 『국어생활』 검정 교과서를, 이야기말꽃모임과 함께 『문학』 검정 교과서를 준비하였다. 모임에서는 함께 일할 수 있는 사람들을 더 모아서 1999년 하반기부터 2001년 상반기까지 작업에 매달렸고, 대단원 여덟 마당의 『국어생활』 검정 교과서 심사본을 제출하였다. 그러나 이 심사본 교과서는 2001년 8월에 1차 심사에서 탈락하고, 하반기에 재심사에서까지 탈락하고 말았다.

이즈음 모임 사람들은 개별적으로 전국국어교사모임에서 펴내는 대안 교과서 『우리말 우리글 7학년·8학년·9학년』, 『우리말 우리글 10학년』 작업에 공동 집필진으로 참여하였고, 작업의 든든한 버팀목이 되어주었던 선생은 연구 협의진으로 크게 도움을 주었다. 또 선생의 제안으로 경상대학교 교육연구원에서 '한국 교육의 지역화연구' 프로젝트 사업을 진행할 때, 나는 지역 문학교육 분야 연구보조원으로 참여하여 입말교육이 지역화교육의 바탕에 있음을 깨치기도 하였다.

"이야기 문화의 전통을 살리고, 입말교육을 제대로 해 보자."

선생이 2003년 하반기에 대구가톨릭대 총장으로 가고, 2005년 초에 서울로 거처를 옮기면서는 이전처럼 달마다 만나는 모임에 오기가 어려워졌다. 그래도 간간이 모임에 와 주고 끈을 이어주었으며, 서울살이가 자리 잡힌 2006년 하반기 즈음부터는 한 달에 한 주 동안 진주에 와서 다른 일들을 보는 가운데 입말 모임 요일을 고정해 두고 참석하였다. 선생이 진주에 안 계시는 동안에는 수업 시간에 가르치며 의문이 있었던 시와 소설 같은 문학작품들을 함께 토의하고 공부했다. 선생이 정기적으로 모임에 다시 나오게 되자 중고등학생을 위한 옛이야기 책을 펴낼 계획으로 값진 옛이야기들을 골라서 학생들이 쉽게 읽고 이야기할 수 있도록 다듬는 일을 했다. 선생과 함께 읽으면 숨어 있던 옛이야기의 뜻과 겨레의 정신이 살아났다. 이때 자료는 『국어시간에 옛이야기하기』라는 복사제본으로 남아 있다.

한편 모임 사람들은 선생과 함께 한 공부를 바탕으로 학교에서 이야기 수업을 하고, 중고등학생 이야기대회에 힘을 보탰다. 그리고 이야기 문화를 전파하기 위해 전국이야기대회 십여 년을 돌아보는 글[10]을 쓰고, 학생들의 좋은 이야기들을 골라 책[11]을 엮어내었다.

"소설은 홍명희고, 시는 백석이다!"

2012년 무렵 선생이 다시 진주로 터전을 옮기고 나서는 백석의 시를 새겨 읽는 공부를 했다. 선생은 한국문학에서 가장 돋보이는 우뚝함으로 홍명희와 백석을 꼽았다. 한국글쓰기회 연수에서 강연을 하고, 글쓰기 회보에 백석 시에 관한 새로운 풀이를 하던 즈음엔 입말모임 카페에도 원고를 올려주고 함께 이야기도 나누었다. 단 두 행으로 되어 있던 백석의 시 '비'를 읽으며 비에 땅바닥으로 떨어진 '아카시아'꽃의 '흰 두레방석'과 '개비린내'의 '물큰'한 감각을 깨쳐 느끼게 되

10) 김미숙, 「전국 중등학생 이야기대회를 돌아보며」, 『우리말교육현장연구』 제6집 1호(통권 제10호), 우리말교육현장학회, 2012. 91~130쪽.

11) 전국국어교사모임 엮음, 『제주에서 강원까지 이야기꽃, 피다』, 휴머니스트, 2014.

었을 때부터 백석의 서정과 겨레말의 아름다움은 우리를 푹 빠져들게 하였다.

"삼국유사의 역사적 가치는 '기이편'에 있어요. 기이편의 맨 마지막 문장은 불교의 이야기를 허황되다고 하지 말라고 미리 못 박은 겁니다."

2013년 4월부터는 선생의 제안으로 『사진과 함께 읽는 삼국유사』(일연, 이상호 옮김, 강운구 사진, 까치글방, 1999.)를 읽기 시작했다. 모인 자리에서 책을 소리 내어 한 장씩 읽어나가며, 막히거나 궁금한 점을 이야기 나누고, 선생의 말씀을 듣고 하면서 2016년 11월까지 고스란히 읽었다. 선생은 때때로 『삼국사기』나 『삼국유사』의 원문을 가져와서 자료를 주고 읽어주기도 하였다. 가끔은 우리가 한자의 성조를 잘못 소리 내는 것에 대해서도 바로잡아주었다. 그 사이에 선생은 중고등학생들이 읽을 수 있도록 우리말로 쉽게 다듬어서 『삼국유사 이야기 – 천 년도 하루 같은 옛사람들 이야기』(휴머니스트, 2016.)라는 책도 내고, 서경방송에 출연하여 삼국유사 이야기를 다섯 차례[12] 들려주기도 하였다.

"아리스토텔레스의 생각을 짐작하려 하지 말고, 글을 읽으세요."

선생에게서 배우며 읽은 마지막 책은 『시학』(아리스토텔레스, 손명현 옮김, 고려대학교출판부, 2009.)이었다. 선생은 세계의 모든 문학 이론, 예술

---

12) 김수업, 「삼국유사 이야기 I ~ V」, 『TV특강』 1회, 2회, 5회, 6회, 7회, 서경방송 Ch8, 2015.05.07.(목)~06.18.(목) 방영

이론의 뿌리가 이 책이라고 하였다. 아리스토텔레스는 철학자이자 예술가로서 현실의 아름다움을 찾으려 했으며, 진리를 말한 것이 아니라 예술품이 어떻게 되어 있나, 그 구조를 분석해 낸 것이라 하였다. 그리고 우리가 『시학』을 읽는 이유는 분석해 내는 방법을 배우기 위해서라고 하였다.

"멀리 가려는 사람은 첫걸음을 크게 디디지 않습니다. 작게 작게 해서 뒤에까지 갑니다."

2017년 7월 17일 월요일 저녁에 찻집 오후의 홍차에서 평소와 다름없이 공부를 하고, 『시학』 뒤에는 무슨 책을 공부할까 이야기하며 다음 모임을 약속했다. 그리고 8월 27일 모임 날짜가 다가왔을 때 약속은 잠정적으로 연기되었고, 선생과 함께 한 모임의 시간은 끝났다. 선생과 함께 했던 긴 시간들이 얽히고, 선생의 연구실, 장작이 타던 옛날곰탕집, 3층까지 올라갔던 무현금, 칠암동 현대아파트 선생의 댁, 우리밀 빵을 곁들여 내놓던 찻집 오후의 홍차 등 모임의 장소가 어른어른하다. 모임에 들고 났던 여러 사람들의 얼굴이 스쳐 지나간다.

2018년 9월에 모임 사람들은 다시 마음을 모으고, 국어교육에 관한 선생 평생의 책 『배달말 가르치기』(나라말, 2006.) 공부를 시작으로 앞으로도 여전히 한 달에 한 번씩 만나기로 했다.

"마침내 / 바다에 가서 / 모두 모여 / 한데 어우러져 / 더불어 울렁이며 춤추네."

어느 날인가 '빗방울'이라는 제목의 시를 내어놓으며, 다들 인터넷에서 별명을 쓰길래 뭘 할까 궁리하다가 언제나 가장 낮은 데로, 낮은 데로 흘러서 바다에 이르고 다시 하늘로 올라가는 빗방울이 좋아서 이걸로 이름 삼기로 했다며 잔잔한 웃음을 머금고 말하던 선생의 얼굴이 떠오른다. 그 뒤로 선생은 전자말 대화를 할 때 빨간 우산 위에 빗방울이 떨어지는 작은 그림을 맨 끝에 붙였다.

빗방울 선생은 처음부터 일부러 찾아온 사람들이 뜻한 공부를 할 수 있도록 마음껏 북돋워 주기 위해 모임을 만들었다. 선생이 1995년 2월에 경북대학교에서 「아기장수 이야기 연구」로 늦깎이 박사학위를 받고 난 바로 다음 해에 직접 경상대학교 교육대학원 국어교육전공 사람들과 말하기·듣기교육 공부 모임을, 일반대학원 국문학과 사람들과 이야기문학 공부 모임을 동시에 꾸렸던 것이다. 모임이 계속되는 동안 선생은 학술용어를 순우리말로 다듬어 학문하는 길을 꾸준히 열어갔으며, 선생 저서의 제목이 시간 순서대로 바뀐 것처럼 모임에서도 '음성언어교육' 대신 '입말교육'이라는 말을, '구비문학'이라는 말 대신 '입말문학', 더 나아가 '입말꽃'이라는 말을 자연스레 쓰게 되었다. 두 모임을 따로따로 다달이 한 번씩 만나 가르침을 베풀기를 병과 싸우기 직전까지 하였다. 스물두 해가 훌쩍 넘도록 한결같이 이 두 모임을 지탱한 데에는 여기에 선생 학문의 큰 두 줄기 흐름이 스며있기 때문일 것이다. 이 가운데 입말교육연구모임은 국어교육학자로서 펼친 선생의 가르침을 가까이에서 배우는 은혜를 입었다. 다만, 모임 사람들이 까마득히 선생의 뜻에 미치지 못하여 선생의 길을 제대로 밝혀 길잡이하고 있지 못하므로, 선생의 뜻과 길을 알아봐 줄 눈 밝고 올곧은 사람들이 어서 많이 나오기만을 기다리고 있다.

권유경 (경상대학교사범대학부설고등학교 교사)

기쁨과 깨달음을 얻은 말꽃 읽기

'이야기말꽃 모임'은 1996년 무렵에 시작하여 그동안 회원 수가 늘고 줄고를 되풀이하였다. 이야기말꽃을 좋아하는 사람들이 모여서 함께 공부하고 배워 바르게 가르치는 일을 하려고 모인 동아리였다. 매달 모임을 함께 하면서 '이야기에 대한 이야기'를 나누었다.

선생은 종래 세상에서 서사문학이라고 부르던 것을 우리말로 '이야기말꽃'으로 고쳐부르고 우리 모임의 이름으로 삼았다. 이 말을 풀어 보이면 '이야기+말꽃'이 된다. '이야기'는 말 그대로의 뜻이고 '말꽃'은 말로써 이루어진 꽃이니 이것이 바로 문학을 가리키는 우리말이다. '이야기말꽃'이 우리 모임의 이름 된 사연이다.

모임은 소박했고 조용했다. 거창하게 학술행사를 한 적은 없으나, 이야기말꽃을 깊이 읽기 위해서 『문학시간에 단편소설 깊이읽기』라는 책을 출판(나라말, 2009년 1월 23일)하였는데, 그것으로 떠들썩하게 출판기념회를 열지는 않았다. 선생은 조용조용히 말씀하셨고 우리들은 가만가만히 귀 기울여 들으려고 했다. 기억은 기록이 아니라 해석이기에 색깔이나 모양은 사실과 다를 수 있다. 그렇지만 기억을 따라 우리가 되살릴 수 있는 색깔과 모양은 '말꽃'에 대해 이야기를 나누었던 시간과 공간들이다.

우리는 1996년부터 2008년까지 '옛날곰탕'집에서 모임을 가졌다. 지금 큰길이 나고 대단지 아파트(내동면 휴먼빌아파트)가 들어서면서 곰탕집은 문을 닫았다. 아쉬운 일은 그곳에서 1996년부터 10여 년 동안 이야기말꽃 모임을 한 사진이나 기록을 남겨두지 못한 것이다.

지금 남은 흔적은, 2008년 5월 19일 옛날곰탕집 마당에서 마지막으로 찍은 사진이 이야기말꽃 카페에 겨우 남아 있는 정도이다. 선생과 그 집에서 곰탕을 먹으면서 이야기말꽃에 관해 나누었던 '사람에 대해, 삶에 대해' 이야기로 말꽃의 속살과 새로운 맛을 알게 되었다. 그 시간은 우리들의 말꽃 공부가 곰탕집의 곰국처럼 뭉근히 깊은 맛

〈이야기말꽃모임〉-옛날곰탕집 마당에서 선생님과 함께

을 내면서 익어가던 때였다. 우리 모임이 없어진 것은 아니지만, 그때 곰탕집에서 함께 했던 이야기들은 곰탕집이 없어지면서 곰탕집의 가마솥과 함께 추억의 시간으로 남게 되었다.

1996년부터 2006년까지의 모임은 함께 했던 사람들이나 함께 나누었던 이야기의 내용도 들쭉날쭉하였다. '문학'을 말꽃이라 생각하면서 공부하던 이들이 하나 둘 모여서 이야기의 속뜻을 밝히고 글을 쓰면서 석사·박사학위를 받고, 하나 둘 떠나기도 하고 새로 들어오기도 했다. 2001년부터 2002년까지는 문학교과서를 만들어 출판의 희망을 품었지만 아쉽게도 실현되지 못했다. 문학 교과서 작업 뒤, 우리 모임에서는 짧지만 깊은 단편 소설을 읽으면서 사람이 얽혀 벌이는 일들의 속뜻을 속속들이 살피는 데 도움이 되는 책을 만들어 보기로 했다. 미처 알지 못하고, 깨닫지 못하고, 알아차리지 못했던 이야기의 속살을 끄집어내면서 한참 얘기를 나누어도 얽히고설킨 이야기의 참맛을 놓치고 헤맬 때가 많았다.

우리들끼리 이야기 말꽃 작품에 대해 이야기를 나눌 때면 서툰 대화나 토론이나 토의를 선생은 늘 귀담아 듣고만 있었다. 생각해보면 잘 듣는 것이 참으로 중요하다는 것을 가르쳤는지도 모르겠다. 어설픈 이야기들이 한참 오고간 뒤에 선생은 우리들이 미처 생각지도 못했던 것들을 끄집어내었다. 그럴 때마다 우리 모두는 무릎을 치고 놀라기만 했다. '이야기의 알맹이인 사람(인물)과 얽힘(사건), 속뜻(주제)을 정신 차려서 읽고 찾아야 하는데 우리는 자주 무엇인가를 놓치고 있었다.

2006년부터 2016년까지의 자료는 이야기말꽃 카페에 남아있

다. 2006년에 인터넷 포털사이트 '다음'에 카페(http://cafe.daum.net/
iyagimalggod) 문을 열었다. 10년 동안 나누었던 이야기들은 고종민 회
원이 주인장을 맡아서 관리하였다. 2006년 2월 6일 올려둔, 선생과
함께 찍은 사진이 그림곳간에 있으며, 2008년 12월에 『문학시간에
단편소설 깊이 읽기』 원고를 마무리하고 정리한 내용들이 사랑방과
곳간에 남아있다. 책을 출판하는 과정에 의견을 나누었던 원고와 완
성본이 된 원고는 2008년 12월 9일 '이야기말꽃'에 남아 있으며, 그
때 선생이 카페 사랑방에 우리에게 도움의 글을 올렸는데, 곁에서 말
씀을 듣는 듯하여 옮겨 본다.

내가 손질을 조금 해보았습니다. "이야기말꽃은 이야기말꽃을 좋아하
는 사람들이 모여서 공부하는 모임의 이름입니다. '이야기말꽃'이 낯설
수도 있는데 흔히 '서사문학'이라는 한자말의 우리말입니다. 1995년에
여섯 사람이 우리 겨레의 신화, 설화, 소설을 공부하자고 모였는데 지금
도 아홉 사람(김태기, 조구호, 김정호, 권복순, 정경우, 고종민, 이영지, 권유경)이 다
달이 모이고 있습니다." 다른 사람의 의견이 없는 듯해서 내놓아 보았습
니다. (빗방울, 2008. 12. 04.)

우리 모임의 이름은 지난번에 이미 '이야기말꽃'으로 하자고 뜻을 모
았습니다. 그런데, 내가 모임의 이름으로 '책을 펴내며'를 써보니까 (지난
번에 출판사로 원고 보내면서 썼던 것인데, 책의 내용과 체제가 달라졌다고 다시 쓰라고
해서 출판사의 뜻에 맞추어 조금 간추렸습니다.) 그게 아무래도 걸립니다. 왜냐
하면 본문에 '이야기말꽃'이라는 낱말을 '서사문학'이라는 뜻으로 거듭

썼는데, 끝에다 글 쓴 임자를 '이야기말꽃'이라고 해놓으니 그게 너무 이상합니다. 출판사 사람들도 자꾸 그건 아니라고 합니다.

출판사에서는 이미 표지에다 '이야기말꽃모임 엮음'이라고 해놓기도 했습니다. 그래서 뒷북치는 셈이지만, 다시 한 번 모임의 이름을 생각해 보았으면 좋겠습니다. 출판사에서는 시간이 없다면서 내일, 늦어도 모레까지는 확정해 달라고 조릅니다. 어쩌면 좋겠습니까? 아무래도 '이야기말꽃모임'이거나 '이야기말꽃연구모임'이거나 둘 가운데서 골라야 하지 않을까 싶습니다. 여러분의 뜻을 곧장 여기 댓글로 달아주시기 바랍니다. 하나로 뜻이 모이지 않으면 많은 쪽으로 해도 될까요? 아무튼 댓글부터 달아주시기 바랍니다. (빗방울, 2008. 12. 12.)

2016년까지의 자료들은 2016년 5월 24일 '작은곳간'에 올려둔 자료를 마지막으로 시간이 멈춰버렸다. 2013년 4월 6일 카페지기 고종민 회원이 '말꽃'에 대한 일반인들의 우스꽝스러운 이해가 담긴 내용을 도서관에서 찾아 사랑방에 올려두었다. 그 이야기를 듣고 아마도 많은 사람들이 '말꽃'을 꽃의 종류라고 생각할 수도 있겠다는 생각이 들었다. 어떤 이들은 '말에 대한 연구'라고 보고 언어이론이나 언어학, 국어학 영역으로 분류했다. 그나마 다행스러운 경우이다 싶었다. 그 내용은 다음과 같다.

안녕하신지요? 식구들 읽을 책을 빌리려고 보름에 한 번 꼴로 서부도서관에 갑니다.

저번 주 일요일에는 뜻밖에 선생님의 『배달말꽃』과 마주치게 되었습니다.

얼마나 반갑던지……. 그런데 『배달말꽃』이 언어이론, 언어학, 국어학 칸에 꽂혀 있었습니다. 혹시 잘못 꽂아 둔 것이 아닌가 싶어-종종 봉사활동하는 중학생들이 실수를 하기도 한다니까, 서지번호를 확인해 보니 애당초 그렇게 갈래 지워 두었더군요. 그래서 학교에서 잠시 틈을 내어 담당 사서와 전화로 이야기를 나누어 보았습니다. 담당 사서는 "말꽃"을 '꽃말'로 잘못 알고 있었고, '꽃처럼 아름다운 말'을 찾아 가다듬자는 책, 곧 우리말 다듬기에 관한 책이 아니냐는 엉뚱한 소리를 했습니다. 아마도 책이름만 보고 넘겨짚었던 모양입니다. "말꽃"의 참뜻과 책의 내용을 설명해 드렸더니, 깜짝 놀라는 눈치였습니다. 그래서 서부도서관에서는 '문학이론'으로 분류해서 서지번호까지 다시 매겨주기로 약속해 주었습니다. (고도깨비, 2014. 4. 6.)

"소용돌이치는 마음속 세계의 소리를 짜임새 있는 형식으로 드러내어 예술을 만들고, 그렇게 만들어낸 짜임새로부터 뜻 겹침을 알아차림으로써 기쁨과 깨달음을 얻어내는 사람의 정신이란 참으로 놀랍다."고 한 선생의 말씀은 문학 작품이 사람들의 마음을 움직이는 '말꽃'이라는 것을 바람직하게 드러낸 것이란 점을 일깨워주었다.

최근 2014년 7월 모임부터 2017년 7월 모임까지 나누었던 이야기들은 우리의 수첩 속에 메모되어 있었다. 선생의 병환을 알게 된 2017년 7월 이후 모임이 잠시 중단되었다. 끝내 선생은 병환을 이기지 못하고 2018년 6월 선종하였다. 넋을 놓고 있던 우리는 2018년 10월 16일에 모임의 장래를 의논하면서, 선생이 집필하신 책 『배달말꽃-

갈래와 속살』(지식산업사, 2002.)을 읽기로 했다.

2018년 12월 14일에 모여 '제1장 배달말꽃의 갈래'를 읽으면서 말꽃에 대한 선생의 말씀을 되새겨보고자 했다. 그러나 한계가 있었다. 함께 하지 않기에 궁금한 것들을 물어볼 수가 없었다. 공부하다가 궁금한 것에 대한 답을 직접 들을 수 없다는 일을 실감하면서, 우리들끼리 '이야기말꽃'을 다시 공부하고 있다. 지난 시간들을 정리하면 다음과 같다.

1996년부터 2008년까지는 문학교과서 집필하였으나 검정까지 가지 못하고, 『문학시간에 단편소설 깊이읽기』를 출판하기 위해 원고를 만들고 모으고 정리했다. 외국 작품 4편, 한국 작품 4편을 깊이 읽어, 사람을 알고 삶을 배우고 세상 보는 눈을 뜰 수 있는 길잡이가 되었으면 좋겠다는 생각으로 다듬고 고치고 이야기를 나누었다. 책이 출간되고 나서 2009년부터 2014년까지는 우리의 옛이야기를 살펴보기로 했다. 효도이야기, 도술이야기, 도깨비이야기, 쫓겨난 딸이야기를 읽고 생각을 나누었다.

2014년 3월에는 정두이야기, 5월에는 '세경본풀이, 차사본풀이'를 읽으면서 본풀이의 참뜻과 우리의 오랜 신화가 지닌 세상에 맞들이는 시간을 가졌다. 신화와 본풀이를 얘기하다가 7월에는 문명과 종교에 대해서, 마호메트이야기를 거쳐서, 2014년 11월에는 우리 겨레 믿음의 바탕인 남방계 '지신이야기'로 나아갔다. 2015년 1월부터는 종교의 믿음과 역사, 문학의 차이에 대해 이야기했으며, '원천강본풀이와 오늘이 이야기'를 통해 신화를 풀어내기 위해서는 두 겹의 속살이 있다는 것과 우리 겨레 믿음의 원천은 지신(땅 속)에 있다는 것도 알게 되었다. 종교와 철학, 문학의 차이에 대해서도 선생은 힘주어 얘기하였다. 종교는 다음 세상에서 행복하게 살고 싶다는 희망과 믿음에서 출발하는 것이며, 종교의 경전을 역사로 보고 연구해서는 안 된다고 했다. 철학은 사실에 대한 것이 아니라 신념을 밝히는 것이며, 문학은 상상력으로 꾸며서 삶을 담는 것이기에 '지금, 여기'의 삶을 대상으로 한다는 말씀을 하였다. 2015년 3월부터 7월까지의 모임에서는 도사들이 동쪽으로 도를 닦으러 갔던 '한국 도교사상연구'에 대해 이야기를 나누었다.

2015년 9월부터는 허균의 『성소부부고』를 읽었다. 허균은 바빠서 책 읽을 시간이 없다는 사람들에게 "밤은 낮의 나머지, 비오는 날은 갠 날의 나머지, 겨울은 한 해의 나머지다."라며 "이 세 가지 날엔 사람들의 일이 마땅히 조금 뜸하므로 내가 뜻을 모아 학문에 힘을 쏟을 수가 있다."라고 했다. 독서광이자 기록의 달인이었던 허균의 글을 읽을 때, 선생은 『성소부부고』는 '옹기 그릇 정도의 하찮은 글이라는 뜻'이라는 글의 뜻을 말씀하면서 허균의 마음을 읽으셨다. 허균의 '기(記)' 읽기에서는 〈애일당기〉를 읽으면서 이야기를 읽을 때 잘못하기 쉬운 것을 잡아주었다. 주제를 잘못 붙들면 껍데기를 주제로 삼을 수도 있다고 했다. 2015년 1월까지 〈반곡서원기〉, 〈별연사고적기〉, 〈탐원와기〉, 〈통곡헌기〉를 읽고 난 후, 2016년 1월부터 2016년 7월까지는 허균의 '전(傳)'-남궁선생전, 엄처사전, 장산인전, 손곡산인전-을 읽었다.

2016년 8월에는 영화 '곡성'에 대해서도 이야기를 나누면서, '어떤 이야기이든지 전체를 손에 쥐지 않고 분석해서는 안 된다.'는 것도 알게 되었다. 2016년 11월에는 우리 겨레의 신앙과 신선이야기를 통해 우리 겨레 최고의 신인 '삼청과 도관'에 대한 이야기를 듣게 되었다.

2017년 들어서면서 『과학으로 증명된 한국인의 뿌리』(이종호, 한국 이공학사, 2016.)를 읽기로 했다. 우리 겨레의 역사를 본격적으로 공부하기 시작한 일이 그리 오래되지 않았다는 것을 알게 되었으며, '말이 곧 삶'이고 말을 쓰면서 사람이 되었기에 겨레말의 계통에 대한 이야기를 이어가기로 했다.

2017년 7월 21일 선생과 마지막으로 모임을 가졌던 날의 수첩에는 사람이 죽으면 상주 아닌 사람 중에 누군가가 죽은 자의 속옷을 들고 지붕에 올라가서 "복! 복! 복!" 세 번을 외치고 옷을 태운다는 얘기를 나누었다는 메모가 있었다. 죽음은 '돌아가는 것'이며, 우리 겨레가 모셨던 신이야말로 최고의 종교였다고 마무리했다. 2017년 9월에는 선생의 아파트가 있는 금산못 근처의 찻집에서 만나기로 했으나, 9월 모임을 하지 못했다. 7월 모임이 선생과 함께 한 이야기말꽃 마지막 모임이 되고 말았다.

짧지 않은 시간 동안 함께한 우리 모임 사람들은 『문학시간에 단편소설 깊이읽기』(이야기말꽃모임, 나라말, 2009.), 『이야기문학과 여성 연구』(김정호, 민속원, 2005.), 『심청전의 형성과 봉사전승』(고종민, 민속원, 2009.), 『인물전설의 서사구성과 성격-경남지역을 중심으로』(권복순, 민속원, 2014.) 단행본 4권을 출판하였으며, 학술지에 30여 편의 논문을 게재했다. 회원들이 모임에서 선생과 함께 나누었던 이야기를 뼈대로 하여 이루어진 성과이다.

김정호 (경남과학기술대학교 교양학부 강사)

사랑 가득하던 그날 밤

"내 살다가 살다가 이런 식으로 놔 놓고 이야기해 봐라 하는 거 평생 처음이다. 살다가 이런 때도 있나 싶고……."

"선생니임, 이기 맘에 안 드심미까." (웃음)

"아이 과분해서. (더 큰 웃음) 이상석 저 사람이 처음부터 부산서 와 가지고 이야기 들으러 왔다는 기라. 암만 생각해도 이야기할 게 없어서 말꽃 책으로 이야기하자 했는데, 결국 이렇게 이야기하게 됐다."

2017년 7월 7일 밤 우리는 김수업 선생이 살아온 이야기를 자세히 들을 수 있었다. 공부 모임을 시작한 지 여덟 달이 지난 때, 고성 바닷가로 놀이 가자 입을 모아 선생을 모시고 하룻밤 잤다. 정경우 선생 고향집이었다.

중간중간 쉬어 가며 밤늦도록 이야기를 이어 가던 모습에서 우리가 참 사랑을 많이 받고 있구나 싶어 가슴이 뭉클하기도 했다. 오늘날 우리가 사랑하는 김수업 선생이 지금 여기 이렇게 계실 수 있는 것은 오로지 어머니의 슬기와 강단 덕분이었던 것을 알았다. 홀어머니의 자식 사랑은 엄중하였고 자식은 어머니를 존경하였다. 그날 이야기가 하도 귀해서 이 자리에 몇 자 옮겨 둔다. 알맹이만 옮기면 이러하다.

내가 내년(2018년) 2월 4일이면 만 팔십이다. 오래 살았다.

가난한 시골에 태어났다. 내가 태어나고 세 살 뒤에 동생 태어나고. 우리 어머니가 공부 시키려고 진주로 나왔다. 그즈음 아버지가 징용에 잡혀 갔다. 그래가지고 도저히 안 돼서 시골로 다시 가자 했는데, 고향으로 못 가고 외가로 갔다. 그때가 내 인생에서 제일 행복하게 살았던 때다. 내 동생이 1학년 10월에 죽었다. 난 3학년. 우리 둘밖에 없었는데. 온갖 약을 지어 먹여도 효험이 없고, 개구리 삶아 먹으면 산다 해서 내가 온 들판에 다니면서 개구리 잡았다. 죽었을 때 기억이 지금도 생생하다. 우리 아버지 어머니가 안고 있었는데…… 결국은 죽었다. 그때부터 우리 어머니가 먹지를 못했다. 동네 뒤에 산에 묻었는데, 지금도 짐작을 한다. 아무것도 못 자시고 뼈하고 가죽만 남았다. 도저히 안 되겠다 싶어서 고향으로 갔다. 우리 큰아버지가 산에 가 가지고 옻나무를 베어 삶아서 장닭 넣고, 그래 뜨거운 옻닭을 큰아버지가 고아서 주니까 어머니가 안 드실 수가 없어가지고, 그걸 먹고 기운을 차렸다.

5, 6학년 그때 육이오 전쟁. 그해 우리 아버지가 돌아가셨다. 학교 갔다 와서 보리타작을 하는데, 아버지가 배가 아프다고 방에 들어갔다. 유명한 한의사가 약을 지어 줬는데도 소용없고. 밤새 아프고 다음 날 돌아가셨다. 그래 우리 어머니하고 나하고 둘만 살았다.

초등학교를 졸업하고 농민중학교에 붙었다. 큰집에서는 동의를 하는데, 집안 어른이 안 된다고 했다. 새파란 과부가 아들 데리고 나가서 어찌

89

2017년 7월 사량도 모꼬지에서

될지 모른다 그러면서 반대했다.

어느 날 아침에 밥을 먹는데, 어머니가 니 오늘 아침엔 니 혼자 밥 먹고 학교 가라, 내는 작은집 볼일 보러 간다고 했다. 그 얘기를 내 대학 때 해 주셨다. 두 분 앞에 가서 내가 이 집에서 사는 것은 저 자식 하나 키우려고 사는데, 저 자식 공부 안 시키려면 이 집에 살 까닭이 없다, 내 짐 싸 놓고 왔다, 저 자식은 숙모 작은아버지가 키워라 그랬다고. 어머니가 보따리 들고 나가려는데, 허락이 떨어졌다. 그래서 진주 들어왔다.

농민학교 가서는 장학금으로 공부했다. 졸업하고는 대학 갈 생각 전혀 안 했다. 농사짓지 했는데 어머니가 대학 가서 공부를 더 해야지 그랬다. 나는 이제 공부는 그만 됐고 농사 잘 지을 수 있다고, 그래서 시골 가서 농사를 지었다. 논농사는 별거 아닌데 밭농사는 온갖 것 심고, 소도 두 마리 키우고. 농사 잘 지었는데, 우리 어머니는 아침 밥상을 받으면 늘 공부하라고 했다. 추석이 됐는데, 아버지 제사를 모시고 난 뒤에 니 혼자 농사짓고 잘 살아라 하면서 그때부터 밥을 안 지어 줬다. 니가 밥해 먹어라,

그러고 어머니는 밥을 안 드셨다. 사흘을 굶으셨다. 그래 도저히 안 되겠다 싶어 그때부터 공부를 했다.

그리고,

우여곡절 끝에 영남의 가난한 엘리트가 주로 모인다는 경북대 사범대학 국어과로 간 일, 대학 1학년 때는 시험 치러 들어가면서도 술에 취해 있을 정도로 술판에서 세월을 보냈던 일(평생 마실 술을 이때 다 마셨다고 한다), 그 때문에 여섯 과목에 F가 떴던 일(선생님 평생 받을 F 이때 다 받으셨겠습니다.ㅋㅋㅋ), 2학년 때 예순이 넘은 노교수한테서 선생 노릇이 얼마나 소중한가를 배운 일.

선생은 이때 인생에서 가장 소중한 가르침을 얻었다고 했다.

교육학 원리 강의를 하시는 분이 있는데, 할아버지였다. 육십이 넘었다. 첫 시간에 이야기를 하는데, 사범대학이 뭐 하는 덴지 아는 사람 손들어 봐, (아무도 안 드니까) 내가 그럴 줄 알았다. 그런데, 경북대학에는 사범대학하고 의과대학이 있다. 머리가 있고 돈이 있으면 의과대학, 머리가 있고 돈은 없는 사람은 사범대학 오지. 그런데 어떻게 왔든지 여기 온 건 굉장히 잘한 거다. 의과대학 6년 공부해서 아픈 사람 고쳐 주는 게 그 일이다. 중요한 일이다. 인술이다. 자네들은 4년만 졸업하면 학생들을 가르친다, 인간을 바로잡는 거다. 어느 게 더 귀한 일이겠나. 사람을 키우는 것보다 고귀한 일이 세상에는 없다. 그 이야기를 들어 보니까 내가 너무 잘한 거 같았다. 그분 강의 열심히 들으면서 그분 방에 가서 묻기도 하고. 같이 동산에 가서 이야기도 하고. 그분이 에밀 소설을 처음 번역한 분이

다. 루소 책도, 세계 교육사도 번역하고. 그 가르침을 내 한평생 잊어버릴
수 없다.

학회 일과 한글전용운동에 뛰어든 일.

내가 57년, 58년에 우리 학교에서 학회가 열렸다. 국어국문학회에서
한글 전용을 계속 하느냐 마느냐를 가지고 이야기를 했는데 학회가 끝나
고 우리 동기들끼리 그 이야기를 가지고 열띤 토론을 했다. 그때 처음으
로 말과 글이 무엇인지 생각했다. 그리고 앞으로 내 글에는 한자를 쓰지
않겠다고 결심했다. 석사 논문도 한자 하나도 안 썼더니 경성제국대학
나온 지도교수가 한자가 하나도 없어서 못 읽겠다고 하더라. 선생님, 한
글 알지 않느냐고 버텼다. 심사 전날 퇴근길에 지도교수를 따라갔다. 술
집에 앉아서 술 권하면서 말했다. 선생님은 학문은 신념으로 한다고 가
르치지 않았냐고, 신념이 없는 건 개똥이라고 하지 않았냐. 선생이 제자
신념을 꺾어야 하냐고, 그래서 B+ 받았다. 지도교수는 억장이 무너진다
며 그러면 A 학점 못 받는다고. 난 그게 무슨 소용이냐, D 받아도 된다고
했다.

또 경북대의 4.19와 선생님의 조직 활동, 그리고 아홉 달 만에 탱크
에 내몰린 일, 김수업 그 이름에 얽힌 일, 사모님과 첫 데이트에서 다짜
고짜 중국집 가서 짜장면 먹었던 일, 일본말과 우리말 견주기, 이오덕
선생님과 인연, 교단에 서신 뒤 오늘에 이르기까지 우리말을 살리고
국어교육의 속살을 채워간 일 이런 온갖 이야기들을 들었다.

하룻밤 말씀을 이렇게 장황하게 늘어놓는 까닭은 이날 밤 말씀들이 우리에겐 10년 배움보다 값진 시간이었기 때문이다. 일찍부터 뜻을 세운 선생이 존경스러웠고, 평생 그 길을 걸어오며 깊어진 공부를 우리에게 나누어 준 것이 더없이 고마웠다. 그런데 그날 밤 한 말씀들이 우리와 함께 한 마지막 수업이 되고 말았다.

우리 모임 사람들은 대학 시절 선생과 마주 앉아 공부하며 선생의 사랑을 받은 이가 다섯이고 〈글쓰기교육연구회〉에서 선생의 책을 읽고 강연을 들으며 선생을 사모하게 된 이가 일곱이다. 모두들 선생을 흠모하는 마음이 가득하여 모인 것이다. 이렇게 선생을 찾아뵙고 인사 올리는 일이 다가 아니다, 선생을 모시고 공부를 하자. 구자행, 정경우 두 사람이 말을 띄우자 금방 모임이 만들어졌다.

김수업 선생님과 함께하는 공부방 첫 모꼬지 알립니다.
때 : 2016년 11월 3일 목요일 6시 반
곳 : 진주시 칠암동 경남문화예술회관 옆 남가람청국장마을

사는 동네가 서울 부산 진주 통영으로 흩어져 있어 모임은 한 달에 한 번으로 했다. 교재는 『배달말꽃 갈래와 속살』. 이것을 읽고 와서 선생에게 물을 것 묻고 말씀도 듣고 마치면 더욱 열심히 술을 마셨다. 헤어지기 아쉬운 좋은 벗들이었으니까. 그러나 우리 모임은 예닐곱 번 모였나? 선생이 편찮아지면서 더 이상 모이지 못했다.

지난 늦가을 선생의 산소에 가서 인사라도 올리자 하고는 모였다. 해거름이 내리는 시간. 선생이 누운 곳은 그 묘원 가운데서 가장 후미

진 곳. 생전에 당신 자리를 딴 사람한테 다 양보하고 이 자리로 정했다는 그 자리. 여선생님들은 들꽃을 따다 꽃다발을 바치고 나는 그만 목놓아 울어버렸다.

함께 공부한 사람들
정유철 이혜숙 조재은 김경해 박선미 이데레사
구자행 정경우 엄희영 권유경 김미숙 이상석

이상석 (글과그림 편집위원)

나
누
며

사람이 다른 짐승보다
존귀한 존재라는 것이 따지고 보면
결국 이처럼 남들에게 쏠리는 관심에 말미암은 것이고,
개인으로도 그가 남들에게 얼마만한 깊이와 넓이로
관심을 갖고 사느냐에 따라
인격의 값어치가 정해진다고 할 수 있다.

-『국어교육의 길』에서

대학 살이

나라의 법령을 따를 것인가, 양심의 진리를 따를 것인
가? 이것은 뒤틀린 정권 아래 살아가는 국립대학교 교
수에게 늘 붙어 다니는 물음이었다. 그러나 대학평의원
회는 문교부가 승인하든 말든 개정학칙이 경상대학교
의 실질적 학칙임을 확인하면서 그릇된 법령을 버리고
진리를 따르기로 결의했다.

– 「내가 겪은 경상대학교 교수회」에서

우리말과 한글 사랑

2018년 10월 9일 한글날, 정부에서는 고 김수업 진주문화연구소 이사장께서 우리말과 한글 발전에 공이 많은 것을 기리기 위해 보관문화훈장이란 상을 추서하였다. 이를 계기로 김수업 선생의 우리말과 한글에 대한 사랑을 되돌아본다.

김수업 선생이 세상을 살아오는 동안 땀 흘려 이룩한 일 중에는 보통사람으로서는 할 수 없는 일들이 헤아리기 어려울 정도로 많이 있다. 그중 선생이 남긴 가장 큰 업적은 쉬운 우리말, 즉 토박이말과 한글만 쓰기이다. 선생은 '말은 우리말로, 글자는 한글로만' 써야 한다는 신념을 굳게 지니고 있었으며, 그것을 일생을 통해 한결같이 실천한 분이다. 일상생활에서의 말은 물론이요, 강의, 강연 등 어떤 말하기에서도 명쾌하고도 쉽게 알아들을 수 있도록 말했는데, 그것은 타고난 말재주가 있기도 하지만 쉽게 알아들을 수 있는 우리말을 잘 부려 썼기 때문이다. 쓴 글도 마찬가지이다. 수필과 같은 가벼운 글은 물론이요, 문학에 관한 이론서나 논문 같은 글도 마치 구슬이 굴러가듯 매끄러운 문체에다 쉬운 말로 썼기 때문에 누구나 쉬 이해할 수 있어 읽는이들의 마음을 사로잡았다.

선생이 우리말을 살려 쓰고, 한글로만 글을 쓰는 것이 바람직하다는 생각을 굳힌 것은 학생 시절 모교 경북대학교에서 열린 국어국문학회 주최 학술대회에서 최현배 교수의 '한글만 쓰기'에 관한 연구 발표를 듣고서부터였다고 한다. 그때부터 선생은 한문에 억눌려 있는 우리말을 살려 써야 하고, 글은 한글로만 써야 한다고 굳게 맹세한 듯하다. 선생의 이런 생각이 부딪힌 첫 시련은 대학원 논문 제출 때였다. 1963년 당시만 하더라도 학술적인 논문은 물론이요, 신문 등에 한자어를 널리 쓰고, 그 한자어 대부분은 한자로 쓰는 국한문이 널리 쓰이던 시대였다. 그 시대 쉬운 우리말이 많이 담겨 있고 거기에다 순 한글로만 쓰인 논문이 석사 학위 논문으로 쉬 받아들여질 리 만무했다. 그러나 선생은 신념을 갖고 끝내 한글로만 쓴「한국 초기 단편소설의 분석」이란 논문을 제출하여 석사학위를 받았다. 그 이후 80세를 일기로 돌아갈 때까지 수많은 글을 쉬운 우리말로, 그리고 한글로만 쓰는 일을 실천하였다.

토박이말이야말로 진정한 우리말이요, 우리의 생각과 느낌을 가장 잘 드러내는 말이라고 굳게 믿고 있는 선생은 한자어에 밀려 제대로 만들어져 있지 않은 학술 용어들을 쉬운 토박이말로 바꾸거나 더러는 만들어 쓰기도 하였다. 국문학자인 선생이 처음 펴낸 우리 문학에 관한 학술서는 1978년에 낸『배달문학의 길잡이』인데, 이 책을 고치고 더해 1992년에『배달 문학의 갈래와 흐름』이란 책을 지었다. 이 두 책에서 선생은 쉬운 말로도 얼마든지 학문을 할 수 있다는 것을 모범으로 보여 주었다. 그러면서 국적 없는 '국문학'이란 이름 대신에 '배달 문학', '개론' 대신에 '길잡이', '장르' 대신 '갈래', '역사' 대신 '흐름'을 학술 용어로 사용하였다. 그리고 국문학의 갈래 역시 '서정, 서사, 극'

또는 '시, 소설, 희곡' 대신에 '노래, 이야기, 놀이'라는 용어를 써서 토박이말을 문학 용어로 올려 세웠다.

선생의 우리말과 한글에 대한 애정으로 만들어낸 가장 빛나는 학술 용어는 2002년에 펴낸 『배달말꽃, 갈래와 속살』에서 쓴 '말꽃'이다. 학문이 아닌데도 '학'이란 말을 붙여 만든 '문학(글말을 배우는 일)'을 버리고 '말로 만든 예술'이라는 뜻으로 '말꽃'이란 용어를 만들어 쓴 것이다. '말꽃'은 '말로 이루어 놓은 꽃', '말 가운데 가장 종요로운 꽃'이라는 뜻으로 학술 용어로서 모자람이 없다. 생각해 보면 지금까지 우리가 써온 말 중에 '밤새도록 친구들과 같이 이야기꽃을 피웠다.'라는 말에서 보듯이 '이야기꽃'은 실제로 우리 겨레가 오랫동안 써 온 말이고 '말꽃'의 한 갈래이기에, 선생이 만든 '말꽃'과 그 갈래인 '놀이말꽃, 노래말꽃, 이야기말꽃'은 널리 받아들여 사용해야 할 용어이다.

선생이 우리말과 한글에 대한 깊은 애정을 가지고 몸소 우리말 살리는 일과 한글만 쓰기를 실천한 일은 많은 이들에게 영향을 미쳤다. 교수 생활을 하고 있는 동안은 경상대학교 국어교육과 학생들을 비롯한 많은 학생들에게 우리말과 한글만 쓰기가 왜 중요한지를 깨치도록 가르쳐서, 선생에게 배운 수많은 학생들은 선생을 존경하였을 뿐만 아니라 선생의 정신을 따르려 노력하였다. 또 1990년부터는 〈전국국어교사모임〉에 깊이 관여하여 수많은 국어 교사들에게 우리말과 글을 제대로 가르치도록 깨우쳤으며, 대안 국어 교과서 『우리말 우리글』을 펴내도록 지도하였다. 또한 선생은 퇴임 후 2005년부터 〈우리말교육대학원〉을 설립하여 선생에게서 배우지 않은 전국의 국어교사들이 올바른 국어관, 즉 우리말을 사랑하고 한글만 쓰는 정신을 가지도록 교육하였다.

선생은 또 우리말을 살리는 운동도 전개하였다. 1988년에 〈우리말 살리는겨레모임〉의 창립 발기인으로 참여하여 2009년까지 공동 대표를 맡아 우리말글을 살리고 빛내는 일에 앞장섰고, 다시 2014년부터 2018년 돌아갈 때까지는 〈겨레말살리는이들〉의 공동 대표를 지내면서 우리말 속살 풀이를 또렷이 하고 널리 쓰도록 하는 사회 운동을 하였다. 최근 2015년부터는 진주 인근에서 근무하는 초중등교사들과 함께 사단법인 〈토박이말바라기〉라는 단체를 만들어 토박이말을 수집하고 정리하며 토박이말을 살려 쓰는 일을 전개하였다.

2002년에 선생은 〈우리말로 학문하기〉라는 모임에도 뜻을 함께 하였다. 이 모임은 200여 명의 교수들이 모여, 우리나라 사람들이 '먹고 자고 살면서 쓰는 말이 학문용어'가 되는 공부를 하자는 뜻 아래 모인 단체이다. 선생은 2006년 이 단체의 열 번째 집담회에서 '배달말꽃으로 본 토박이말 살리기'라는 주제로 발표를 하여 이 모임의 정신을 적극 지지함을 보여 주었다.

선생은 우리말을 바로 쓰고 개선하는 데 적극적으로 기여하기 위해 2006년에 『말꽃 타령』, 2009년에 『우리말은 서럽다』라는 저서를 비롯해 언론에 많은 글들을 실어, 그 속에서 우리말 쓰기와 한글만 쓰기의 중요성을 적극적으로 역설하는 한편, 우리들이 잘 모르거나 잘못 쓰고 있는 말들을 바로잡도록 하기 위해 많은 노력을 하였다. 새삼스럽지만 김수업 선생이 써 둔 '우리말을 사랑하는 까닭'을 옮겨 선생의 깊은 뜻을 되새겨 보고자 한다.

우리가 우리말을 사랑하는 데 무슨 까닭이 따로 있으랴. 그러나 제 아비와 어미를 사랑하지 않는 아들과 딸도 있듯이, 우리 가운데는 우리말을 사랑하지 않는 이들도 있으니까 우리말을 사랑하는 까닭이 뭐냐고 묻는 사람도 있는 것이다.

우리말을 사랑하지 않는 사람은 두 갈래가 있다. 한 갈래는 아예 우리말을 버리고 미국말을 쓰자고 앙탈하는 사람들이다. 이런 사람들은 미국말을 쓰는 나라로 찾아가서 살면 두루 좋으련만, 굳이 이 땅에 살면서 모두 함께 우리말을 버리고 미국말을 쓰자고 생떼를 쓴다. 어처구니가 없는 사람들이다. 또 한 갈래는 저들도 우리말을 사랑한다고 우기는 사람들이다. 저들은 우리가 쓰는 말이면 모두 우리말이라고 하면서 그런 우리말을 사랑한다고 한다. 서양에서 들어온 말도 우리가 쓰는 것은 우리말이고, 일제가 버리고 간 한자말도 우리가 쓰니까 우리말이고, 중국에서 들어온 한자말도 우리가 쓰니까 우리말이라고 한다. 한자까지 우리가 쓰니까 우리 글자라고 한다. 언젠가는 로마자도 우리가 쓰니까 우리 글자라고 할 사람들이다. 이런 사람들도 나에게는 어처구니가 없다.

내가 사랑하는 우리말은 우리가 쓰는 모든 말이 아니다. 우리 국어사전에 올라 있는 그런 잡동사니 말이 아니다. 내가 사랑하는 우리말은 토박이말이다. 우리한테서 태어나 우리가 키우고 우리가 쓰는 말이다. 우리가 아니면 세상 누구에게도 속내를 드러내 보이지 않는 말, 우리의 슬픔과 괴로움, 기쁨과 즐거움이 배여 있는 말, 이런 토박이말을 나는 사랑한다. 이런 나를 속 좁은 우물 안 개구리라고 욕하면, 그런 욕은 얼마든지 들어도 좋다. 토박이말을 사랑하기 때문에 받아야 하는 욕이라면 그보다 더한 욕이라도 달게 받을 수 있다. 나는 그만큼 우리 토박이말을 사랑한다.

까닭이 무엇인가? 토박이말은 바로 나이기 때문이다. 토박이말이 나를 키우고, 나를 내가 되도록 만들었기 때문이다. 여기서 말하는 나는 내 한 몸이 아니다. 우리 아버지와 우리 어머니, 우리 어버이의 아버지와 어머니, 또 그분들의 어버이의 아버지와 어머니, 곧 우리 겨레를 뜻한다. 여기서 말하는 나는 내 한 삶도 아니다. 우리 아버지와 어머니의 삶, 우리 어버이의 아버지와 어머니의 삶, 또 그분들의 어버이의 아버지와 어머니의 삶, 곧 우리 겨레의 삶을 뜻한다. 나는 이렇게 나 스스로인 토박이말을 사랑한다. "제 스스로를 살리지 못하면 세상 모두를 차지한들 무슨 쓸모가 있겠느냐?" 이렇게 예수께서도 말하지 않았던가? 나는 내 스스로를 살려서 세상 모두가 살아났으면 싶어서 토박이말을 사랑한다.

그뿐인가? 아니다. 털어놓자면 토박이말이 우리에게서 모진 업신여김을 받고 짓밟혔기 때문이다. 제가 젖 먹여 키운 겨레한테서 기막힌 서러움을 받으면서도 참고 견디며 꿋꿋이 겨레를 살려냈기 때문이다. 우리 겨레의 못난 지식인들은 일천 수백 년 동안 중국말과 일본말과 미국말에 얼을 빼앗겨서 우리 토박이말을 모질게 업신여기며 짓밟았다. 그래서 수없이 찢기고 뭉개지고 죽어나가고, 마침내 앙상하게 헐벗은 토박이말이 간신히 우리 품에 안겼다. 나는 이런 토박이말이 무식하지만 자랑스러운 우리 백성으로 보여 사랑한다. 토박이말을 사랑하는 것은 가난하지만 자랑스러운 우리 고향을 사랑하는 길이기에, 보잘 것 없는 내 사랑을 바치고 싶다.

일생을 프란치스코 성인처럼 살려고 노력하였으며, 온화한 성품이

2018년 10월 9일 한글 발전 유공자로 보관문화훈장을 받음

면서도 강인한 의지로 우리말과 한글에 대한 사랑을 한시도 놓지 않고 살아왔기에, 겨레의 큰 스승 김수업 선생이 돌아감에 안타까움을 금할 수 없다.

조규태 (경상대학교 명예교수)

배달말을 통한 가르침

선생은 1973년 5월 10일에 칠암벌 경상대학에 왔다. 전임강사로 새로 부임한 경상대학 국어교육과는 1972년 3월 1일에 생겨났다. 당시 교양학부 부교수로 있던 려증동 선생이 학과장을 맡고 있었고, 문경현 선생(현 경북대 명예교수)이 권정호 선생(전 경남교육감)의 후임으로 국어교육과 조교로 일하고 있었다. 선생의 뒤를 이어 차례로 염선모, 김인환, 이상태 선생이 왔다. 문학교육과 어학교육 전공 교수를 모두 모시게 되어 1975년부터 경상대 국어교육과는 국어교사를 길러내는 학과로서 제 모습을 갖추었다.

돌이켜 보면, 초대 학과장을 맡은 려증동 선생은 심산 김창숙을 마음의 스승으로 모시고 유교의 가르침을 배달말 가르치기에 담아내고자 애를 썼다면, 김수업 선생은 가톨릭의 가르침을 배달말 가르치기에 담고자 애를 썼다고 생각한다. 1973년에 두 분이 배달말 가르치기에 뜻을 모으고 그 알맹이가 사랑이란 것을 서로 확인했다. 선생이 국어교육과에 부임하기에 앞서, 려증동 선생은 경상대학보에 「행복이 오가는 길」(1973.3.15.)이란 글을 실어 배달말 사랑의 뜻을 밝혔다. 이 글에서 려증동 선생은 '사랑'이란 말을 가져보지 못한 배달말의 역사를 뼈아프게 되돌아보았다. 유교의 가르침인 '덕'은 사랑의 바탕이라

1975년 제1기 졸업생

1978년 국어교육과 학과장 시절

지만, 이를 지니기만 할 뿐 사랑할 줄 아는 사람을 길러낼 줄 몰랐다고 일렀다. 잘 사는 것은 즐겁게 사는 것이고, 즐겁게 살려면 우주와 같이 넓고 깊게 사랑할 줄 알아야 한다는 것이다. 그리고 "이러한 관계식을 확신한 이가 예수"라고 밝혔다. 이런 이야기들은 선생이 경상대 국어교육과에 부임한 앞뒤의 사정을 일러준다. 교사가 어떤 사람이어야 하고, 국어로써 무엇을 할 것인지 고민하고 그 해답을 얻을 무렵이었다. 이를 나중에 '배달얼'이라 했다. 말하자면 배달얼은 곧 사랑이고, 사람을 아끼고 사랑한 이가 앞서 걸어간 길을 따라 걷는 마음에서 비롯된다는 것이다.

이와 같이 배달얼에 바탕을 둔 배달말 사랑은 선생이 경상대 국어교육과에 와서 새롭게 일구어낸 역사이다. 그 무렵 려증동 선생은 「행복이 오가는 길」이나 「개척탑 시」에서 배달말 글쓰기를 선보였지만 한자말까지 말끔히 쓸어버리고자 하는 마음은 품지 않았다. 이를 꿰뚫어 본 선생은 '한글로 적는' 국어운동에서 '입말을 글말에 담는' 배달말 사랑으로 나아가고자 했다.

1975년 여름에 선생은 「겨레의 삶과 글자」(경상대학보, 1975.7.18.)라는 글을 지어 "중국글자는 우리 겨레의 말과 삶을 찌그러뜨렸다."고 알렸다. 이어서 "사람은 빵으로만 사는 것이 아니라 하느님의 말씀으로 산다고 했거니와 확실히 사람은 말로 말미암아 사람답게 살 수 있는 것이다."라고 말의 소중함을 일깨웠다. 배달말 사랑의 깊은 뜻이 말과 글을 사랑하는 데 있지 않고, 사람을 사랑하려고 말을 부려서 쓴다는 것이다. 선생은 이런 뜻을 펼치고자 배달말을 입말과 글말로 나누어 보았다. 입말은 "사람다운 삶의 자취와 그 자취의 쌓임이 문화"라고 할 때, "입말은 흔적을 남길 수가 없기 때문에 쌓여질 수 없는" 한계가 있고, 아무리 빛나는 문화가 있어도 "겨레에게 계승되지 못하는 것이 바로 글말에 얹혀 있지 못하기 때문이다."고 했다. "글자는 무엇보다도 그 말을 다치지 않고 기록할 수 있어야 한다. 그래야 그 말로 이룩된 삶의 자취가 제 모습대로 참다울 수 있다."고 했다. 그렇다고 엄청난 고생을 치르고 쌓아온 우리의 한문 유산을 버리자는 주장을 따르지 않았다. "한문 유산 가운데 참되고 값진 것을 가려내어 그것을 쉬운 한글로 옛 조상들과 만날 수 있도록 해주어야 할 것이다."라고 했다.

배달말 사랑의 깊은 뜻을 세상에 알린 선생의 글이 발표된 그 해에 경상대 국어교육과에서 배달말학회를 만들었다. 1975년 9월 10일 배달말학회에서 펴낸 『배달말』 창간호에서 려증동 선생은 배달말학회 회원을 일러 "배달말을 일으켜야만, 배달말로 모든 학문이 되어야만, 배달말로 삶을 누려야만, 참된 힘을 얻고 그 힘을 통하여 창조력이 개발되어 겨레가 생기를 얻게 되며, 그 겨레의 힘을 통하여 나라가 번영한다는 론리를 지니는 사람들"이며, "우리들은 오늘의 괴로움을 무릅쓰고 21세기 후손들을 생각하면서 그들을 위하여 배달말을 일으키고 사랑할 것이며 그들을 위하여 배달말글을 연구할 것이다."라고 했다. 이러한 정신을 담은 『배달말』 창간호에서 선생은 '들머리', '먹거리', '입말', '글말'과 같은 배달말을 학술용어로 부려 썼다. 그 무렵에는 이런 말을 두고 낯선 말이라 하여 비웃었지만 21세기로 접어든 오늘날에는 누구나 그 뜻을 곧바로 알고 널리 쓰는 학술용어가 되었다.

1975년 겨울에는 이런 학과의 분위기에 힘입어 국어교육과 학생들이 스스로 모여 국어운동학생회 성격을 띤 '언어반'을 만들었고, 그해 11월 29일에 설학줄 학생(당시 2학년, 전 용상고등학교 교장)이 「한용운의 시세계」란 이름으로 교내 강의실에서 연구발표를 하기도 했다. 나는 1977년에 경상대 국어교육과에 들어와서 언어반을 물려받아 '배달말 사랑모임'이란 이름으로 바꾸어 이끌었다. "무식한 사람만이 한글을 쓰고, 이런 운동은 경상대 대학생의 무식을 세상에 알리는 꼴이 된다." 고 당장 그만두라는 당시 이정한 학생처장을 비롯한 대학 당국의 사람들과 싸우곤 했고, 방학 때는 부업으로 비용을 마련하여 전국 국어 운동 학생연합회 연수모임에 회원을 파견하기도 했다. 내 뒤를 이어 한문에 밝은 허권수 선생이 이 모임을 이끌었다. 그 뒤 '배달말사랑모임'은 다시 '배달얼'이란 이름으로 바뀌어 오늘까지 국어교육과 학생들이 이끌어가는 연구모임으로 남아있다.

이렇게 배달말학회와 언어반이 만들어진 그해 겨울에 경상대 국어 교육과의 뜻을 밝힌 글이 경상대학보(1975.12.15.)에 실렸다. 여기서 "그 나라의 말이 글말로 올라섰는가에 따라, 그 나라의 얼이 심겨졌다고 판가름하게 되고 나라의 얼이 심겨졌는가에 따라, 나라의 기운이 일어난다고 판가름하게 된다.", "나라사랑 겨레사랑에 나의 몸과 마음을 다 바칠 수 있는 나라말 학도를 길러내고자 함이 경상대학 국어교육 과의 특성이며 또한 도달점이다."라고 했다. 이 글은 경상대 국어교육 과의 뜻을 세상에 알린 최초의 기록이다.

이런 뜻을 살리고자 선생이 부임한 첫해에 입학한 제2기 졸업생부터 졸업논문 제도를 시행했다. 배달말 가르침의 참된 뜻을 담은 졸업 논문을 졸업생 전원이 학과 교수의 지도를 받아서 쓰도록 한 것이다. 이와 같은 일은 우리나라에서 처음으로 이루어졌다. 그 무렵 '국어교육 연구'란 이름으로 나온 논문들이 더러 있었지만 속살과 이름이 어긋난 경우가 많았다. 1977년 3월부터 1989년까지 나온 졸업논문집 배달말 가르침은 이름 그대로 '배달말 가르침'의 뜻에 조금도 어긋남이 없었다.

국어교육과가 제 자리를 잡고 나아갈 방향이 뚜렷하게 된 뒤, 선생은 이탈리아 뻬루지아 대학교로 떠났다. 배달말 사랑의 깊은 뜻을 다지고 한자를 섞어 쓰는 문제의 뿌리를 파헤치기 위해 1981년 9월부터 이듬해 8월까지 현지에서 머물며 보고 듣고 겪으면서 연구했고, 그 결과를 '모국어교육'이란 이름으로 세상에 알렸다. 1983년 봄에 모국어교육학회의 창립총회를 열고, 학회장을 맡아 그해 8월 25일에 모국어교육 학회지를 펴내었다. 이때 선생이 처음으로 한국에 알린 모국어 교육은 삶에 바탕을 둔 국어교육의 길을 새롭게 열었다. 삶의 터전에서 제 모습으로 남아있는 토박이말과 입말의 소중함을 일깨운 선생의 가르침은 나중에 경상대 국어교육과의 테두리를 넘어 전국 곳곳에서 풀뿌리 문화운동을 펼치는 밑거름이 되었다. 이러한 선생의 발자취를 더듬어 보노라면, 눈시울이 뜨거워지는 대목이 있다. 경상대 국어교육과 교수로서 보여준 제자 사랑이다. 그 즈음 국어과 학생들은 배달말 사랑의 깊은 뜻을 깨닫지 못하고, 구석진 지방대학에서 참된 가르침을 펴는 선생의 외로움을 헤아리지 못했다. 고등학교 때 배운 낡고 잘못된 앎이 진리라고 여기고 참된 가르침을 거부하기도 했다. 1학년 교양국어 시간에 선생이 "왜 한자를 버리고 한글을 써야 하는가"라는 주제를 놓고 학생들끼리 토론하게 할 때, 나와 허권수 선생은 한자를 버리면 국어를 제대로 가르칠 수 없다는 주장을 여러 사례를 들어가며 학우들에게 관철시키기도 했다. 국문학개론 강의시간에는 "문학이란 것은 글자 그대로 글말을 다루는 것인데 어째서 입말이 문학이 될 수 있습니까"하고 대들기도 했다. 그럼에도 선생은 따뜻하게 품고 스스로 깨칠 때까지 기다려 주었다. 제자들에게는 교수의 권위로 이기려고 하거나 억누르지 않았다.

그 뿐만이 아니었다. 경상대 시절에 선생이 남긴 교직원 교무수첩을 열어보면 여러 제자에 대한 신상기록이 빼곡하게 적혀 있는데, 가정형편이 어떻고, 무엇에 관심을 가지며, 어디서 어떻게 학비를 마련하는지도 꼼꼼하게 적혀있었다.

경상대 시절 김수업 선생이 남긴 교무수첩

마지막으로 선생이 남긴 「꿈 이야기」라는 짧은 글을 소개하고자 한다. 이 글은 선생의 유품을 정리하다가 발견한 미발표 원고이다. "경상대학교, 사범대학"이라고 글쓴이의 소속을 적은 것으로 미루어 종합대학교로 승격한 1980년 무렵의 글로 짐작한다. 글 내용은 하늘나라에서 세종대왕을 뵙고 얻은 가르침을 적은 것으로, 한글을 만든 까닭, 배달말 가르치기의 방향, 세종대왕 우상화에 대한 경계를 꿈 이야기라는 틀로 담았다. 주된 알맹이는 어렵고 불쌍하게 사는 사람들을 어떻게 하면 잘 살게 할 것인가에 대한 답이 글을 쉽고 간단하게 만드는 것이며, 배달말 사랑은 똑똑한 사람들에게 기대지 말고 밑바닥 사람들을 상대로 해야 하며, 이 길을 걸어가면서 행사를 거창하게 치르거나 존경을 받겠다는 마음을 버려야 한다는 것이다. 이러한 '꿈 이야기'에는 아무도 알아주지 않는 당신의 뜻을 확인하려고 꿈속까지 세종대왕을 찾아갈 수밖에 없었던 간절한 마음을 담고 있다고 하겠다. 선생은 세종대왕이 꿈속에서 일러준 그런 길을 몸소 실천하면서 우리의 곁을 떠나갔다. 나중에 선생이 최초로 세종대왕 동상 앞에서 보관문화훈장을 받게 된 것도 결코 우연이 아니었다.

선생이 보여준 배달말 가르침은 나라와 겨레 사랑으로 이어지는 거룩한 길이라고 할 수 있다. 경상대 국어교육과에 몸담은 제자로서 기억하는 선생의 모습은 제자 사랑으로 배달말 가르침의 깊은 뜻을 몸소 보여준 분이었다. 배달말 사랑으로 제자를 가르치고 이끌었을 뿐만 아니라 이러한 사랑이 나라와 겨레 사랑으로 이어지도록 일깨운 분으로 오래도록 가슴에 남을 것이다.

안동준 (경상대학교 국어교육과 교수)

배움의 물꼬를 트다

오늘날 경상대학교 도서관은 2019년 현재 146만여 권의 장서를 보유할 만큼 크게 성장했다. 중앙도서관 이외에 의학도서관, 법학도서관, 해양과학도서관, 고문헌도서관 등의 5개 분관을 갖추고 남부럽지 않은 시설을 자랑한다. 그러나 경상대학의 도서관이 이처럼 현대적 시설을 갖추고 눈부시게 성장하게 된 배경에 김수업 선생의 노력이 있었다는 사실을 아는 이는 드물다.

경상대 도서관은 1948년 10월에 도립 진주농과대학 도서관으로 출발했는데 개관할 당시에는 장서가 몇 권인지 말하기 어려울 정도로 부끄러운 수준이었다. 1977년 무렵의 장서는 겨우 1만 8천 권 정도에 지나지 않았다. 1980년에 종합대학으로 승격하면서 경상대학 도서관이 제 구실을 하고자 했지만, 1982년 12월에 비로소 수서과, 정리과, 열람과라는 세 가지 부서가 생겨났을 정도로 도서관 운영 체제가 다른 대학과 비교해서 한참 뒤떨어져 있었다.

이러한 상황에서 선생은 1984년 가을에서 1987년 봄까지 경상대 도서관장직을 맡았다. 그 전에 선생은 이탈리아에서 모국어 교육

1985년 목포대학에서 제37회 전국국립대학 도서관협의회 참석

을 연구하다가 병을 얻어 현지에서 치료를 받고 1982년 가을에 귀국했는데, 귀국한 뒤에도 집에서 몸져누워 요양하다가 학교 일 때문에 간신히 몸을 추슬러 출근하는 일이 잦았다. 몸이 불편한 가운데 이듬해 봄에 모국어교육학회를 창립하고, 건강을 돌볼 겨를도 없이 대학의 심장부인 도서관을 맡았던 것이다. 그런 처지에도 선생은 대학 문화의 발전을 위하여 1984년 경상대 도서관장직을 맡아서 유럽 선진국의 도서관을 본받아 경상대학 도서관의 낡은 운영 체제를 뜯어고치고자 했다. 도서관에 당연히 있어야 할 전문 사서 직원을 따로 두거나, 운영의 문제를 놓고 도서관에 파견된 기성회 직원들과 마찰을 빚기도 했다. 하지만 신념을 굽히지 않고 보유 장서를 전산화하는 등, 도서관 선진화 사업을 추진하는 데 온힘을 쏟았다.

1985년 9월에 대학 도서관의 규모를 제대로 갖춘 중앙도서관을 새로 지어 개관했는데, 이 무렵에 현대식 대학 도서관의 틀을 마련하지 못했다면 운영에 많은 어려움이 있었을 것으로 짐작한다. 중앙도서관이 시대에 뒤지지 않고 오늘날까지 잘 유지되고 있는 것도 선생의 덕택이라 할 수 있다. 학생들이 서고를 드나들며 자유롭게 필요한 책을 찾아 열람하도록 하는 개가식 제도가 이 무렵에 정착되었고, 도서관장직을 맡을 당시 8만 6천 권에 지나지 않던 중앙도서관 장서는 1987년 봄에는 13만 권으로 늘어났다.

선생은 이와 같이 대학 문화의 발전을 위하여 쉴 새 없이 노력했다. 경상대 도서관에 바친 선생의 땀은 오늘날과 같이 경상대학 도서관이 발전하게 된 주춧돌이 되었다. 교정을 걷다가 경상대학 중앙도서관을 바라볼 때마다 어려운 시절에 대학 문화를 살리는 데 크게 기여한 선생의 노고를 되새긴다.

안동준 (경상대학교 국어교육과 교수)

대학 민주화의 노둣돌

선생이 국어교육과를 떠난 뒤에 나는 그쪽 대학의 부탁을 받고 경상대학 교수회 시절의 활동을 여러 자료를 통해 살펴본 적이 있다. 국어교육과의 제자들은 배달말을 가르치고 제자를 알뜰히 키우는 데 평생을 바친 분으로 선생을 기억한다. 그러나 눈을 밖으로 돌리면 대학 행정 쪽에도 많은 일을 맡아 대학 민주화의 발전에 큰 자취를 남기고 갔다는 것을 알 수 있다.

선생은 1987년 여름에 중앙도서관의 일을 마무리하고, 새로운 교수협의회를 만들고자 하는 물결에 이끌려 부회장을 맡아 실무를 처리하기도 했다. 두 달 뒤, 일부 교수들의 우려와 반대를 무릅쓰고 1987년 9월에 학원 민주화의 신호탄인 경상대 교수협의회를 발족시켰다. 누구나 할 수 있는 일이 아니었다. 그 무렵 학생 시위와 농성 및 총장실을 점거하는 일들이 잦았고, 교수의 권위는 땅에 떨어져 있었다. 그해 10월에 교수협의회는 드센 학생들과 보직교수의 틈바구니에서 학내 사태를 우려하는 성명서를 발표해야 하는 형편이었다.

그러나 오늘날 경상대 교수회의 전신인 교수협의회와 초대 회장단은 교수협의회 구성에서 한걸음 더 나아가 민주화 투쟁의 선물로 얻은 대학의 자율화를 제도로 정착시키는 어려운 과제를 풀어야 했다. 제 구실을 하지 못하는 지난날의 교수협의회를 새롭게 가다듬어 학문공동체의 주체로서 제 모습을 갖추게 하는 것이 절실했다. 그러기 위해 대학 교육의 주체인 교수들로 이루어진 교수협의회가 대학의 최고 의사결정 기구가 되어야 했고, 대학의 중요 학사운영을 의결하기 위하여 교수협의회의 대표로 이루어진 평의회를 마련해야 했으며, 대학의 최고 관리 책임자인 총장을 직접 선출할 수 있도록 해야 했다.

이와 같은 세 가지 과제 가운데 어느 하나도 쉬운 것은 없었다. 선생은 이런 일을 제대로 살리고자 한다면 무엇보다도 학칙 개정이 먼저 이루어져야 한다고 판단했다. 선생은 부회장직을 맡은 그해 가을에 학칙개정 소위원회를 이끌고 소용돌이를 헤쳐 나갔다. 그 결과로 이듬해 대학평의원회가 대학의 최고 의결기구로 자리를 잡게 되었다. 그런 다음에도 선생은 숨 돌릴 겨를이 없이 1988년 11월에 다시 학칙개정특별위원회 위원장을 떠맡았다. 위원장의 일을 하면서 선생은 이런 말을 남겼다. "학칙은 학교이념·조직, 교무, 학생이라는 세 부분으로 나누어지는데 지금까지는 총장의 임의대로 조직이 운영되어 왔습니다. 그러나 이번 개정 작업에서는 이러한 모순점들을 극복해 나가는데 주안점을 두고 있으며, 대학은 교수와 학생이 주체라는 의식 아래 통제 조항은 완전히 배제하고 학생활동을 장려하는 쪽에 초점을 둘 것입니다."(경상대신문, 1988. 11. 28.)

선생은 위원장을 맡은 넉 달 뒤, 1989년 2월에 대학 자율화의 알맹이가 되는 경상대학교 학칙개정안을 교수회의 투표를 거쳐 확정하고,

교육부에 승인을 요청했다. 물론 교수평의회의 합법화와 총장 직선제를 담고 있는 경상대학교 개정학칙에 대해 정부 당국은 국립대학교 설치령과 교육공무원법 임용규정을 내세워 받아들이려고 하지 않았다. 하지만 이때 만든 경상대학교 학칙개정안은 전국 국립대학교 학칙의 본보기로 널리 알려졌다. 고양이 목에 방울을 매다는 일은 아무나 할 수 있는 일이 아니다. 그럼에도 선생은 어려운 시기에 학칙개정특별위원회를 이끌어 대학문화를 바로잡는 큰일을 해내었던 것이다.

돌이켜보면 서로 다른 생각과 가치관을 지닌 사람들로 어우러져 있는 대학 사회에서 올곧고 바른 길을 걸어가는 일은 결코 수월하지 않았다. 교수, 학생, 행정직원 사이의 견해가 서로 다르고, 교수회 회원들 사이의 생각도 일치하지 않았다. 1989년 6월에 임시총회에서 회장단 불신임안이 상정되자, 사회를 맡고 있던 선생이 즉각 회의 진행을 중단하고 회장단 전원이 사퇴 선언과 함께 퇴장하는 소동이 일어나기도 했다. 물리학과 사태로 불거져 나온 학생 시위와, 이를 놓고 기존 인사 관행과 대학 자율화의 의지가 충돌하는 상황이 벌어져 임시총회를 열었는데, 그 자리에서 일부 교수들이 나서서 이런 중대 사태에 교수회가 적극 대처하지 못한다고 불신임안을 상정한 데 그 이유가 있었다. 그에 따라 곧바로 교수회 기능이 마비되었다. 석 달의 공백을 거친 뒤에 보궐 선거로 차기 회장단이 출범해도 무엇을 해야 할지 갈피를 잡지 못했다.

선생은 대학 자율화의 중요한 시기에 초대 회장단의 일원으로 일을 잘 마무리하지 못한 점을 뼈아프게 생각하고 1990년 3월에 제3대 경상대 교수회장직을 떠맡았다. 제2대 교수회장단이 보궐선거로 이루어진 점을 감안하면 제3대 교수회장은 실제로 경상대의 제2대 교수회장인 셈이다. 선생은 취임한 뒤에 그동안 방만하게 이루어졌던 대학예산 운영의 실상과 문제점을 바로잡는 일부터 손을 대었다. 학교 재정의 문제를 투명하게 처리하려고 기성회계 예산안을 꼼꼼하게 살폈다. 이를 통해 침체된 대학의 기능을 어느 정도 살려내는 계기가 될 것으로 기대하고, 잘못된 예산을 삭감하며 모자라는 곳은 필요에 따라 예산을 재배정했다. 이런 노력은 대학 재정 운용의 방향을 바로잡는 주춧돌이 되었지만, 그 과정에 대학 행정직원들의 반발이 거세었고, 교직원협의회 회장단이 선생의 연구실로 항의 방문을 하여 선생을 괴롭히기도 했다. 그러다가 선생은 1990년 겨울에 직선제 총장 선거를 치르기 위해 교수회장직을 그만두었지만, 이 무렵에 시도한 대학 재정의 투명성 요구는 대학 내에 팽배해 있는 교수, 학생, 학교 당국 사이의 불신을 걷어가는 전환점이 되었다.

경상대학교의 역사를 되돌아볼 때, 1980년대 후반에 일어났던 대학의 민주화와 자율화의 물결이 경상대학교의 변화와 발전에 큰 영향을 미친 것으로 알려져 있다. 그 물결 밑바닥에 선생이 노둣돌처럼 버티고 있었다는 사실을 아는 이는 드물다. 선생은 '경상대학교 교수회 20년사'에 투고한 글에서 이 무렵이 경상대학교 삼십 년 삶에서 가장 괴로운 체험을 겪고 마음의 상처도 가장 많이 받은 시절이라고 털어놓았다.

앞서 대학 행정직원들의 거센 발발을 불러일으켰다 했다. 그러나 잘 알려지지 않은 사실 가운데 하나는 거친 비바람 속에 교수협의회를 이끌면서 사무처 행정직원들에게까지 믿음을 얻었다는 것이다.

"협의회 쪽에 말씀 올릴 수 있는 이 제도 자체에 무한한 고마움을 느끼면서 다음 문제를 말씀 올릴까 합니다."라고 시작하는, 1988년 9월의 경상대 행정직원 인사 파동 때 선생에게 보낸 어느 사무처 직원의 호소문을 통해 이를 확인할 수 있다.

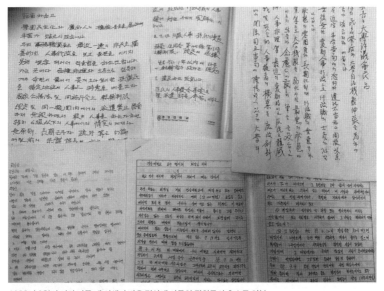

1988년 9월의 인사 파동 때 선생이 받은 경상대 사무처 직원들의 호소문 일부

선생은 교수협의회를 통해 대학의 제도를 바꾸는 일에 큰 업적을 남기기도 했지만, 그것이 전부가 아니다. 학생들과 대학의 처지를 바르게 알리는 일에도 앞장을 섰다. 1970년대 말과 1980년대는 민주화 열기가 가득한 시절이었다. 날마다 학생들이 학내 시위를 하여 몸살을 앓고 있던 1988년 4월, 여러 언론에서 경상대 시위학생들이 열차를 탈취하여 불을 지른 사건을 크게 보도하여 경상대 학생들을 흉악한 폭도로 다룬 일이 있었다. 1988년 4월 4일, 오후 3시쯤 경상대 가

좌동 캠퍼스에서 학생 3천여 명이 교문 밖으로 진출하다 이 가운데 1천여 명이 대학 후문 앞 경전선 철도를 점거하여 열차를 강제로 세우고 화염병으로 기관실을 불태운 사건이 그것이다.

이날 시위는 이틀 전의 일에서 비롯되었다. 4월 2일 오후에 백기완 선생의 초청 강연회가 끝나고 진주지역 대학협의회 발대식이 치르진 직후, 교내로 진입한 경찰의 과잉 진압으로 39명의 중경상자가 발생한 사건이 있었다. 이 문제를 놓고 학생들이 이틀 뒤 교내에서 사건의 경과를 보고하다가 벌어진 우발 사태였던 것이다. 이에 선생이 부회장으로 일하고 있던 교수협의회에서는 전국 주요 일간지에 그 사건의 내막을 알리는 성명서를 경상대 교수협의회의 이름으로 발표하여 사태의 진상을 세상에 알리고 교내의 학생들을 감싸는 데 앞장을 섰다.

경상대신문(1988.4.11.)에 실린 교수협의회의 성명서

이처럼 선생은 잘못된 제도를 고치고, 사태의 진상을 바르게 알리고 대학 구성원의 마음을 하나하나 헤아리면서 현명하게 교수협의회를 이끌어 갔다. 대학 민주화의 열기 속에 어렵고 힘든 길을 걸어가면서 마음의 상처도 많이 받았지만 속으로 감추고 밖으로 드러내지 않

경상대학교 연구소에서

왔다. 당시 경상대학의 구성원들은 이러한 선생과 함께 한 시간을 자
랑스럽게 여길 것이다.

안동준 (경상대학교 국어교육과 교수)

변화와 적응

선생은 2003년 9월부터 2005년 2월까지 비교적 짧은 기간 동안 대구가톨릭대학교 총장 일을 맡아 하였다.

> 저는 어설프지만 대학 공동체를 하나의 과일나무에 비유해서 말씀드렸습니다. 보직자와 직원이 과일나무를 키우는 땅이며 햇볕이라면, 교수는 꽃을 피우고 열매를 맺어야하는 과일나무 바로 그것이고, 학생은 과일나무에서 피고 맺는 꽃과 열매라 하겠습니다. 그런데, 무릇 과일나무가 탐스러우려면 이들 셋에서 하나도 모자람이 없어야 합니다. 저는 총장으로서 대학 공동체의 이들 셋이 저마다 맡은 몫을 신명나게 다하도록 최선을 다하여 돕고자 합니다.
>
> – 총장 취임사에서

선생이 자신의 포부를 밝힌 취임사를 보면, 비록 부드러운 말로 표현했지만 앞으로 할 일의 방향을 분명하게 드러내고 있음을 알 수 있다. 그리고 그 일을 제대로 하려고 노력하였는데, 그런 자세는 총장에

2003년 대구가톨릭대학교 총장 취임식

2003년 대구가톨릭대학교 총장 취임사

취임한 뒤에 맨 먼저 한 일에서 드러난다. 선생은 취임 초의 그 바쁜 시간을 쪼개어 모든 학과를 일일이 손수 찾아다니면서 학과의 교수를 만나 이야기를 들었다. 평소 선생의 사람됨을 모르는 이들이 보기에는 이런 모습이 새 기관장들이 의례히 하는 요식행위로 보였을 것이다. 그러나 선생이 취임사에서 밝힌 내용이나 교수 연수회 자리에서 한 연설을 보면 이 행보의 진정한 의미를 짐작할 수 있다. 새로운 일을 할 때 가장 먼저 할 일은 현상 파악이었던 것이다. 이렇게 현장 방문으로 총장직을 시작한 선생이 이 직을 맡아 일하는 동안 총장으로서 어떤 경영 철학을 가지고, 무슨 일을 어떻게 추진하려 했는지는 1박 2일 동안 경주 현대호텔에서 가진 교수 연수회에서 한 연설에 잘 나타나 있다.

내용을 간추려 보면, 총장의 속내 이야기를 듣는 것의 필요성을 먼저 말 한 뒤, 우리의 목표는 대학을 합당한 위상으로 끌어올리는 것이며, 지금 우리 현실은 급변하는 환경에 놓여있고 대학은 격렬한 경쟁의 가운데에 서 있으므로 여기서 살아남으려면 바뀐 환경에 적응해야 한다고 하였다. 그리고 적응하여 살아남으려면 '변화'해야 함을 강조하였다. 특히 여러 차례에 걸쳐서 다양한 표현으로 언급하며 강조한 것은 '변화와 적응'이라는 말이었다. 그 내용을 정리하여 보이면 이러하다.

Ⅰ. 한국 대학의 현 주소: 2030년이면 200여 개 대학 가운데 3분의 1인 70여 개가 사라진다.

Ⅱ. 대구가톨릭대학의 현황: 나름대로 내부 개혁에 애를 썼으나 여전히 문제점은

많다. 그것을 크게 4가지로 나누고 그 아래에 세부적으로 소개하였다.

Ⅲ. 목표 제시: 총장으로 있는 동안 늘 생각해야 할 일과 올해(2004년도)에 주로

생각해야 할 일로 나누어 소개하였다.

1. 늘 생각해야 할 일

1) 교훈(사랑과 봉사)이 교정 안에 현실로 살아나게 하는 일

(1) 학생과 직원과 교수가 서로 사랑하며 서로 돕도록 하는 것

(2) 교수가 학생을 사랑하는 마음으로 교육하도록 하는 것

(3) 직원이 학생과 교수를 사랑하는 마음으로 돕도록 하는 것

(4) 학생이 직원과 교수를 사랑하는 마음으로 돕도록 하는 것

2) 우리 대학이 지닌 남다른 장점을 들어 올리는 일

(1) 선택과 집중의 원칙에 따라 특성화를 적극 추진하는 것

(2) 유명 전공과 유능 교수를 적극 격려하는 것

(3) 유능 행정 부서와 직원을 적극 격려하는 것

(4) 학생 자치 활동과 동아리 활동을 적극 권장하는 것

(5) 가톨릭교회의 보편적 연계를 적극 활용하는 것

3) 시대와 사회의 요구에 앞장서 부응하게 하는 일

(1) 취업 최우선의 학부 교육과정을 실현하는 것

(2) 지역 및 국가사회의 문제에 모든 교수가 적극 참여하는 것

(3) 산학연 협력 체제를 확대하고 적극 실현하는 것

(4) 유망 인재를 적극 양성하여 사회 지도층으로 배출하는 것

4) 후원 세력을 결집하고 지원을 확장하는 일

(1) 동창회의 협력을 더욱 강화하고 발전시키는 것 :《효성학술관》건립 제의

(2) 학부모의 관심을 일으키고 학부모회를 조직하여 협력을 구하는 것

(3) 교구 성직자와 수도자와 평신도의 관심을 고양시키는 것

(4) 〈대학발전후원회〉(가칭)를 조직하여 재정 지원의 보루로 삼는 것

5) 대학의 세계화를 추진하는 일

(1) 외국어대학(언어·문학)을 외국학대학(지역학)으로 변신 검토

(2) 해외 여러 지역 견학단과 봉사단 정기 파견 기획

(3) 해외 기업 현장 실습생 연수 과정 제도 연구

(4) 중국 강서사범대학과의 연합대학 설립 계획 추진

(5) 동티모르 가톨릭계 사립대학 설립 계획 협의

2. 올해(2004년도)에 주로 생각해야 할 일

1) 학부를 보통교육의 현장으로 바꾸기

(1) 교육과정의 개혁 : 상설 위원회 가동 필요

(2) 정책적 특별과정 운영 : 각종 자격증 취득자 취업과정, 각종 고시생 대비과정

(3) 취업준비의 만전 : 〈취업연수원〉(가칭) 개설 검토

2) 지역협력을 강화하도록 〈산학협력단〉을 만들기

(1) 대구시·경북도와의 협력 강화 방안 연구 추진

(2) 대경 지역 학·예술 단체 및 각종 NGO와의 연대 협력 추진

(3) 대경 지역 각급 산업체와의 협력 강화 추진 : 겸임교수제와 현장학점

　　　인정제 연구

3) 특성화를 효과 있게 추진하도록 장기 계획을 세우기

(1) 선택과 집중의 원칙 합의 도출

(2) 특성화 선택에 유리한 영역 서열화 합의

(3) 〈동북아지역연구원〉 설립 검토

4) 개교 90주년 행사를 뜻깊게 벌이기

(1) 지역 사회 현안을 위한 학술 심포지움 개최

① 〈대경과학기술연구원〉 설립에 따른 문제

② 동해 자원 개발에 따른 문제

③ 대구·경북의 행정 산업 협력 문제

④ 대경 지역 전통과 세계화의 조화 문제

(2) 청소년 문화 축제 개최

(3) 고등학생을 위한 각종 학술문화 체험교실 운영

5) 행정 업무를 새롭게 바꾸기

(1) 사무생산성센터 보고서를 현실화하기

① 현실화 기획팀 운영

② 현실화 추진팀 운영

③ 현실화 점검팀 운영

(2) 행정 전반의 봉사 자세를 새롭게 바꾸기

① 봉사 행정 기획팀 운영

② 봉사 행정 추진팀 운영

③ 봉사 행정 점검팀 운영

Ⅳ. 해결책 제시 : 교수들이 먼저 앞장을 서고 그 뒤에 행정 사무원들과 보직교수

들이 따르며 돕고, 마지막으로 총장이 뒤에서 돕는 방식을 제시하였다. 그러면

서 교수들에게 총장의 뜻을 외면하지 말고 정당하게 받아서 비평하고 판단하

고 재정립하면서 실현시켜 나가주기를 당부하였다.

2003년 대구가톨릭대학교 총장 취임식 후 내빈들과

Ⅴ. 다시 강조 : 변화의 필요성을 거듭 강조하면서 변화의 세 가지 원칙을 말함.

1) 바뀌지 않으면 죽은 것이고 마침내 썩는다.

2) 바뀌는 것은 스스로 안에서 이루어져야 한다.

3) 바뀌는 것은 쉬지 않고 꾸준히 조금씩 이루어져야 한다.

Ⅵ. 학부별 대화: 세 개의 주제를 준 뒤 학부별로 대화를 나누고 얻은 결론을 정리
하도록 함.

이 연수는 대학 위상을 끌어올려야 한다는 큰 목표를 두고, 이것을
달성하기 위한 방책을 매우 정교하게 세워, 대학의 전 교직원들이 이
를 실천하는 길을 함께 모색하는 뜻깊은 자리였다. 먼저 주제 강연(Ⅰ
-Ⅴ까지)을 하고, 이어서 각 학부별로 현안 문제를 놓고 깊이 있는 논의
를 하도록(Ⅵ) 만들어져 있다. 그러나 사실 우리나라 대부분의 대학들

은 이런 방식의 교수 연수회는 거의 하지 않는다. 오늘날 대학 현실이 그러한 연수를 열기 어렵게 만드는 탓이다. 그러나 선생은 이런 방식의 연수회를 열어 자신의 책무를 다하려 노력하였다.

처음 총장직을 제안 받았을 때 선생이 한 말은, "저는 그런 일을 맡을 자격이 없는 사람입니다. 죄송한 말씀입니다만 저는 사양하겠습니다."였다. 그리고 우여곡절 끝에 총장직을 수락하면서 이사장님에게 드린 말씀은 이러했다. "주교님 보시기에 제가 하는 일이 마음에 안 들거나, 주교님 판단에 필요하다 싶으면 언제든지 저를 해임하시기 바랍니다. 그리고 저도 제 능력으로 감당이 안 되어 총장직을 내 놓으려 할 때 언제든지 저의 사표를 받아주시기 바랍니다." 말하자면 이것이 이른바 근무 조건이었던 셈이다. 아무튼 선생은 처음 총장직을 받아들이며 했던 약속을 지켜 임기 중간에 사표를 내고 그 자리에서 물러나왔다. 그리고 남은 삶을 여러 분야에 걸쳐 새로운 길을 내어가며 세상의 이익을 위하는 일을 하는 데 썼다.

김태기 (전 삼현여자고등학교 교장 / 진주문화연구소 이사)

배달말 사랑

꽃은 목숨의 씨앗을 생기게 하는 샘이며 집이다. 그런데 우리 겨레는 목숨의 샘처럼 종요로운 것에다 '꽃'으로 이름을 붙여 쓴다. 여럿이 모여 이야기를 주고받으며 기쁨과 즐거움을 마음껏 나누면 '이야기꽃'이 피었다고 한다. 그러니 '말로 이루어지는 예술'을 '말로 이루어 놓은 꽃', '말 가운데 가장 종요로운 꽃'이라는 뜻으로 '말꽃'이라 부르면 어떨까.

- 『배달말꽃, 갈래와 속살』에서

배달말을 심은 사람

김수업 선생의 국어심의회 시절이라고 하면, 무엇보다 나무를 심은 사람이 먼저 떠오른다. 그냥 나무를 심은 사람이 아니라 프레데릭 바크가 그림으로 다시 그린 주인공 부피에의 얼굴 표정이 떠오르는 것이다. 소박해 보이면서도 영롱하고, 한없이 여린 것 같으면서도 대단히 야무지게 느껴지던 오묘한 낯빛! 2008년 겨울이 다가올 무렵 선생은 우리 앞에 책 한 권을 가만히 내밀었다. 프랑스 생태학자 장 지오노가 지은 '나무를 심은 사람'이었다. 지금 생각해 보면 국어심의회 일로 선생이 가장 힘들어하던 때의 일이다. 주인공 부피에의 삶이 선생의 얼굴에 겹쳐 보였다. 부피에의 손에 들린 나무씨앗이 선생의 가슴에 담긴 배달말처럼 보였던 것이다. 그날 이후 한동안 두 사람의 고매한 삶에 푹 빠져 살았다. 이러한 경험이 국어심의회와 나무를 심은 사람 부피에의 기억을 한데 버무려 놓았던 모양이다.

먼저 김수업 선생이 국어심의회에 남긴 발자취의 얼개 그림을 보이면 이러하다. 김수업 선생은 2004년 7월부터 2008년 6월까지 국어

국어정책토론회

심의회에서 활동했다. 국어심의회 위원의 임기가 2년이므로 사실상 심의위원으로 두 번 위촉된 것이다. 위촉된 때는 2004년 7월과 2006년 7월이라 짐작된다. 그동안 2005년 11월과 2007년 7월에 국어순화분과 위원장으로 선출되고, 그해 9월 국어심의회 역사상 처음으로 열린 전체 위원회에서 선생은 국어심의회 전체를 대표하는 국어심의회 위원장으로 선출된다. 말하자면 초대 국어심의회 위원장이 된 셈이다. 선생이 전체 위원장을 맡게 되면서 그동안 시들했던 국어심의회가 활기를 띠기 시작한다. 내부적으로 많은 개혁이 일어나고 매우 의욕적으로 활동하는 국어정책 심의기관으로 탈바꿈한 것이다. 그러나 2008년 2월 대통령과 문화관광부 장관이 바뀌면서 국어심의회 활동이 갑자기 줄어들고, 7월 이후 선생은 국립국어원의 요청에 따라 국어문화학교 특강 정도만 하면서 국어심의회에서 점점 멀어지게 된다.

선생은 2004년부터 국어심의회에 들어가 국어에 관한 시책 심의에 관여하였다. 당시 국립국어원장이었던 남기심 원장이 적극 추천하였고, 제1부장(어문연구부장)이던 연세대학교 김하수 교수가 강력히 추천하였다고 한다.

국어심의회는 우리나라에서 사용하는 언어와 관련된 여러 시책을 심의하기 위해 설치된 기관이다. 문화체육관광부가 국어 발전과 보급을 위한 여러 정책을 세울 때, 자문에 응하고 관련 시책을 다룬다. 국어에 관한 중요 사항을 조사하고 연구하며 심의하는 문화체육관광부 소속 위원회이다. 국어심의회는 60명 이내의 위원으로 구성되며 이들은 국립국어원의 추천을 받아 문화체육관광부 장관이 위촉한다. 대부분 위원들은 국어에 대해 전문 지식을 갖고 있으며 임기는 2년이다. 이들 중 위원장과 부위원장을 각각 1명씩 선출하며, 국어순화분과위원회를 비롯한 5개의 분과위원회에서 각 분야별 전문위원을 둔다.

하지만 선생이 심의회 활동을 하고 있을 때에는 노무현 대통령 시절이라 지금의 문화체육관광부는 당시 이름이 문화관광부였고, 국어심의회 분과 위원회도 국어순화분과위원회, 언어정책분과위원회, 어문규범분과위원회 이렇게 셋뿐이었다.

선생은 국어심의회에 들어가기 전부터 일찌감치 국립국어원의 초청을 받아 특별 강연을 하는 등 이러저러한 일로 자주 불려 다녔다. 2003년 11월 즈음부터이다. 당시 국립국어원장이던 남기심 원장과 어문연구부장이던 권재일 교수 등이 선생의 덕망과 학식을 높이 사서 자주 초청하였다고 한다. 그때 선생은 대구가톨릭대학교 총장을 맡아 일하고 있었으므로 몹시 바쁜 가운데서도 천릿길을 마다하지 않고 초청에 응하였다고 한다. 그 이후 국립국어원장이 이상규 원장, 권재일 원장으로 바뀌었지만, 선생은 한 달에 한두 번 국어원에 불려가 공무원이나 교사를 대상으로 특별강연을 하거나 학술대회의 토론자로 초청되는 등 한때도 느긋하게 쉴 때가 없었다.

그 보기의 하나로 '국어순화 실천방안 마련을 위한 학술 대회'를 들 수 있다. 이 대회는 557돌 한글날을 맞아 '우리 말글의 위기, 이대로 둘 것인가'라는 주제로 2003년 10월 6일 세종문화회관에서 열렸다. 남기심 국립국어원장의 기조 강연으로 시작된 이 대회에서 선생은 '국어순화 정책, 무엇이 문제인가'라는 고길섶 문화연대 편집위원장의 발표에 대하여 토론하였다. 여기서 선생은 국어순화 정책의 문제점을 지적하고 바람직한 방향을 제시하였다. 이처럼 선생은 국어심의회에 들어가기 전부터 국립국어원의 요청을 뿌리치지 않고 도움을 주고 있었다.

문화체육관광부 국어정책과에 남아있는 국어심의회 회의록에 따르면, 선생이 국어심의회에 본격적으로 뛰어든 것은 2004년 7월로 보인다. 2005년 4월 30일에는 국립국어원 세미나실에서 국립국어원과 한글문화단체모두모임 공동주관으로 '국어기본법 시행령 잘 만들기 이야기 마당'이 열렸다. 이 자리에서 선생은 '교육을 생각하지 않고 시행령을 만들면 현실성이 떨어진다. 따라서 교육부 등과의 부처 간 협력이 절대 필요하다. 학생들이 사용하는 교재들도 관장할 수 있어야 한다.'고 지적하여 함께 자리한 사람들에게 깊은 울림을 주었으며, 이를 취재한 오마이뉴스 김영조 기자가 기사로 쓰기도 하였다.

그로부터 1년 넉 달 동안 선생은 국어순화분과위원으로 일하다가 2005년에 국어순화분과위원장으로 선출되었다. 이는 11월 18일 국립국어원에서 열린 국어순화분과위원회의 회의록에서 확인할 수 있다. 회의록에는 심의 의결 사항 첫 꼭지에 '김수업 대구가톨릭대 전 총장을 분과위원장으로 선출함'이라고 기록되어 있다. 이전까지 '전 대구가톨릭대 총장'이라 불리던 직함이 이때부터 국어순화분과위원장이라고 불리게 되었음을 알 수 있다.

그런데 문화체육관광부 국어정책과 자료에 따르면 선생이 국어심의회에 몸을 담은 것은 2004년 7월로 되어있고, 국어심의회 위원의 임기가 2년이었기 때문에 선생은 2006년 6월 즈음에 1차 임기를 마치고, 2006년 7월 즈음에 심의위원으로 다시 위촉되었다. 그리고 그해에 국어심의회 역사상 가장 중대한 일이 일어나게 된다. 2006년 9월 27일 국어심의회 운영 이래 최초로 국어심의회 전체 위원회가 열리게 된 것이다. 국어심의회는 그동안 문화예술진흥법에 따라 운영되어 오다가 2005년 7월 국어기본법이 시행되면서 국어심의회 전체 위원장과 부위원장을 두게 되어 있었지만, 사실상 각 분과별 위원장만 선출하여 운영해 오던 터였다.

이러한 문제점을 좋게 고치고자 그해 5월과 7월 두 차례에 걸쳐 3개 분과 위원장이 모여 운영 방향에 대하여 머리를 맞대었다. 거기서 전체 위원장과 부위원장을 선출하고 나서 향후 국어심의회의 운영 방향을 다시 이야기하자는 결론을 얻게 되었다. 9월 27일 당일 국립국어원 1층 세미나실에서 국어원장의 인사말에 이어 전체 위원장 선출이 있었는데, 전체 위원장에는 국어순화분과 위원장이던 선생이 선출되고, 부위원장에는 홍윤표 당시 언어정책분과 위원장이 선출되었다. 이날부터 선생은 국어순화분과위원장과 국어심의회 위원장을 겸하게 된다.

국어심의회 위원장으로 선출된 선생은 국어심의회의 효율적 운영을 위해서 대대적인 개혁이 필요함을 역설하였다. 선생은 각 분과대표단으로 구성된 분과 소위원회가 필요하며 분과별로 전문적인 사안의 검토를 위해서는 실무 소위원회를 두는 방안도 고려해야 한다고 하였다. 이에 국어심의회 전체 위원들은 분과별로 5명 이하로 분과 대표단을 두어 분과 소위원회를 구성하기로 뜻을 모았다.

이날 열린 국어심의회는 국어심의회를 대표하는 전체 위원장을 처음으로 뽑았고, 국어심의회가 앞으로 적극적인 활동을 펼치기 위하여 가진 첫 모임이었다는 데서 의의를 찾을 수 있다. 이후 10월 27일 국립국어원 2층 회의실에서 열린 국어심의회 실무위원회에서는 소위원회라는 이름을 실무위원회로 바꾸어 운영하기로 하고, 특정 분야의 전문적인 사항을 검토하기 위해서는 별도의 실무위원회를 두기로 하였다.

이후 국어심의회는 마치 누워있던 풀이 비를 맞아 일어서듯 국립국어원 안팎에서 생기를 띠기 시작하였다. 선생의 손과 발이 닿으면 일이 돌아가는 모습이 늘 이런 식이었다. 그 곳이 어디든 쓰러져 있던 풀들이 빗방울(선생의 딴이름)을 맞고 떼 지어 일어서듯 와자지껄 활기를 띠며 되살아나는 것이다.

2007년 1월 16일 선생은 국어심의회 실무위원회 간담회에 참석하였다. 이 간담회에서는 올바른 언어생활을 유도하고 효과적인 언어정책을 펴기 위해서 국어심의회의 위상이 높아져야 하고 그에 따른 실질적인 지원책이 마련되어야 한다는 의견이 제기되었고 이에 대하여 적극적으로 검토하겠다는 정부의 답변이 이어졌다. 이날 간담회는

2006년 중반부터 실질적인 기능 강화를 목표로 개편 작업을 추진해 온 국어심의회가 2007년 구체적인 활동을 펼치기 위하여 힘찬 첫 발을 내디딜 수 있는 매우 뜻깊은 자리였다.

또한 국립국어원이 주최한 이날 간담회에는 국어심의회 위원장인 선생을 비롯하여 이상규 국립국어원장, 홍윤표 국어심의회 부위원장, 국어심의회 실무 위원회 위원들이 다수 참석하였다. 문화관광부 장관의 자문기구로 운영되고 있는 국어심의회는 국립국어원에서 운영 실무를 맡고 있는데, 이번 회의에는 특별히 김명곤 문화관광부 장관이 몸소 참석하여 여러 위원들을 격려하였다는 것이 눈에 띈다.

국립국어원에서는 해마다 네 번 '새국어 생활'이라는 간행물을 발행한다. 국립국어원의 인사동향이나 행사소식, 국어논문, 문학작품, 국어생활 등을 싣는 일종의 계간 소식지이다. 2007년 봄호 그러니까 제17권 1호에 선생은 '전문용어의 순화 방안'이라는 글을 실었다. '전문용어'라는 특집 주제에 맞추어 쓰신 글이 아닌가 한다. 선생은 이 글에서 당신이 하고자 하는 말을 다섯 꼭지로 나누고 꼭지마다 물음으로 작은 제목을 삼았다. 평소 선생이 좋아하는 방법이었다. 순화가 뭡니까? 순화를 왜 합니까? 전문용어가 뭡니까? 전문 용어를 왜 순화합니까? 전문 용어를 어떻게 순화합니까? 초등학생도 넉넉히 읽고 이해할 수 있는 말로 풀어내는 선생의 '전문용어 순화론'은 선생의 말과 글이 늘 그랬듯이 그야말로 글 내용은 말할 것도 없고 글의 표현이나 문장 자체가 순화의 좋은 본보기가 되고 있었다. '전문 용어를 가다듬고 길들이는 까닭은 전문용어를 오만 사람의 품에 안겨 주어야 하기 때문이다.'라는 선생의 말에는 따뜻함과 통쾌함이 함께 묻어난다. 따뜻

함은 어떤 잣대로도 사람을 재지 않고 오만 사람을 있는 그대로 사랑하려 했던 선생의 마음에서 우러나온 것이요, 통쾌함은 그러한 진리를 가로막는 헝클어진 온갖 궂은 실타래를 단칼에 잘라버리는 선생의 단호함에서 뿜어진 것일 터이다.

'워크숍을 겸한 국어심의회 전체 회의와 분과회의'가 2007년 8월 17일부터 18일까지 서울시 교육문화회관에서 열렸다. 8월 17일 선생과 홍윤표 부위원장이 먼저 발표를 하고 난 뒤, 4시부터 6시까지 3개 분과별로 분과위원회를 따로 열었다. 국어순화분과 위원회는 3층 소금실에서 선생을 비롯하여 12명의 위원과 4명의 위임으로 진행되었다. 논의 안건으로는 '모두가 함께하는 우리말 다듬기' 사이트 운영과 외래어 남용 개선정책, 그리고 국어심의회 활성화 방안이었다.

저녁 8시부터는 분과별로 흩어졌던 위원들이 다시 모여 전체 회의를 하였다. 전체 회의에서는 남북 정상회담에서 남북 언어 통일을 위한 협의체 구성에 합의해 줄 것을 건의하는 건의문과 국어심의회가 활동을 활발하게 할 수 있도록 장관과 원장에게 보내는 건의문을 만들기로 의결하고 몇 위원이 대표로 초안을 만들기로 하고 회의를 마무리하였다.

10월 9일에는 국립국어원장 주재로 개최한 561돌 한글날을 맞아 선생은 김계곤 한글학회 이사장, 김석득 외솔회 이사장과 함께 2007년도 한글발전 유공자들에 대한 포상 전수식과 오찬 간담회에 참석하였고, 11월 2일에는 '바람직한 외래어 정책 수립을 위한 학술 토론회'에 참석하였다.

이 토론회 또한 국립국어원에서 급변하는 국어 환경, 특히 외래어

남용 및 표기 혼란에 대처하는 종합적인 외래어 정책 수립의 모색을 위하여 마련한 것이었다. 한글문화연대 고경희 대표의 주관으로 한국정책방송(KTV)에서 선생은 제2부 이성태 한국문화관광연구원의 '외래어 및 외국어 남용과 오용'이라는 발제에 대하여 토론하였다.

"토론의 자리가 마련되면 문제를 살피고, 고칠 부분은 고치겠다는 자세가 필요한데 처음부터 고치지 않겠다는 생각을 갖고 나왔다면 이런 자리가 왜 필요한지 모르겠습니다."

그날 선생은 개인적인 의견이라고 전제하고 국립국어원 관계자에게 뼈아픈 소리를 하였다. 선생은 이 토론회에서 외래어 표기 오남용의 실태와 이를 사실상 조장하고 있는 당시 외래어표기법의 문제를 지적하는 목소리를 낸 것이다. 그러나 그날 토론회를 후원한 국립국어원 측 토론자는 어문 정책의 일관성을 들어 원칙을 유지하는 것이 더 중요하다고 못을 박았다. 결국 마지막 종합토론 때도 국어원 관계자는 보이지 않았다. 모든 국민은 "짜장면"이라고 말하는데 국어원만 '자장면'이 맞다고 주장하면서 국민들의 언어생활이 틀렸다고 손가락질하고 있는 셈이었다. 11월 6일자로 동아일보 권재현 기자는 그날 토론회는 언중의 목소리에 귀를 기울이지 않는 '공급자 중심의 어문 정책'을 여실히 보여준 현장이었다고 강한 목소리로 비판했다.

그러나 삐뚤어진 일은 언젠가는 반드시 바르게 돌아오기 마련이다. 끝내 '짜장면'은 '자장면'을 누르고 대중말로 인정받았다. 2011년(국립국어원장 권재일) 8월 국어심의회는 '제1차 국어심의회 전체 회의'를 열어 국민 실생활에 많이 사용되지만 표준어로 인정받지 못했던 '짜장면'과 '먹거리' 등 39개 낱말을 대중말(표준어)로 인정하였다. 선생의 눈은 이처럼 어떤 누구보다 멀고 깊은 곳을 보고 있었던 것이다.

선생은 바쁜 와중에도 중국에서 열린 국제학술회의에도 참석하였다. 그동안 한국과 북한과 중국 세 나라의 국어학자들이 '겨레말큰사전'을 만드는 일로 종종 만나던 무렵이었다. 2007년 11월 16일부터 내리 사흘 동안 중국 연변대학교 학술보고청에서는 '민족어 발전의 현 실태와 전망'이라는 주제로 한국, 북한, 중국의 국어학자들이 한 자리에 모이는 학술회가 열렸다. 거기서 선생은 '겨레말을 하나로 가꾸는 일'이라는 주제로 기조연설을 하였다. 겨레말을 아끼고 사랑하는 마음으로 모였던 자리인 만큼, 선생의 가슴 뜨거운 연설은 한층 더 깊은 울림으로 분위기를 북돋웠다고 한다.

2008년 2월 25일 대통령이 노무현에서 이명박으로 바뀌고, 2월 29일 장관 또한 김종민에서 유인촌으로 바뀌게 되면서 국어정책의 방향이 예전과 사뭇 다르게 변화된다. 문화관광부였던 이름도 이후 문화체육관광부로 바뀌게 됨에 따라 국립국어원의 분위기 또한 저절로 탈바꿈되어 갔다. 이 무렵부터 선생의 국어심의회 발자취가 희미해지기 시작한다. 때마침 국어심의회 소식이라든지 각 분과위원회의 소식이 점점 들리지 않게 되더니 결국에는 국어심의회 전체 위원회라든지 국어심의회위원장이라든지 하는 이름들이 사라지다시피 된다. 예컨대, 국립국어원의 계간 소식지 '새국어 생활'을 살펴보더라도 예전에는 종종 '국립국어원 소식란'에 국어심의회 소식이 실리곤 했었지만 이즈음 이후로는 급격하게 줄어들다가 결국엔 거의 이름조차 보이지 않게 된 것이다. 일이 이렇게 된 것은 정권이양이라는 시대 변화와 무관하지 않은 듯싶다. 아직까지 정치적 힘겨루기에 휘둘리는 우리의 국어 정책이 안타까울 뿐이다.

지금의 문화체육관광부 국어정책과 주무관에 따르면 선생의 흔적이 국어순화분과위원회 회의록에 2008년 6월 정도까지는 나타나고 있다고 전해 주긴 하였다. 하지만 국어원에서 바라보는 관점이나 기타 언론 같은 것들을 고려해 보면 선생의 심의회 활동이 눈에 띄게 위축된 것이 틀림없어 보인다.

그러함에도 불구하고 선생은 국립국어원에서 도움을 요청할 때에는 언제든지 달려갔다. 2009년 4월부터 국어원장을 맡았던 권재일 전 국립국어원장의 증언(전자편지)에 따르면 선생은 국어문화학교에서 달마다 빠짐없이 특별강연을 맡아 주었다고 한다. 선생의 마음속은 늘 배달말로 가득 차 있었고, 온 겨레가 오롯이 배달말을 부려 쓰는 날을 꿈꾸었을 뿐, 다른 바람이 전혀 없었기 때문이었을 것이다. 선생은 비록 하던 일이 중도에 틀어지더라도 다른 사람을 미워하거나 원망할 줄 몰랐다. 더 바르고 굳은 길을 찾으려고 애쓸 뿐이었다.

이것으로 김수업 선생이 국어심의회에 남긴 발자취를 되짚어보았다. 이 글이 선생의 값진 발걸음에 더러운 때를 입히지나 않을까 두려운 마음이 크다. 국립국어원과 문화체육관광부 여기저기를 쑤셔대며 자료를 모으는 동안 한국의 부피에가 살다간 삶을 뒤쫓고 있다는 생각에 사로잡혀 있었다. 여기저기에서 문득문득 만나는 선생의 이름이며 직함들이며 선생이 남긴 말과 글과 살아있는 동영상들이 나에게는 마치 부피에의 나무와 같이 여겨졌다. 살아생전에 선생이 심어둔 배달말이라는 나무가 얼마나 많고 그 뿌리 또한 얼마나 깊은지 놀라지 않을 수 없었다. 국어심의회란 곳은 국어정책을 제대로 펼 수 있도록 바로잡아주고 도와주는 곳인 만큼, 선생으로서는 국어심의회 활동이야말로 배달말을 뿌리 깊게 심는 일이라고 굳게 믿었을 것이다.

이 글을 쓰고 나니 선생이 어쩌면 부피에보다 더 거룩한 사람일지 모른다는 생각이 든다. 나무를 심어 숲을 이루는 일과 겨레의 가슴에 배달말을 심어 이룩하고자 했던 일 가운데 어느 쪽이 더 값지고 거룩하다 말할 것인가? 프레데릭 바크가 부피에를 두고 했던 말이 생각난다. 왠지 나에게는 마치 선생을 두고 한 말 같아서 자꾸만 고개가 숙여진다.

"주인공은 나무를 심는 것이 마땅히 해야 할 중요로운 일이라는 것을 알았습니다. 그리고 오랜 세월에 걸친 자신의 노력이 헐벗은 대지와 그 위에 살아갈 사람들에게 이로운 결과를 가져오리라고 굳게 믿었습니다. 그는 아무런 대가도 바라지 않고 자신의 일을 계속했습니다. 그는 대지가 천천히 변해 가는 것을 보는 것만으로 행복했습니다. 그 이상의 것을 바라지 않았습니다. 그는 하느님이 보내준 일꾼이었습니다."

고종민 (남해제일고등학교 교사)

온 나라 아이들 이야기 잔치[1]

'전국 중·고등학생 이야기대회'는 경상대학교 김수업 선생이 제안해서 생겨났다. 선생은 1999년 초 브라질 상파울로에서 열린 남북미주에 사는 한국교포 재속 프란치스코 회원 연수에 참여하였는데, 그 길에 당시 미국 IBM 인터넷 연구실장 김윤경 박사를 만나 리우데자네이루의 코파카바나 백사장을 두 시간 이상을 걸으며 이야기를 나누었다. 그분과의 대화에서 컴퓨터와 인터넷 세상의 미래에 관한 이야기와 더불어 산업혁명 이후 현재까지 인류의 삶을 이끌어 온 문명, 곧 과학을 바탕으로 기능인과 기술자들이 주도해 온 문명이 막다른 골목에 다다랐다는 이여기를 들었다. 그리고 이미 새로운 문명의 동이 트는 현실을 두루 확인하고 있다는 이야기도 들었다. 그리고 이제 동터 오르고 있는 새 문명을 이끌어 갈 주도 세력은 '뛰어난 이야기꾼(Great storyteller)'들일 것으로 본다는 이야기를 들었다고 했다.

---

[1] 이 글은 「'전국 중등학생 이야기대회'를 돌아보며」, 『우리말교육현장연구』 제6집1호(통권 제10호)와 「이야기대회의 역사와 성과」, 『함께 여는 국어교육』(통권 제97호)에서 필요한 곳을 잘라 고쳐 썼습니다.

선생의 말을 들으면서 학생들이 살아갈 미래에 이야기를 가지고 있는 사람, 이야기를 만들 만큼 상상력이 뛰어난 사람이 중요하다면 국어교육에서도 준비를 해야 하지 않을까 하는 고민이 시작되었다. 1998년 당시 디즈니에서 '뮬란'이라는 중국 옛이야기를 장편 만화영화로 만들어 크게 성공해, 만화 캐릭터 사업 역시 캐릭터만 있어서 되는 게 아니라 캐릭터를 둘러싼 이야기가 있어야 한다는 목소리가 조금씩 나오고 있었다. 일본이나 중국에서는 여전히 이야기꾼의 전통이 이어지고 있지만 우리나라에서는 우리 조상들이 즐겼던 이야기의 전통이 쓰라린 역사에 짓밟혀 끊어지고 없어 너무 안타깝다며, 국어교육 안에서 끊어진 이야기의 전통을 살리면서 이야기 교육을 일으켜 미래 사회를 이끌어 갈 일꾼을 키울 수 있는 길이 무엇인지 여러 선생님들이 머리를 모았다.

그런 결과로 경상대학교 사범대학 국어교육과와 전국국어교사모임이 손잡고 '전국 중·고등학생 이야기대회'를 열기로 하고 김수업 선생이 계획서 초안을 만들었다. 전국이야기대회는 끊어진 옛이야기의 전통을 살리면서 우리 조상들이 나눈 이야기의 참뜻을 되새기고, 학생들이 스스로의 삶을 이야기함으로써 오늘날 우리네 삶을 깊이 있게 들여다보게 하는 목적을 지녔다. 또한 학생들이 이야기를 나누고 즐기면서 이야기 속 세계를 마음껏 상상하고, 이야기를 고르고 만들어 가는 과정에서 생각의 틀을 깨고 자유롭고 새롭기를 바랐다. 아울러 제6차 교육과정이 시작되면서 국어 교과서 속에 말하기 단원이 들어오기는 했지만 형식적인 말하기, 틀에 박힌 말하기뿐이어서 아이들의 삶을 담은 말하기, 친구들의 삶을 나누며 공감하는 듣기와 말하기가 되기를 바라면서 2000년 10월 20일, 제1회 전국 중·고등학생 이야기대회를 경상대학교에서 열었다.

　제1회 대회는 지역대회 없이 전국대회로 바로 열렸다. 당시에는 이야기대회가 널리 알려지지 않아서 경남과 부산, 광주와 전남 지역에서 관심 있는 선생님들과 학생들이 주로 참여했다. 대회는 중학생부 고등학생부 두 모둠으로 나뉘어 경상대학교 인문관, 예술관의 큰 강당에서 1박 2일 동안 열렸다. 전국대회라 하기에는 참가한 지역이 적었지만, 오십여 명의 학생이 자신이 겪으며 느끼고 생각하고 깨달은 점을 처음과 가운데와 끝이 있는 한 편의 이야기로 각자 자기 고장 사투리로 입담 있게 펼침으로써 큰 호응을 얻었다.

　1회 대회를 마치고 이야기대회의 가능성을 엿본 많은 선생님들이 각 지역으로 돌아가 학교에서 이야기 수업을 시작했고, 제2회 대회부터는 참가 지역이 경남, 전남을 넘어 서울, 충남북, 제주까지 늘어났다. 특히 2회 전국이야기대회를 마친 뒤에는 전국국어교사모임에서 이야기대회 시디를 만들어 전국의 회원들에게 나누어주면서 대회가 더욱 널리 알려져, 제3회 전국대회부터는 거의 모든 지역이 지역이야기대회를 거친 뒤 전국대회에 참가하게 되었다. 대회가 재미있다는 입소문이 점점 나면서 참가하는 학생은 물론이고 응원하러 오는 친구들, 인솔하는 선생님과 부모님, 어디선가 소문을 듣고 대회를 구경하러 온 사람들까지 전국 각지에서 이백여 명이 넘는 사람들이 모여 제5회 대회부터는 말 그대로 전국대회로 자리 잡았다.

　김수업 선생은 이야기의 값어치를 알고, 미래를 살아갈 학생들이 마음껏 상상하여 자유롭게 이야기를 펼칠 수 있도록 이야기대회라는

제10회 전국이야기대회에서 이야기꽃을 피우고 있는 학생들

2005년 1월 제5회 전국이야기대회에서 강의하는 모습

새로운 이야기판을 벌였다. 전국에 있는 학생들과 교사들에게 알리기 위해 '대회'라는 이름을 달고 경연을 벌여 상을 주게 했지만, 이야기판이 제대로 벌어질 수 있도록 갖은 애를 썼다. 1회 대회에는 전문 이야기꾼을 모셔 와서 호랑이 공연을 펼치고, 2회 대회에서는 옛이야기 '새끼 서 발'을 들려주며 이야기의 값어치와 이야기대회를 하는 뜻에 대해 손수 강의도 했으며, 4회 대회에는 이야기 연구로 널리 이름이 난 한양대 최래옥 교수를 모셔 학생들과 교사들 대상으로 강의를 하기도 했다. 이야기가 무엇인지 아직도 모르겠다는 전국국어교사모임 활동가의 요청으로 2003년 여름 충남교육연구소에서, 안동대 임재해 교수와 함께 '한국 설화의 세계', '이야기 교육에 던지는 몇 가지 물음'이라는 제목으로 강의를 하고 1박 2일 동안 질의응답을 함께 했으며, 그 해 가을 전국의 국어교사들을 위해 계간지『함께 여는 국어교육』에 '이야기란 무엇인가' 글을 실었다. 대구가톨릭대학교 총장을 하던 바쁜 시기에도 2005년 1월에 열린 제5회 대회에서 '이야기 교육의 목표'라는 제목으로 강의를 해 주었다. 선생은 이야기대회를 하는 뜻이 널리 퍼져서, 대회가 아니라 제대로 된 이야기판이 전국의 교실 곳곳에서 벌어져 학생들이 마음껏 자기의 이야기를 펼쳐놓고 그 속에서 서로의 삶을 나누기를 온 마음으로 바랐다.

대회 참가자가 많아지며 대회 규모가 점점 커지자 1박 2일의 전국 대회로는 시간이 모자랐다. 글쓰기 대회와 같은 글말대회와는 달리, 이야기대회는 입말대회라 시간을 제한했음에도 불구하고 그 자리에서 학생 한 명 한 명의 이야기를 귀 기울여 들어야 하는 까닭이었다. 그 동안 첫날 오후에는 예선을 하고 이튿날 오전에는 본선을 치르던 대회 방식을 바꾸어 제8회 대회부터는 지역대회를 거친 중고등학생 각각 세 명씩만 전국대회에 나오게 하고, 옛이야기를 북돋우고자 한빛상과 으뜸상 가운데, 버금상과 잘한상 가운데 반드시 옛이야기를 하나씩 넣도록 하였다. 덕분에 옛이야기를 하는 학생들이 점점 많아지고, 덩달아 옛이야기 수상자도 많아졌다. 또한 그 즈음 김수업 선생이 애쓰고 있던 '국어교육의 지역화'와 이야기대회가 이어져, 학생들 가운데는 자신이 사는 곳에 전해오는 신화나 전설을 찾아 이야기하는 학생들도 생겨나 대회는 점점 다양해지고 넉넉해졌다.

김수업 선생이 이야기대회를 열고 조규태 교수를 비롯한 경상대학교 사범대학 국어교육과 교수들이 이야기대회가 자리 잡을 수 있도록 애를 많이 썼지만, 예산 부족으로 이야기대회는 2012년 1월 제12회까지만 경상대학교에서 열렸다. 그 동안 전국의 국어교사들이 경상대학교까지 학생들을 데려오느라 애를 많이 먹어 대회 장소를 옮기자는 의견을 더러 냈지만, 김수업 선생은 한결같이 이 대회는 경상대학교에서 시작했으므로 여는 곳을 바꿀 수 없다는 입장을 분명히 했다. 하지만 경상대학교의 사정으로 대회를 열기 어렵게 되자, 대회를 함께 열었던 전국국어교사모임은 한양대학교 사범대학 국어교육과와 손을 잡고 제13회 대회부터는 서울 한양대학교에서 대회를 열었다.

한양대학교로 대회를 옮기자, 전국국어교사모임에서는 그 동안 열두 차례나 열었던 전국이야기대회를 돌아보고 정리하자는 의견이 나왔다. 십 년이면 강산도 변한다는데 세상에 없던 대회를 열어 십 년 넘게 펼쳐왔으니, 그동안 보물같이 펼쳐졌던 학생들의 생생한 이야기와 사투리를 채록하고 그 뜻을 짚어볼 필요가 있었다. 십 년 넘게 전국모에서 경상대학교와 함께 대회를 실제로 진행해 왔던 경남국어교사모임은 제1회부터 제12회까지의 수상작 가운데 재미있고 뜻깊은 이야기를 골라 2014년 『제주에서 강원까지 이야기꽃, 피다』(휴머니스트)를 엮었다. 십 년이 넘도록 교실에서 이야기수업을 하고, 십 년이 넘도록 이야기대회를 진행해 왔지만 옛이야기가 담은 뜻만큼은 여전히 제대로 알지 못하는 교사들이, 책을 엮으며 어려움을 털어놓자 김수업 선생은 곧장 옛이야기의 뜻을 짚어주고 '이야기와 이야기교육'에 대한 안내글도 써 주었다. 책을 엮어가는 도중에 채록한 이야기가 바뀌어 옛이야기의 뜻을 밝히는 글을 다시 써야 할 때도 선생은 군소리 한 마디 없이 다시 써 주었고, 책이 나왔을 때는 선생이 엮은 책이 아니라며 인세 한 푼 받지 않고 손주에게 주고 싶다며 책 세 권만 받아갔다.

2017년 12월 한양대학교에서는 제17회 전국대회가 열렸다. 한양대학교 역시 예산을 거의 지원하지 않아 대회는 당일 오후 한나절로 줄었고, 참가자 역시 점점 줄 수밖에 없는 형편이 되었다. 무엇보다도 학교 현장이 학생들의 삶을 담고 학생들의 언어능력을 키우는 쪽에서 점점 멀어져 방과후 학교에, 뒤처짐 없는 학교에, 사교육 없는 학교까지 하면서 고입선발고사와 일제고사까지 치는 쪽으로 가자, 상상하는 힘을 기르고 한 명 한 명에게 입말교육을 하려던 이야기교육은 설 자리를 차츰 잃게 되었다.

2018년 12월, 제18회 전국대회는 여러 가지 까닭으로 동영상대회로 치러졌다. 다시 활동 중심, 배움 중심 수업이 시작되었지만 언제나처럼 입말교육은 쉽지 않다. 2017년, 과연 동영상대회로 신명나는 이야기판을 벌일 수 있겠냐는 물음에 선생은 답했다. 교육은 미래를 살아갈 아이들을 기르는 일이므로 교육에서 바뀌어야 할 것은 방법이요, 바뀌지 말아야 할 것은 국어교육의 내용이라고.

　이야기가 무엇인지 이야기교육을 왜 해야 하는지 이야기교육은 어떻게 해야 하는지, 무엇을 바꾸고 무엇을 바꾸지 말아야 하는지, 다시 한번 물어야 할 때다.

김미숙 (전 전국국어교사모임 이야기대회 이사)

국어교육의 새 길을 여는 사람들

전국국어교사모임(아래 전국모)은 국어교육으로 우리 사회가 어떻게 좀 더 나아질 수 있을까를 고민하는 현장교사들이 모여서 1988년에 만든 모임이다. 국어교육의 바른 길을 찾고자 애쓰던 전국의 국어교사들은 1989년 경주 여름 연수에 김수업 선생을 초청하였다. 1989년 선생이 펴낸 『국어교육의 원리』를 읽고, 국어교육의 과녁과 속살을 잘 잡았다며 이야기를 들어보자고 했기 때문이었다. 선생은 당시 건강이 좋지 않아 만남이 힘겨울 때였으나 시간 가는 줄 몰랐다고 했는데, 이십 년이 훌쩍 지난 뒤에야 이런 사정을 털어놓았다.

나는 1981년 국비파견교수로 이탈리아에 가서 한 해 동안 저들이 겨레말 가르치는 속내를 들여다보았다. 그리고 거기서 우리말 가르치는 일을 마냥 이대로 하고 있을 수 없다는 깨우침을 얻었고, 돌아오자마자 함께 일하던 학과 교수들과 손잡고 모국어교육학회를 만들어 우리말 가르치는 일을 고쳐가려고 애썼다. 그러나 나는 이탈리아에 가서 달포 만에 급성 간염이 드러나 병원 신세를 지고 죽을 고비를 넘기다 간신히 살아왔으나 간염을 떨쳐버릴 수가 없어 병과 싸우느라 겨를이 없었다. 그러던 어느 해 여름 방학에 나는 가까운 시골 단식원에 들어가 한 달 예정으로 단식을 하고 있는데, 산골짝에 숨어 있는 나를 찾는 전화가 서울에서 걸려왔다. 받아보니 전교조 국어교사모임이 경주에서 첫 여름 연수를 하는데 특강을 해줄 수 없느냐는 것이었다. 그때는 전교조 야외 모임이라면 형사들이 깔려 있던 시절이었고, 강의 날짜를 꼽아보니 내가 물에서 빠져나와 미음을 거쳐 흰죽을 먹는 첫날이었다. 그러나 나는 국어교사들이 우리말을 잘 가르쳐보려고 스스로 모여 연수를 하겠다는데 거들지 않을 수 없다는 생각에서 가겠노라고 했다. 연수하는 날은 아내가 흰죽을 끓여 보온병에 넣고 따라나섰다. 두 시간 강의에 한 시간 질의응답까지 시간 가는 줄 모른 채로 마치고 여관방에 웅크려 자고는 이튿날 다시 단식원으로 돌아왔다. 이렇게 나는 국어교사모임에 끌린 삶으로 들어섰다.

- 국어교사모임에 희망을 걸고', 『함께여는 국어교육』, 2008년 5·6월호.

전국모와 함께 걸어가는 길에 들어선 선생은 돌아가시는 그날까지 잠깐이라도 그 길에서 벗어난 적이 없다. 모임에서 교사들과 이야기 나눌 때 가장 행복해하였고, 밤을 새며 토론할 때에도 얼굴에 피어있는 웃음을 거둔 적이 없었다. 선생은 사랑 때문이라고 늘 말하였다.

나는 국어교사모임을 스무 해 가까이 사랑하며 살았는데, 처음에는 나만의 짝사랑이었다. 맨 처음 경주에서 만난 그때부터 누가 시키지도 않았는데 스스로 우리말을 잘 가르쳐보겠다고 일어선 사람들을 사랑하지 않을 수가 없었다. 그런 짓을 하지 말라고 형사들이 따라다니며 말리고

1998년 전국국어교사모임 겨울 연수에서 강의

교장·교감을 비롯하여 교무실 안의 벗들까지 한결같은 눈총을 하는데도 아랑곳하지 않고 아이들에게 우리말을 더 잘 가르치겠다며 손잡고 모인 사람들을 사랑하지 않을 수가 없었다. 잡아 가두고 밥그릇을 빼앗으며 내쫓는데도 굽히지 않고 우리말을 더욱 잘 가르쳐보겠다는 사람들을 사랑하지 않을 수가 없었다. 그들에게 터럭만한 도움이라도 된다면 가진 것을 다 내주어도 아까울 것이 없었다. 이런 내 짝사랑의 세월을 십 년도 훨씬 넘기고 『우리말 우리글』을 펴내는 다섯 해를 보내면서 모임도 나를 사랑하기 시작하는 듯했다. 내가 조심스럽게 제안한 '전국이야기대회'도 곧장 알아듣고 서슴없이 받아들여 열성으로 가꾸면서, 정년을 하고 나면 모임 사무실에 나와 좀 더 가까이서 함께 일하자고 재촉도 해서 이제는 짝사랑이 참사랑으로 바뀌는구나 싶었다. 그리고 이제는 더불어 살을 부비며 사랑을 나누는 세월도 어느덧 세 해를 넘겼고, 내 나이 벌써 일흔을 넘어서 주고 싶어도 줄 만한 사랑이 남아 있지 않는데 모임은 나에게 날이 갈수록 깊은 사랑을 베풀고 있다. 우리 사이의 사랑이 고랑은 이랑 되고 이랑은 고랑 되는 꼴로 뒤집어진 셈이다.

- 앞의 글, 『함께여는 국어교육』, 2008년 5·6월호.

사랑이 더욱 깊어지고 넓어지게 된 때는 모임이 교육과정과 교과서를 다시 바라보게 된 때와 같다. 아이들의 삶을 찾아볼 수 없는 국정 국어 교과서를 이리저리 뜯어보면서 모임에서 마련한 '교사용 중학교 수업지도안'은, 당시 현장 국어교사들의 숨통을 틔워준다는 평가를 받았다. 그러나 국어교육의 밑바닥으로 내려가면 내려갈수록 국정 교과서를 그대로 둔 채 수업 방법만을 고민해서는 국어교육의 속살을 바꿀 수 없다는 걸 깨달아, 전국모에서는 저절로 교육과정과 교과서를 고민하게 되었다. 하지만 무엇을 어떻게 해야 할지 눈이 떠지지 않아 갈 길을 찾지 못하고 있었다. 교과서를 보아도 길이 보이지 않았고, 더군다나 교육과정이 무엇인지도 잘 모르던 시절이었다.

길을 잃고 헤매던 교사들에게 선생은 길을 훤히 열어 보여주었다. 말이란 무엇이고, 우리말이란 무엇이며, 국어교육에서 무엇을 가르쳐야 하는지 밑바닥부터 이야기해 주었다. 국가 교육과정에서 나누고 있는 영역은 '듣기, 말하기, 읽기, 쓰기, 언어, 문학'이지만, '듣기, 말하기, 읽기, 쓰기'는 활동이고 '말(언어)과 말꽃(문학)'은 내용이므로 한 줄로 늘어세울 것이 아니라 씨줄과 날줄로 얽어매어 교육과정을 만들어야 한다는 말은 국어교사들의 눈을 번쩍 뜨이게 만들었다. 또한 말이란 철학이며 겨레의 삶이고, 우리말의 알맹이는 토박이말이므로 말의 철학과 토박이말을 가르치는 국어교육이 되어야 한다는 분명한 믿음을 주었다.

　국어 교육의 내용 영역은 서로 얽히고설킨 하나의 유기체다. 일테면, 읽기는 듣기와 마찬가지로 정보를 받아들이는 노릇으로 서로 떨어질 수 없고, 또한 읽기는 쓰기와 어우러져야만 살아서 속살을 드러내는 노릇이라 종이의 앞뒤와 같다. 마찬가지로 말하기는 쓰기와 다름없이 정보를 내보내는 노릇으로 서로 떨어질 수 없고, 또한 말하기는 듣기와 짝지어지지 않고는 이루어질 수도 없는 것이라 종이의 앞뒤와 마찬가지다. 이래서 말하기와 듣기와 쓰기와 읽기는 서로서로 얽히고설켜서 외따로 떨어질 수 없는 하나의 유기체다. 더구나 그것들을 훈련하고 교육하려면 아무리 떼어내려 해도 떨어지지 않는다. 억지로 떼어내면 그것들은 마치 외손바닥처럼 소리를 낼 수 없는 것으로 죽고 만다. '말(언어)'과 '말꽃(문학)'이라는 영역도 둘이 아니라 하나다. 하나의 나무에서 '말(언어)'이 뿌리와 가지와 잎이라면 '말꽃(문학)'은 거기서 피어나고 맺어지는 꽃이며 열매라 할 수 있다. 그것들을 억지로 떼어낼 수는 있지만, 교육을 하는 자리에서는 함께 붙여서 살려놓고 만지고 살피고 맛보게 하는 것이 바람직

우리말 우리글 중1

우리말 우리글 중2

우리말 우리글 중3

우리말 우리글 고1

하다. 『우리말 우리글』은 국어 교육의 찢어진 내용 영역을 이렇게 바람
직한 데로 되돌려서 하나로 아울러 놓았다.

- '『우리말 우리글』로 이룬 것과 못 이룬 것', 『함께여는 국어교육』, 2003년 여름호.

말과 말꽃이야말로 국어교육에서 다루어야 하는 무엇이다. 말과 말꽃
이야말로 국어교육에서 말로 주고받도록 해야 하는 무엇이다. 말과 말꽃
에 갈무리되어 있는 사람과 삶이야말로 국어교육에서 배우고 가르쳐야
하는 알맹이다. 국어교육이 우리말과 우리말꽃을 다루면 그것이 곧 우리
겨레의 사람과 삶을 가장 깊숙이 배우고 가르치는 노릇이다. 이래서 국
어교육은 사람을 살리고 겨레를 살리는 노릇이 되는 것이다.

-『국어교육의 바탕과 속살』

그러려면 우리말이 무엇인지를 똑똑히 알아야 한다. 우리가 입에 담는
다고 모두 우리말이 아니라 우리가 입에 담는 말에도 뜨레가 있음을 알
아야 한다. 우리가 입에 담는 말의 한 가운데 자리 잡고 있는 노른자위는
토박이말이다. 우리가 쓰는 글자 가운데 가장 노른자위는 한글이다. 토
박이말과 한글이 우리말의 알맹이다. 이것만이 우리 겨레의 얼과 삶에서
빚어진 우리의 피며 살이다. 이것을 올바로 부려 쓰도록 가르치는 것이
야말로 이름 그대로 우리말을 가르치는 것이다. 그런 다음에 시간이 남
으면 들온말도 가르쳐야 한다. 들온말에서도 일찍이 들온말부터 차례를
제대로 세워서 가닥을 잡아 가르쳐야 한다. 그것이 우리네 말살이의 뒤
죽박죽을 막아내는 길이다.

- 앞의 책

1998년 전국모에서는 1월 10일부터 12일까지 수안보 조선호텔에서 '국어교육의 본질을 다시 생각한다'라는 주제로 연수를 열고, 제7차 교육과정에 따른 국정교과서 개발에 맞추어 수업 방법을 고민하는 단계를 넘어 우리 손으로 만드는 새로운 교육과정과 교과서가 있어야 한다는 방향을 내어놓았다. 선생은 이 연수에서 '국어교과서의 짜임새와 속살'이라는 제목으로 강의를 한 뒤, 1999년 9월 18일 숭실대학교에서 처음 열린 '새로운 국어과 교육과정과 교과서 개발을 위한 제1차 세미나'에 불려 나갔다. 여기서 '빠른 세상에 느린 교육-국어과 교육과정과 교과서가 지닌 문제점들'이라는 제목으로 강의를 하고 전국모와 같이 발걸음을 내디디며 교육과정과 대안 교과서 개발에 연구 협의진으로 참여하게 된다.

한 달에 한 번 토요일 오전수업을 마치고 백 명 가까운 교사들이 전국 각지에서 달려와 서울, 대전, 대구, 광주, 부산 등에서 교육과정, 교과서 회의를 열었고, 선생은 틈이 날 때마다 함께 하며 의견을 보탰다. 토요일 저녁을 먹고 시작하는 회의는 밤을 꼬박 새우고 새벽 다섯, 여섯 시를 넘어 마치기 일쑤였으나, 선생은 밤새도록 꼿꼿이 앉아 교사들의 의견에 귀 기울이고 같이 토론하며 길을 잡아주었다.

1999년 9월부터 2003년 2월까지 삼 년 육 개월 동안 같이 흘린 피땀의 결과로 전국모는 2000년에는 '교육과정 2000'이라는 새로운 교육과정을, 2001년 3월에는 드디어 첫 번째 대안 교과서『중학교 1학년을 위한 우리말 우리글』을 세상에 내놓았다. 그 뒤 2002년에는『중학교 2학년을 위한 우리말 우리글』과『고등학생을 위한 우리말 우리글』, 2003년에는『중학교 3학년을 위한 우리말 우리글』을 잇달아 펴내며 국어교육에 큰 바람을 일으켰다.

예언컨대 『우리말 우리글』은 국어교육의 역사 안에서 길이 잊히지 않을 것이다. 무엇보다도, 현장의 교사들끼리 모여서 저들의 손만으로 중등학교의 국어 교과서를 모두 만들었다는 사실을 국어교육 역사에서는 결코 잊지 않을 것이다. 게다가 그것이 반세기 동안 경험을 쌓고서 만든 국정 교과서를 첫술에 저만치 앞질러 버렸다는 사실에서 더욱 그렇다. 온 나라 곳곳의 현장 교사들이 골고루 모여서 저들만의 힘으로 네 학년에 걸친 국어 교과서를 네 해에 걸쳐서 만들어낸 일은 세계 어디에서도 찾아볼 수 없는 일이라고 나는 생각한다. 이것을 세종대왕과 집현전 학자들이 '훈민정음'을 만든 일이나 조선어학회에서 『큰사전』을 만든 일에 견주기는 어려울 것이다. 그러나, 그런 일들은 국어교육의 일이 아니었다. 부끄럽게도 우리 겨레는 국어교육을 이제 겨우 반세기 남짓 해왔을 뿐이고, 적어도 이런 국어교육의 역사 안에서 이보다 더 뜻깊은 일은 달리 없다고 나는 생각한다.

- 앞의 글, 『함께여는 국어교육』, 2003년 여름호.

대안 교과서 『우리말 우리글』이 세상에 나오자마자 모든 언론과 학계에서 큰 관심을 가지고 국정 교과서를 뛰어넘는 교과서라고 앞다투어 소개했으나, 선생을 비롯한 모임의 연구자들은 제대로 된 교육과정 없이 현장의 경험만으로 내놓은 교과서의 한계를 뼈저리게 깨닫고 새로운 대안 교육과정의 필요성을 더욱 절실히 느꼈다. 그러려면 교사들에게 지식과 이론과 철학이 필요하고, 현장의 고민이 학문으로 이어지고 학문이 현장에 빛을 밝혀야 한다는 데 의견이 모아져 전국 모에서는 〈우리말교육연구소〉를 세운다. 연구소는 2005년 이사회의 의결을 거쳐 부설기관으로 자리잡았고, 김수업 선생을 연구소장으로 추대했다. 연구소에서는 〈우리말교육대학원〉, 〈우리말현장학회〉, 〈교육과정모임〉, 〈통일국어교육위원회〉를 두었고, 선생은 대학원장과 학회장을 맡아 제대로 자리잡도록 애를 쓰고 교육과정모임에 빠짐없이 나가며 초중등 교사들과 함께 하였으나, 따로 꼭지가 있으므로 여기에서는 자세히 쓰지 않는다.

한편 선생은 이 기간 동안 『우리말 우리글』을 만들면서, 전국모와 인연이 더욱 깊어진다. 다가오는 세상의 주인은 '위대한 이야기꾼'이라는 깨달음으로 2000년 1월 경상대학교 국어교육과와 함께 '전국 중등학생 이야기대회'를 열어 온 나라 아이들이 교실에서, 학교에서, 제가 나고 자란 지역에서 쓰던 사투리와 입말로 마음껏 이야기꽃을 피우도록 하였고, 국어 교사들이 부르는 곳이면 전국 어디든 달려가서 강의를 하였다. 너무 멀어서 힘들지 않냐고 여쭈면, 버스 타고 가만히 앉아서 오가는데 뭐가 힘드냐는 게 선생의 답이었다. 여기에 모두 쓸 수는 없지만, 글쓴이가 가지고 있는 연수자료집만 살펴도 아래와 같다.

'국어교육에 삶을 걸어도 좋은 까닭', 2000.8.11 경주 보문유스호스텔

'표현 교육에 눈을 돌리는 까닭은', 2001.8.11 진주연암공업대학

'일본의 국어과 교육과정', 2002.1.22 원광대학교

'매체 교육 관점 바로잡기', 2002.8.12 진주산업대학교

'국어 교사의 길', 2003.1.9 서울시립청소년수련관

'문학교육의 새로운 길', 2003.1.21 목원대학교

'글말꽃을 맛보려면', 2003.7.24 창신대학교

'국어교사모임이 가야 할 길', 2004.8.12 대구가톨릭대학교

'새롭게 만드는 국어교과서', 2006.5.12 경남국어교사모임

'교사와 교과서', 2008.1.4 전남대학교

선생은 전국모에서 펴내는 회지 『함께 여는 국어교육』에도 스무 차례 가까이 글을 썼다. 국어교육에서 소홀히 하는 입말 교육과 지역화 교육, 토박이말 교육에 힘을 쏟아야 한다고 힘주어 말했고, '아름답다'를 비롯하여 '사람', '마음', '얼과 넋', '말과 소리와 이야기' 등 깊고 그윽한 배달말 이야기를 들려주었으며, 우리말 가르치는 길잡이가 어디를 보고 무엇을 담아야 하는지 알려주었다. 교육부가 이제까지 팽개쳤던 교육기본법을 제대로 지켜서 헝클어진 교육의 소용돌이를 다스려 사람을 살리고 나라를 살리는 참된 교육을 짊어져야 한다고 목소리를 높였고, 우리말 가르치는 일을 삶을 걸어 끔찍이 사랑하기에 이일에 몸 바쳐 살아가는 사람을 사랑하고 그들이 모여서 만든 모임까지도 사랑하지 않을 수 없다고 밝혔다. 프랑스에 있는 이부련 박사의 도움으로 2008년 1월 프랑스 국어교육을 보고 듣고 왔을 때에도 '파리에서 보고 들은 프랑스 국어교육'을 회지에 먼저 쓴 뒤, 같이 다녀온 초중등 교사들을 다독여 귀하게 보고 들은 프랑스의 국어수업과 교과서 만드는 일을 반드시 회지에 실어 여러 선생님들께 도움이 되도록

하였다.

『우리말 우리글』을 만들고 『외국의 국어 교육과정 1, 2』를 뒤쳐 엮어 공부하면서도 목에 가시처럼 걸려있던 교육과정 문제를 풀어보려고, 전국모에서는 국가 수준 2007 개정 교육과정에 맞춰 2006년 1월 다시 한번 우리 손으로 교육과정과 교과서를 만들기로 한다. 초중등 교사들과 교육과정을 논의해 가며 연구소를 이끌어가던 선생은 2007년 '우리 손으로 만드는 교육과정'을 만드는 일을 도우며, 외국의 주기별 교육과정 개념을 가져와서 초등부터 중등 10학년까지를 모두 4주기로 나누고 말과 말꽃을 내용으로 활동과 엮어 어떻게 주기별로 교육과정을 만들지 함께 애를 썼다.

하지만 2008년 9월 국가 수준 교육과정에 맞추어 검정 교과서를 만들어야 한다는 의견과 교과서를 만들기 전에 교육과정을 더 단단히 마무리해야 한다는 의견이 팽팽하게 맞서면서 갈등이 커졌고, 모임은 결국 교과서를 만들지 않는다는 결정을 하게 된다. 이 일로 전국모와 초등모임이 갈라지고, 전국모도 여러 군데 금이 갔다. 선생도 모임의 소용돌이에 같이 휩쓸렸으나, 모임에 대한 사랑을 놓지 않았으며 모임 곁을 떠나지 않았다.

이념을 지킬 것인가? 현실을 따를 것인가? 이들 두 가지 물음은 아득한 옛날부터 참된 삶을 살고자 하는 사람이면 누구나 부딪치던 것이다. 중국 초나라 재상 굴원(BC 343~299?)이 지은 '어부사'는 이 물음에 기막힌 대답을 내놓았다고들 한다. 세상이 온통 흐리고 나는 맑고자 하고 세상이 모두 술에 취해도 나는 깨어 있고자 하면서 괴롭고 고달픈 삶을 살

2006년 8월 우리말교육대학원생들과 함께 춤추며

2007년 4월 혜화동에 전국국어교사모임 집을 짓고

아가는 굴원이 옳게 사는 것인가? 창랑 물이 맑으면 머리를 감고 창랑 물
이 흐리면 발만 씻으며 언제나 즐겁게 산다는 어부가 옳게 사는 것인가?
'어부사'는 굴원이 창랑에 몸을 던져 죽는다고 함으로써 어부의 삶 쪽에 손을 들어준 셈이다. 모임이 검인정으로 들어서는 노릇도 그와 같은 뜻인가?

그건 아니다. '국어교육의 새 길을 열자'는 모임의 뜻은 결코 놓치거나 버리거나 할 수 없는 것이다. 모임이 저울질하는 바는 검정 교과서와 대안 교과서 가운데서 어느 쪽으로 가야 '국어교육의 새 길을 열자'는 뜻을 더욱 잘 이룰까 하는 것이다. 모임이 나아가는 길은 오직 하나, '국어교육의 새 길을 여는' 길뿐이다. 그러나 그 길은 언제나 현실 안에만 자리 잡고 있는 것이므로 현실을 어떻게 받아들일 것인지를 놓고 언제나 저울질하지 않을 수 없는 것이다. 굴원처럼 현실을 더러운 것으로 못 박지도 않을뿐더러 몸을 더럽힐까 봐 현실에 뛰어들지 않으려는 것은 결코 아니다. 그렇다고 어부처럼 현실이 가자는 대로 거기에 맡기고 어우러져 가려는 것은 더더욱 아니다. 모임은 현실 안에서 이념을 굳게 지키며 현실을 이념 쪽으로 바꾸고자 힘을 다할 따름이다.

- '교사와 교과서', 『전국국어교사모임 20년, 새 길을 묻다』, 2008.1.4, 전남대학교

2010년, 2011년 교육과정모임과 함께 매주 월요일마다 전국모 사무실에서 만나 말과 말꽃 이론을 담은 책을 읽고 요약해 온 내용을 공부하며 묻고 답하던 선생은 2012년 1월 서울살이를 마무리하고 진주로 내려왔다.

그러나 경북국어교사모임이 부르면 경주로('올바른 말글살이의 태도, 2010.7.22, 동국대 경주캠퍼스), 대구국어교사모임이 부르면 대구로('김수업, 이상태 선생님과 함께 국어교육을 말하다', 2011.7.19.~20, 대구동중학교), 충남국어교사모임이 부르면 공주로('국어교육 철학', 2013.7.27, 충남교육연구소), 우리

말교육대학원이 부르면 대전으로('김수업 선생님께 듣다', 2017.2.18., 대전평생 교육진흥원) 언제 어디로든 달려가 전국국어교사모임의 선생님들이 말을 해 보라고 하면 말을 하고, 글을 써 보라고 하면 글을 쓰던[2] 선생은, 2018년 6월 23일 꼬박 서른 해가 넘도록 해 오던 사랑을 마무리했다.

조장희 (전 전국국어교사모임 이사장)

김미숙 (전 경남국어교사모임 회장)

---

2) '국어교사모임에 희망을 걸고', 『함께여는 국어교육』, 2008년 5 · 6월호, 99쪽.

교사의 스승 김수업

전국초등국어교과모임과 선생이 처음 인연을 맺게 된 건 2004년 대구가톨릭대학교에서이다. 선생은 그때 가톨릭대에서 총장직을 마무리를 하던 때였고, 초등국어모임은 첫 발걸음을 뗄 무렵이었다. '교과서, 우리 손으로 만들자!'라는 연수 주제로 첫 번째 전국 연수를 열었다. 백여 명의 교사가 모였고, 선생의 도움으로 연수를 치를 수 있었다.

연수에 왔던 분들이 뜻을 모아서 이듬해 봄에 전국초등국어교과모임의 문을 열었다. 『어린이와 함께 여는 국어교육』이라는 계간 잡지를 만들고, 매년 여름과 겨울에 온 나라 교사들을 모시고 배움터를 열기로 했다. 누리집을 만들어서 교실에서 연구한 것을 서로 나누었다. 모임은 조금씩 커지고 단단해졌다. 지금은 온 나라에 모임을 하는 교사들이 더 많아지고 해마다 여러 권의 어린이 시집과 교육실천을 담은 책을 출판하고 있다.

선생을 처음 만날 무렵 초등국어모임에서는 대안 교과서 운동이 일어나고 있었다. 나라에서 만든 교과서를 비판하지만 말고, 학교 교사들이 직접 교과서를 만들자는 운동인데, 온 나라의 교사들이 힘을 모

2005년 7월 초등국어과직무연수

은다면 해낼 수 있을 것 같았다. 교과서를 만들려고 했더니 먼저 교육과정이 필요했다. 프랑스나 이탈리아 같은 유럽의 교육과정은 어떤지, 북한의 교과서는 어떤지 알아보고 연구해야 했다. 다른 나라에서는 말과 글을 어떻게 배우고 익히는지, 우리 겨레는 말과 글, 그리고 삶이 어떻게 어우러져 살아왔는지 공부하는 모임이 필요했다.

김영주, 장상순, 김강수, 윤승용 이렇게 네 사람이 교육과정을 연구하는 모임을 만들었다. 매주 모여서 말과 글, 가르치고 배우는 일에 대해 공부를 했다. 한 번도 가보지 않은 길이라 엉뚱한 길로 접어들 때도 있고, 길을 가지 못하고 한참 머물기도 했다. 선생이 함께 하지 않았다면 대안 교과서는 세상에 나오지 못했을 것이다.

선생은 매주 공부하는 초등교육과정모임에 늘 함께 하였다. 몇 시간이고 초등학교 교사들이 하는 말을 가만히 듣고 있었다. 답답했을 텐데 한 번도 가운데 끼어들지 않았다.

초등 1학년부터 6학년까지 말하기 듣기의 목표를 이야기할 때였다. 그날따라 말이 손에 잡히지 않고 허공을 떠돌았다. 누가 이야기를 하면 말뜻을 헤아리기 어려워서 다시 되묻곤 했다. 풀어서 말한다는 것이 또 엉켜서 복잡해지고 말과 말이 서로 부딪혀서 쉽게 한쪽으로 모아지지 않았다. 그날 모임을 마치고 선생이 했던 말을 잊을 수가 없다. 한자말로 하면 뜻이 어름어름 해서 알아듣기 힘들다고 했다.

"다음부터는 쉬운 우리말로 이야기를 나눠보세요."

선생의 말씀이 맞았다. 우리말로 이야기를 하니, 쉽고 뚜렷해졌다. 우리는 그렇게 선생의 한 마디 한 마디를 디딤돌 삼아 조금씩 앞으로 나아갈 수 있었다. 덕분에 초등국어교과모임은 『우리말 우리글』1학년과 2학년을 잇달아 세상에 내어놓았다. 초등학교 1학년 대안 교과서는 국정교과서에서 가볍게 여겼던 낱자와 글자를 꾸준히 익히도록 했고, 아이들 삶을 바탕으로 하는 통합적인 짜임이 남달랐다. 그리고 2학년 교과서는 바탕글이 쪼개지지 않은 온 작품으로 구성을 하였다. 이 두 권의 대안 교과서는 그 뒤 국정교과서에 많은 영향을 주었고, 초등학교에서 고등학교까지 이어지고 있는 온 작품읽기 운동의 첫걸음이 되었다. 그리고 십여 년이 지난 지금까지도 많은 학교가 『우리말 우리글』로 공부를 하고 있다.

우리말 우리글 1학년

우리말 우리글 2학년 1학기

우리말 우리글 2학년 2학기

선생은 〈우리말교육연구소〉 소장으로 있었다. 대안 대학원인 〈우리말교육대학원〉 원장도 겸하였고, 〈우리말교육현장학회〉를 따로 만들기도 하였다. 〈우리말교육대학원〉에도 많은 초등 교사들이 들어가게 되었다. 선생은 그날 강의가 끝나고 나면 대학원생들과 함께 이야기를 나누었다. 선생과 이야기를 나누고 나면 강의를 들으면서 답답했던 마음이 환하게 풀리곤 했다. 배우는 기쁨을 알게 해주었다. 우리는 조금씩 스며들어갔다.

여름과 겨울에 열리는 모임 배움터에서 자주 와서 이야기를 들려주었다. 우리 겨레가 살아온 이야기, 우리 겨레말이 서럽게 버텨온 이야기를 해주었다. 세종대왕님이 만든 한글이 전자말 시대를 이끌어갈 수 있다는 이야기를 하며 웃던 모습도 잊을 수가 없다. 선생 이야기를 들으며 우리말과 글이 얼마나 귀한 것인지 깨달을 수 있었다.

가끔 경상도나 전라도의 초등국어모임에서 선생을 모시려할 때도 거절하는 법이 없었다. 몸이 고단해도 꼭 가서 이야기를 나누었다. 초등 교사들이 선생의 이야기를 들으며 우리 교육의 뜻을 더 단단히 가질 수 있었다.

선생이 들려준 말씀이 배움의 씨앗이 되었다. 그 뒤 선생은 진주로 내려갔지만 선생의 책을 읽고 공부하는 모임이 늘어났다. 그러다가 〈이오덕김수업교육연구소〉가 문을 열었다. 그리스 사람이 그리스 말로 철학을 했고, 독일 사람들이 독일 말로 철학을 하듯이 우리말로 제대로 철학을 한 사람은 선생이라고 생각했다. 몸과 마음이 어떤 것인지, 느낌과 생각과 뜻이 어떻게 다르고 어떻게 이어져있는지, 사람이 살고 죽음에 따라 얼과 넋이 이어지는 것은 한 번도 들어보지 못한 이야기였다. 우리 교육사에서 이오덕 선생과 김수업 선생을 빼놓고는 생각할 수 없고, 이 분들을 중심으로 우리 교육을 들여다보는 연구가 필요하다는 생각에 연구소를 열었다.

소식을 들은 선생은 이름을 빼달라고 편지를 보냈다. 이오덕 선생은 돌아가신 분이니 그 분 이름을 걸고 연구하는 것은 괜찮을 것 같은데, 선생은 아무래도 부담스럽다고 했다. 평생을 소탈하게 살아온 분인데 선생의 이름이 들어간 연구소가 생긴다고 하니, 그런 마음이 드는 것은 당연했다. 선생의 편지를 받고 다시 의논을 했지만 선생을 연구하고 따르려는 마음이 달라지지 않아서 〈이오덕김수업교육연구소〉가 문을 열 수 있었다.

〈이오덕김수업교육연구소〉는 그 뒤 선생의 책을 매주 읽고 연구하는 일을 하는 한편 '강마을산마을배움터'라는 교사 연수를 열었고, 연인원 몇 천 명의 교사들이 참여하였다. 그 자리에 선생은 두 번 오셔서 이야기를 들려주었다. '강마을산마을배움터'는 초등 교사들이 가장 많이 찾아가는 자발적 연수로 자리를 잡았다.

또 선생의 가르침을 받아 온 작품읽기 운동을 벌였다. 온 나라 교사들이 교과서에서 벗어나 온 작품으로 학생과 만날 수 있도록 했으며, 여러 권의 책을 출판하였다. 지금은 권정생 선생, 김수업 선생 두 분의 책을 꼼꼼히 읽고 연구한 내용을 출판하려 준비하고 있다. 책의 제목은 '교사의 스승'이 될 것 같다.

김강수 (전 전국초등국어교과모임 회장)

빗방울 선생의 우리말 사랑, 글쓰기 모임 사랑

빗방울 선생이 처음 한국글쓰기교육연구회 배움터에 와서 첫마디로 꺼낸 말씀을 아직도 또렷이 기억한다.

"제가 마음속으로 사모하는 모임이 둘 있습니다. 하나는 전국국어 교사모임이고 또 하나는 바로 여기 글쓰기 모임입니다."

이때가 2000년 1월이었고, 말씀을 하셨던 곳은 이오덕 선생이 계시던 충북 음성 무너미였고, 주제는 '말 살리기와 교육 바로잡기'였다.

선생이 좋아하고 사랑을 아끼지 않았던 모임이 이 둘만은 아닐 터이다. 마주이야기모임, 우리말살리는겨레모임, 우리말교육대학원, 입말모임, 이야기말꽃모임을 비롯하여 두루 많았지만 그 가운데 이 둘을 먼저 들먹이신 데는 까닭이 있지 싶다. 이 무렵에 다른 모임들은 아직 생기지 않았기도 하지만, 국어교사 모임과 글쓰기 모임은 닮은데가 있었다. 국어교사 모임은 우리말을 가르치는 교사들 모임이고, 글쓰기 모임 또한 우리말과 삶을 가꾸는 글쓰기를 실천하는 교사들 모임이다. 그러니까 이 둘은 우리말을 살리고 가꾸고 가르치는 일을 연구하고 실천하는 사람들 모임이다. 선생은 교육이 세상을 바꿀 수

2017년 8월 〈한국글쓰기교육연구회〉 여름연수에서

있다는 믿음을 굳게 갖고 있었다. 그래서 초등과 중등에서 우리말을 가르치는 교사들에게 거는 바람이 컸고, 사랑 또한 깊었던 게 아닌가 싶다.

선생은 말을 어떻게 하고 글을 어떻게 쓰고 사느냐가 이 세상에 얽힌 문제를 푸는 열쇠라고 생각하였다. 우리가 나날이 쓰는 말과 글이 이 세상의 감춰진 이치를 푸는 열쇠라고 하였다. 나라 살림살이, 남북 분단, 교육과 학문, 우리 역사의 잘못된 흐름까지도 모두 말에서 비롯된다고 꿰뚫어 보았다.

그런데 놀랍게도 선생의 이 생각은, 한국글쓰기교육연구회 모임을 만들어서 오래도록 이끄셨던 이오덕 선생과 조금도 어긋남 없이 똑같았다. 빗방울 선생과 이오덕 선생 인연은 꽤 오래 전으로 거슬러 올라간다.

이오덕 선생이 쓰신 『우리 글 바로 쓰기』[3] 첫 번째 책을 빗방울 선생이 읽고서, 이오덕 선생 말씀을 국어교육과 학생들에게 들려주고 싶어 강연회 자리를 마련하였다. 특강을 마치고 이오덕 선생과 빗방울 선생 두 분은 촉석루 앞 여관방에서 밤새 이야기를 나누었다고 들었다.

빗방울 선생이 이오덕 선생한테, 당신은 천재이시라고 하면서 이렇게 물었다.

"나는 국어 교사를 길러내는 사람이니 우리말에 매달리는 것이 당연하지만, 선생은 초등학교에서 여러 과목을 가르쳐야 하는 사람이었는데 어떻게 우리말을 붙들고 매달릴 수 있었고, 또 말이 우리 삶의 열쇠라는 놀라운 사실을 깨달으셨습니까?"

"아이들을 보면서 살면 그렇게 되는가 봅니다."

이오덕 선생의 답은 짧았지만, 짧은 말 속에 참된 진리가 담겨 있었다. 이오덕 선생은 예순이 넘어서 『우리글 바로쓰기』 책을 쓰셨다. 40년 넘게 초등 아이들과 지내면서 글쓰기를 하셨고, 깨끗한 아이들 말과 글에서 우리말의 본디 모습을 보셨던 것이다. 세월이 흐른 뒤에 이오덕 선생이 돌아가시고, 빗방울 선생이 『우리글 바로쓰기』에 담긴 이오덕 선생의 바탕 생각을 '이오덕 우리말 생각의 알맹이'란 제목으로 환하게 밝혀 주기도 했다.[4]

---

3) 이오덕, 『우리글 바로쓰기 1』, 한길사, 1989년.

4) 제1회 이오덕 공부 마당(2006. 8. 24.) 주제 발표 '이오덕 우리말 생각의 알맹이', 배재대학교 학술지원센터 세미나실.

빗방울 선생이 한국글쓰기교육연구회에서 한 일들을 크게 두 갈래로 간추려 보았다. 하나는 다달이 내는 회보에 글을 쓴 일이고, 다른 하나는 배움터에서 열매나누기(주제발표) 강의를 한 일이다.

회보에 쓰신 글은 크게 세 꼭지인데, 〈우리말 바로쓰기〉와 〈토박이말의 속살〉과 〈우리말과 삶의 곳간인 백석의 노래〉가 그것이다. 〈우리말 바로쓰기〉 꼭지로는 모두 여섯 차례 글을 썼는데, 글 제목은 '우리 토박이말의 넋', '제주도를 미국 식민지로 만들지 말자', '우리말을 살리는 뜻은', '국어 교과서에 쓰인 우리말', '밥 팔아 똥 사 먹는 짓', '우리말로 새롭게 고친 배달겨레 으뜸벼리'이다. 〈토박이말의 속살〉 꼭지로는 열네 차례 글을 이어 썼다. 글 제목은 다음과 같다. '반물', '가시버시', '마음', '얼과 넋', '말과 소리와 이야기', '토박이말과 사투리', '기쁘다와 즐겁다', '아름답다', '몸', '머리', '벼와 나락', '쉬다와 놀다', '몸통', '팔다리'. 〈백석의 노래〉 꼭지로는 모두 서른네 차례 이어 썼다. 백석 시인이 노래를 세상에 내놓은 차례를 따라가면서 노래의 속뜻을 풀이하여 썼는데, 다룬 노래는 모두 온 마리(100편)이다. 그리고 〈열매나누기〉 강의는 모두 다섯 차례 하였다. 말씀하신 주제는 '말 살리기와 교육 바로잡기', '토박이말이 갈무리한 우리 빛깔', '삶을 위한 이야기 교육의 뜻', '배달겨레의 삶과 말', '말꽃으로 바라본 겨레의 삶'이었다.

빗방울 선생은 우리네 삶이 우리말과 글을 어떻게 부려 쓰느냐에 달렸다는 사실을 깨닫고서 전보다 훨씬 행복한 사람이 되었다고 하였다. 온 나라 국어 교사들이 이 참된 진리를 깨닫고 행복했으면 좋겠다고 자주 말씀하였다. 당장 한자말과 서양말을 버리고 깨끗한 토박이말을 살려 쓸 수 없다고 마음 졸이지 말라 하였고, 그것 때문에 기운이 꺾여서도 안 된다고 하였다. 낱말 하나를 바꾸느냐 마느냐 하는 것보다 사람들의 생각을 바꾸어야 한다. 우리 토박이말이 품고 있는 세상이 얼마나 깊고도 넓은 것인지를 알아야 한다. 우리네 토박이말 세상이 이렇게 깊고도 넓다는 것은 곧 우리 겨레가 지닌 마음과 얼의 세계가 그처럼 넓고 깊다는 뜻이다. 국어 교사가 이 일을 맡아 해야 하고, 국어 교육이 아니면 이 일을 할 수 없다고 당부하였다.

2000년 1월 새 천년을 맞이하면서 한 강연에서는 이런 말씀으로 마무리하였다.

우리 겨레가 잘못 살아온 지난 천년 세월을 되돌아보면 볼수록 새롭게 열린 천년의 문이 가슴을 설레게 합니다. 무엇보다도 말, 거기서도 글말을 잘못 써서 괴롭고 슬픈 삶을 살 수밖에 없던 세월을 돌아보면서 새롭게 열린 천년에는 입말과 글말과 전자말을 제대로 써서 즐겁고 기쁜 삶을 살아야겠다는 다짐을 하게 됩니다. 얼마든지 그럴 수 있는 마련을 갖추었다고 생각합니다. 무엇보다도 쉬운 한글 덕분에 백성들 모두가 너나없이 마음껏 글말살이를 할 수 있고, 마찬가지로 전자말살이도 세계 어느 나라 백성보다 손쉽게 누릴 수 있다고 봅니다.

그러나 이런 일은 저절로 이루어지지 않습니다. 백성이 주인인 나라답게 모든 백성이 함께 힘을 모아야 이루어질 것입니다. 그러자면 누구보다도 먼저 앞장서야 할 사람들은 교육자입니다. 교육자보다 앞장서 끌어주어야 할 사람이 학자이지만 그들에게서는 당장 도움을 받기 어렵다는 것을 앞에서 이야기했습니다. 우리네 처지에서는 학자도 우선은 교육자들이 올바로 길러내어야 한다고 봅니다. 교육자들이 애써 길러내면 몇십 년 기다리지 않아 훌륭한 학자들이 얼마든지 나타나서 우리네 앞길을 밝혀나갈 것입니다. 겨레 삶의 열쇠를 여기 계시는 선생들이 쥐고 있다는 말씀을 드리면서 이만 지루한 이야기를 그치겠습니다.

선생은 이야기 나누는 자리를 참 좋아하였다. 밤새도록 말씀하여도 지칠 줄 몰랐고 조금도 흐트러짐이 없었다. 몇 차례 선생을 모시고 배움터에 오고 갈 때도 재미난 이야기를 끝없이 들려주었다. 그 귀한 이야기들을 나만 듣기가 아까웠다. 그래서 내가 들었던 그 이야기를 다달이 조금씩 이어서 써 달라고 선생을 졸랐다. 그랬는데 뜻밖에 〈백석의 노래〉 이야기를 써 주겠다고 하였다. 나는 뜻밖이었지만 선생은 오래 전부터 생각하고 있었던 일이었지 싶다. 2012년 4월부터 2016년 11월까지 다섯 해에 걸쳐 모두 서른네 차례나 글을 이어 썼다. 들머리를 이렇게 시작하였다.

백석(1912-1963)이 이승을 떠난 지가 벌써 쉰 해를 헤아리게 되었습니다. 남들이 모두 내버리고 돌보지 않던 토박이말을 찾아서 꽃비단처럼 아름다운 노래로 겨레의 삶을 끌어안고 사랑하던 그가 새삼 그리워 그의 노래를 다시 읽어봅니다. 노래를 따라 그가 걸었던 마음의 길까지 더듬고자 하는 이들이 있을까 해서 그가 세상에 내놓은 차례대로 읽어보겠습니다. 백석의 노래를 다시 읽고 싶어진 데는 요즘 더욱 모질게 짓밟히고 버려지는 토박이말을 어떻게 살려볼 수 있을지 여러분과 더불어 걱정해보고 싶어진 까닭도 있습니다.

백석이 토박이말을 귀신처럼 찾아 쓰면서 토박이말을 찾지 못한 말은 한자를 그대로 드러내 놓았다는 점을 짚어두고 싶습니다. 스스로 눈에 거슬리는 한자를 보면서 토박이말로 쓰지 못한 아쉬움을 잊지 않으려 하지 않았나 하는 생각이 듭니다. 그래서 그의 노래에는 갈수록 한자가 줄어지지만 끝까지 이런 마음가짐을 버리지 않았고, 마침내 한자 없는 노래를 지었습니다. 하지만 여기 다시 읽는 노래에서는 한자를 드러내지 않았습니다. 한자를 그대로 드러내는 노릇이 요즘 여러분에게는 아무런 도움도 되지 않을 듯하기 때문입니다.

빗방울 선생을 뵙는 것만으로도 가슴 뛰는 일이었고, 선생 말씀을 듣는 일은 참으로 기쁘고도 흐뭇한 일이었다. 언제나 흐트러짐 없이, 부드러우면서 또랑또랑한 목소리, 별빛 같고 물방울 같은 눈빛, 봄 햇살 같은 맑은 웃음도 환하게 그려진다. 선생 이야기 세계는 퍼내어도 퍼내어도 마르지 않는 샘물 같았고, 흘러도 흘러도 끝나지 않는 가람 같았다.

구자행 (한국글쓰기교육연구회 이사장)

우리말을 살리는 일에 한 삶을 바친 김수업 선생

〈우리말살리는겨레모임〉은 1998년 5월 27일 서울 지식산업사에서 발기인으로 김경희, 김수업, 남기용, 고승하, 남정성, 노명환, 노광훈, 신정숙, 강순옥, 이혜영, 백원근, 서정홍, 이오덕, 이수열, 박용수, 이대로, 주중식 들 45명이 참여해서 만들었고 공동대표로 김경희, 이대로, 이오덕을 뽑았으며 운영위원으로 김정섭(부산), 고승하(마산), 남기용(창원), 남점성(창원), 서정홍(창원), 김수업(진주), 박종석(진주), 정근영(부산), 이재관(울산), 김명수(부안), 이만희(광주), 윤태규(대구)를 뽑았다. 김수업 선생은 그때 대학에 재직하고 있었기에 운영위원을 맡았다가 2001년부터 공동대표로 이름을 올려 이오덕 선생이 돌아가신 뒤에도 여러 해 활동을 했다.

우리말살리는겨레모임이 태어난 배경은 이렇다. 1993년 김영삼 정권이 영어 조기교육과 한자 조기교육을 외치면서부터 우리 말글살이가 더 어지럽게 되니 국민정신이 흔들려 얼빠진 나라가 되었다. 1997년 나라 살림이 어렵게 되고 빚쟁이 나라가 되니 국제통화기금으로부터 구제 금융을 받고 경제 주권을 넘겨주게 된다. 이런 나라꼴을 보고 이오덕 선생이 앞장서서 우리 겨레의 얼인 우리말을 살리고 지켜서 튼튼한 나라를 만들 모임을 만들자고 제안했다. 그래서 우리말과 겨레를 걱정하는 교육자와 한글운동을 하는 시민이 함께 모였다.

본래 1990년 정부가 한글날을 공휴일에서 뺀 뒤에 한글문화원(원장 공병우)에 사무실을 둔 〈한국글쓰기연구회〉 이오덕 회장과 〈전국국어운동대학생동문회〉 회장 이대로가 공병우 박사의 제안으로 함께 모임을 만들려고 발기인 대회를 열었다. 그러나 지나치게 토박이말을 살려서 쓰자는 젊은이들과 이오덕 선생의 뜻이 맞지 않아서 이오덕 선생은 글쓰기 교육운동을 하는 선생님들과 〈우리말바로쓰기〉 모임을 만들어 활동하고, 이대로는 한글학회를 중심으로 활동하는 젊은 국어운동가들과 〈한말글사랑겨레모임〉을 만들어 활동하게 된다. 1997년 나라 살림이 거덜 난 뒤에 이오덕 선생이 다시 뭉치자고 해서 두 모임을 해산하고 이 모임으로 다시 태어났다. 나라가 튼튼하려면 우리말과 겨레 얼이 바로 서고 빛나야 한다는 목적에서 모임을 만든 것이다.

목적을 이루기 위해서 이 모임이 할 일을 "1. 신문 글 바로잡기. 2. 방송 말 바로잡기. 3. 책에서 쓴 말 바로잡기. 4. 상품 이름, 상품 설명문 바로잡기. 5. 광고 글 바로잡기. 6. 교육 말 바로잡기. 7. 행정 말 바로잡기. 8. 직장 말 바로잡기. 9. 가정 말 바로잡기. 10. 아이들 말 바로잡기. 11. 교과서 글 바로잡기. 12. 영어 조기교육 비판." 들로 정했다. 이 일을 실천하는 중요한 방법으로 다달이 모임 회보 『우리말 우리얼』을 내고 해마다 한글날에 '우리말 지킴이와 헤살꾼 뽑기'를 했다.

〈우리말살리는겨레모임〉

　모임 회보는 이오덕 공동대표가 맡아서 내고, 지킴이와 헤살꾼 뽑기는 이대로 공동대표가 맡아서 했다. 이오덕 선생이 돌아가신 뒤 김수업 공동대표가 모임 회보를 맡아서 내고 모임 중심을 잡아주었다. 그리고 다달이 모여 우리 말글살이 문제를 풀 이야기마당을 열고 한글학회와 외솔회 들 다른 모임과 함께 정부에 건의문도 내고 밝힘글도 발표했다. 이 모임 건의문과 밝힘글은 이대로 공동대표가 초안을 쓰면 김수업 선생이 다듬어 주었다. 우리말 지킴이와 훼방꾼 발표문도 마찬가지였다.

　이 모임을 만들 때 취지문이나 목적, 할 일은 이오덕 선생이 만들었다. 많은 분들이 애쓰고 중요한 일을 했지만 이오덕 선생과 김수업 선생이 모임 줏대를 잡고 가장 많이 애썼다. 그리고 2005부터 2009년까지 김수업 선생이 공동대표를 맡아 모임을 이끌었다. 이 모임은 지금까지 21년째 활동하고 있다. 이 모임은 지난날 우리말 큰 지킴이로서 우리말을 사랑하는 길이 무엇이고 그렇지 않은 것은 무엇인지 국민에게 알려주었다.

모임 운영은 회원들 회비만으로 운영하기에 어려움이 많았다. 힘들었지만 이오덕 선생과 김수업 선생의 뜻과 넋살(정신)이 뚜렷하고 그 뜻을 함께하는 영혼이 맑은 분들이 있었기에 지금까지 올 수 있었다고 본다. 돌아가시기 직전에는 고향 진주에서 〈토박이말바라기〉 모임과 〈겨레말살리는이들〉 사전 모임을 만들고 이끄느라 바빴기에 〈우리말살리는겨레모임〉 일을 앞장서서 이끌지 못했지만 운영위원으로서 계속 이 모임을 보살폈다. 글쓴이는 틈이 날 때마다 김 선생과 모임 일을 의논했다.

글쓴이와 함께 활동을 할 때 선생이 남달리 우리말과 모임을 걱정하고 애쓰는 것이 고마워서 그 인사를 하면 "나는 국어를 가르치는 것이 직업이면서도 우리말을 살리고 빛내는 일에 앞장서지 못했는데 이 선생은 일생 동안 어떤 대가도 받지 않고 그렇게 애쓰고 있어 내 스스로 빚진 느낌이었다. 언젠가 알아주는 때가 올 것이다. 힘내자."라고 자주 위로했다. 오히려 다른 국문과 교수와 국어 선생들은 내가 하는 우리 말글 사랑 운동을 비웃고 멸시하는데 선생은 그렇지 않았다.

언제나 따스하고 겸손하고 인자한 모습과 뚜렷한 이론과 주의 주장을 가지고 우리말과 겨레를 걱정하던 김수업 선생은 그 모습 자체가 가르침이었다. 이제 이 분은 이 땅에 안 계시다. 그러나 몸은 떠나셨지만 그 가르침과 넋살(정신)은 쓰신 많은 글과 말씀에 담겨있고 우리 마음속에 살아있다. 그래서 나는 오늘도 선생이 살아계실 때 하신 말씀과 가르침을 잊지 않고 되새기며 이루지 못한 뜻을 다 이룰 것을 다짐한다. 어느덧 세월이 흘러 돌아가신 지 한 돌이 되었다. 부디 하늘나라에선 즐겁고 기쁜 일만 많기를 바라고 빈다.

이대로 (우리말살리는겨레모임 공동대표)

한글학회 진주지회를 만들어

1998년이 되니 진주에 국어국문학을 전공하는 교수들이 제법 많아졌다. 경상대학교 국어교육과에 7명, 국어국문학과에 8명, 진주교대에 6명, 진주산업대학교에 1명, 연암공대에 1명, 진주실업전문대에 1명, 진주간호전문대에 1명 등 제법 많은 교수들이 있었다. 어느 날 김수업 선생이 전공이 같은 교수들이 학회를 만들어 활동하면 서로 능력을 향상시키고 학문적인 업적을 이루는 데 도움이 될 수 있다며, 모임을 하나 만들자고 제안을 했다. 그래서 이들 교수들에게 연락하여 만나기로 했다. 1998년 가을 어느 날 진주세무서 뒤쪽에 있는 '새 집'이란 한정식집에서 모임을 가졌다. 식사를 마친 후 선생이 모임의 취지를 이야기했다. 그런데 대부분은 학문적인 활동을 하는 단체를 만드는 데 동의했으나, 몇몇 사람은 이 모임을 단순히 친목을 도모하는 단체로 하자고 하여 이 모임은 지속될 수 없었다.

이듬해 선생이 진주에서 국어학과 국어교육학을 전공하는 사람들로 학문적인 성격이 분명한 한글학회의 지회를 만들자고 했다. 진주와 인근에 사는 국어를 가르치는 사람들의 학문적인 능력을 발전시키

1999년 3월 한글학회 진주지회 창립총회

기 위해서였다. 논문집은 따로 내지 않아도 되었다. 한글학회 본회에
서 발행하는 『한글』과 『교육한글』 논문집에 논문을 실을 수 있기 때문
이었다. 1999년 3월 초순 진주 내동에 있는 '옛날 곰탕'에 진주교대
권정호, 박정수, 류성기, 곽재용, 경상대학교 국어국문학과 배대온, 황
병순, 국어교육과 김수업, 김용석, 조규태 교수 등이 모여 한글학회 진
주지회를 만들기로 의견을 모았다.

　1999년 3월 27일 진주산업대학교(지금의 경남과학기술대학교) 강당에
서 한글학회 진주지회 창립총회를 개최하였다. 진주에서 근무하는 국
어학 전공 교수는 물론이요, 진주 인근에 있는 중등학교 국어 교사들
이 다수 참석하였다. 선생이 이날 창립 개회사를 하였다. 그리고 초대
회장으로 김용석 교수를 선출하였다. 그 이후로는 조규태, 황병순, 류
성기, 임규홍, 곽재용, 송희복, 박정수 교수와 제일중학교 이병모 교장

이 회장이 되어 진주지회를 이끌어 왔으며, 매학기 두 차례의 논문 발표와 초청강연회 등을 하고, 본회와의 관계를 맺으며 해마다 아름다운 우리말 가게 이름 보람패 달아주기[신고 메고, 에나, 돌실나이, 새미꼴 모꼬지 등], 우리말 겨루기 대회 등의 행사를 치르며 발전해 왔다. 선생은 수시로 학회에 참석하여 후진들을 격려하며 논문 발표도 하고 강연도 하였다. 2012년 10월 6일에는 '문제는 글이 아니라 말이다'라는 제목으로 강연을 하기도 하였다.

한편 진주지회는 2015년부터 경상남도청의 보조금을 받으면서 논문집 『진주 한글』을 창간하여 현재 제4권까지 발행하였다. 2019년에도 '아름다운 우리말 가게 이름 선정 및 보람패 달기, 한글날 기념 특별강연회, 우리말·글 한마당 잔치, 『진주 한글』 제5집 간행 등의 일을 준비하고 있다.

박용식 (경상대학교 국어국문학과 교수)

겨살이와 배달말집 이야기

겨레말 살리는 이들(겨살이) 얘기를 모임 얼개, 풀이와 셈틀 얼개, 앞으로 할 일들로 나눠 간추렸다.

겨살이 얼개

빗방울 김수업 선생께서 뜻을 일으키고 여물킨 일이 한둘이 아닌 줄 안다. 아마도 그 가운데서 가장 늘그막에 애쓰신 일이 새로운 국어사전, 곧 배달말집을 엮는 일이지 싶다.

　겨살이란 '겨레말 살리는 이들'을 줄여서 쓰는 말이다. 2014년 봄 빗방울 선생을 비롯하여 한실(최석진), 들꽃(주중식), 한꽃(이윤옥), 마주(박문희), 날개(안상수)님과 골잘(최인호)이 어울렸으며, 2015년부터 풀잎(황대길)님이 함께하여 오늘에 이른다. 제대로 된 겨레말 사전을 만들어 겨레말을 살려 쓰는 데 이바지해 보자는 뜻이었다. 셈틀얼개와 책 이름은 '배달말집'으로 지었다. 이 글에서도 겨레말과 배달말이 넘나들고 국어, 우리말도 가끔 나올 터이다.

　그 자취는 빗방울 선생이 갈무리한 '겨레말 살리는 이들 발자취' (2015.1.24.)에 잘 나타난다. 처음 최석진―김수업 만남이 진주(2014.3.1.) 와 상주(3.22.)를 오가며 두차례 있었다. 이어 김수업―최인호 만남(4.1. 진주), 김수업―이윤옥 편지(4.11.), 김수업―주중식 편지(4.18.), 김수 업―박문희 편지(5.4.), 김수업―안상수 편지(5.19.) 끝에 하나로 꿰었 다. 이들은 2014년 봄 한실님의 마음닦기 터전인 상주 화북면의 푸른 누리와 경기도 안양, 서울(마주이야기 유치원)을 오가며 국어사전 엮는 일 로 뜻을 다졌다. 뜻을 일으킨 이들을 '세움이'라고 하였다. 한실님은 오로지 배달말만 쓰는 분이며, 들꽃님은 우리말과 삶을 가꾸는 글쓰 기를 해오신 분이고, 한꽃님은 왜말찌끼 걸러내는 일과 함께 우리문 화신문 기자노릇을, 마주님은 어린이말을 건사하는 데 애쓰시며, 날개 님은 예전에 한글꼴 안상수체를 내놨고, 또 파주에서 멋지음(디자인) 학 교를 꾸리는 분이다. 골잘은 반거들충이다.

뜻을 일으킨 까닭은 무엇인가?

그동안 한글학회 『우리말 큰사전』을 비롯하여 『표준국어대사전』(국립 국어원), 『한국어대사전』(고려대) 등 숱한 국어사전이 나왔다. 남북말을 아우른 『겨레말큰사전』(겨레말큰사전 남북공동편찬사업회)도 머잖아 나올 참이다. 그럼에도 배달말 풀이를 누구나 시원히 알아볼 수 있도록 제 대로 엮은 책이 없고, 많은 낱말 풀이가 비슷한 낱말 돌려막기로 되어 있는데다 겨레말의 노른자위인 토박이말을 제대로 찾아 싣거나 풀이 한 책이 없다는 반성과 아쉬움이 그 바탕에 깔렸다.

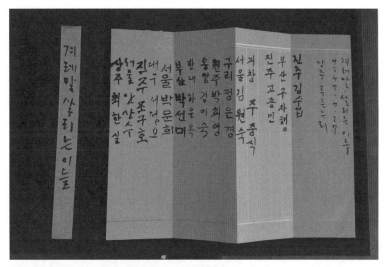
2014년 7월 〈겨레말살리는이들〉 상주 푸른누리 모임에 오신 분들

겨레말 살리는 이들은 무얼 하려는가?

"우리 겨레말을 살리고 가꾸어 널리 사람 사이에 서로 뜻을 쉽고 바르게 주고받음으로써 겨레삶이 거룩하게 드높아지도록 하고자 한다. 먼저 할 일 알맹이는 겨레말 속살을 누구나 알아볼 수 있도록 쉽게 풀이한 책을 만들어 펴내는 것이다."

겨살이는, 처음에 모임의 얼개를 세 가닥으로 짰다. '세움이-이끎이-이룸이'가 그것이다. 세움이 다음으로 일을 이끄는 이들로 스물세 분을 모셨다. 이분들은 파주타이포그라피학교, 한겨레말글연구소, 마주이야기교육연구소, 상주푸른누리, 마을공동체교육연구소, 강마을산마을학교모임, 입말교육연구모임, 토박이말바라기, 전국초등국어교과모임, 글과 그림, 글쓰기교육연구회, 전국국어교사모임에서 활동하는 분들이다. 이룸이는 이끎이와 함께하면서 일을 돕고 챙길 사람 세 분씩을 모시도록 하여 모두 예순아홉 분이다. 세움이(8) 이끎이(23) 이룸이(69)가 모두 모이면 '온 사람'이 된다. 그러나 온 사람을 다 채우지는 못했다. 또한 의논 끝에 이끎이와 이룸이로 나누던 구분을 없앴으며, 빈 쪽은 앞으로 일을 해가며 채우기로 하였다. 2014년 9월(13)과 11월(29) 대전대학교 삼십주년기념관에서 '온사람 모꼬지'가 있었다.(참석자 : 김수업 최한실 안상수 주중식 이윤옥 박문희 최인호 하윤옥 이주영 이마리아 정은경 왕현자 이정현 조연주 공선형 정경미 박혜준 김선희 안선옥 제시남 이창수 권회정 최종택 박선미1 조구호 이무완 구자행 김경해 이우근 김태희 현종갑 이영자 김연희 이영지 권복순 권유경 고종민 김영주 김강수 박길훈 윤승용 심유미 최복락 오명선 박진환 심은보 조장희 김미숙 박선미2 박미연 주한경 모영화 임난영 한득재 김시봉 최귀연 김원숙 정오순 장상순 윤일호) *이분들 가운데 회비만 내시는 분이 적잖다. 모임에 나오시고도 혹시 여기서 이름이 빠진 분이 있을 수 있으니 헤아려 주시길.

어떤 꼴로 책을 만들까?

애초에 그려 잡은 바는 네 가지다.

첫째, 어린아이들이 읽도록 책을 만든다. 둘째, 어린아이들과 어린이들이 읽도록 그림글책(만화)을 만든다. 셋째, 배움이, 가르침이가 읽도록 그림을 곁들인 풀이책을 만든다.(올림말 5만 안팎) 넷째, 어른들이 읽도록 그림 없는 풀이책을 만든다.(큰사전) 셋째와 넷째는 전자말책으로도 만든다.(《겨레말 살리는 이들은 누구인가?》에서 2014.6.2.)

지금까지 강마을산마을학교모임에서는 어린이들이 읽도록 그림글책을 엮어서 활용하고 있는 줄 아나 겨살이 이름으로 낸 책은 아직 없다.

배달말집과 풀이얼개

배달말집에 꾸린 풀이얼개는 다음과 같다.

올림말/ 밑말(원어)/ 씨갈래/ 풀이/ 쓰임새/ 이웃1(준말, 비슷한말,맞선말)/ 이웃2(큰말, 작은말 등)/ 말본/ 끝바꿈/ 덧풀이/ 익은말(숙어)/ 옛말(속담)/

다른 국어사전들의 얼개와 크게 다를 것은 없다. 굳이 다른 점을 꼽자면 씨갈래를 비롯한 말본말을 배달말로 보인다는 점, 우리말은 풀이씨의 끝바꿈이 수십 가지에 이르고, 그 쓰임 따라 뜻과 말맛이 달라지므로 끝바꿈꼴을 많이 보여준다는 점들이 있겠다. 낱낱이 꼼꼼하게 보일 자리가 아닌 듯하여 이만 줄인다.

삼십여 년 전만 해도 사전작업은, 쪽지(카드)에다 낱말풀이를 하고 이를 넘겨받은 쪽에서 다시 전산입력을 하는 방식으로 일을 했다. 그동안 말글살이의 기계화, 전산화 정도가 무척 앞서갔다. 겨살이가 마음을 낼 수 있었던 것도 그 덕분이다. 사전 일을 하자면 겨살이에게 걸맞은 맞춤식 셈틀얼개가 필요했다. 온 나라에 흩어져 일을 할 수밖에 없는 겨살이에겐 더욱 긴요한 일이었다. 어렵사리 찾은 분이 풀잎 황대길님이다. 풀잎님은 갖가지 셈틀얼개를 짜서 쉽게 부려 쓰도록 하는 일에 밝았다. 품이 무척 많이 드는 일을 아무 삯도 받지 않고 쓸모 있는 큰 그릇을 만들어주셨으니, 고맙고 고마운 일이다. 그릇을 제대로 채우는 일 말고 무슨 갚을 길이 달리 있으랴.

그동안 열었던 겨살이 모꼬지 얘기를 간략히 간추린다.

2014년 세움이 모꼬지 세 차례, 온사람 모꼬지 세 차례를 열면서 모임 얼개를 짜는 일, 올림말 풀이얼개를 짜는 일을 논의하고, 겨살이 틀거지를 지었다.

2015년은 풀이얼개에 맞춰 셈틀얼개 만드는 일을 의논하였다. 셈틀에 밝은 풀잎님이 걸맞은 셈틀얼개를 짜는 한편, 이를 뒷받침하는 논의를 하였다.(모꼬지 1월 14일 대전대, 4월 4일 대전대, 8월 7~8일 상주)

2016년은 다 만든 셈틀얼개 배달말집을 드나들고 활용하는 연습을 하였다. 들꽃님은 배달말집 셈틀을 쉽게 드나들며 쓰게 하는 길잡이를 만들어주었다.(1월 31일 대전 환경련, 7월 26일 상주, 11월 12일 대전 환경련)

2017년은 모꼬지를 두 차례 열었다.(2월 4일, 7월 1일 대전 환경련) 풀잎님은 배달말집을 손질하여 새판을 거듭 내며 쓰임새를 높여주었다. 그동안 들꽃님은 소식지 〈배달말집〉을 세 차례나 엮어서 한눈에 볼 수 있게 하였다.

처음에 어려운 겨살이 살림을 푸른누리 아르미(정경미)님이 맡았으나, 지금은 거창 김성은님이 맡고 있다.

앞으로 할 일

현재 배달말집(https://maljib.org/maal/)에 드나들며 낱말풀이를 하는 분은 스물다섯 분이다. 저마다 학교를 비롯한 일터에서 무척 바쁜 분들이다. 올림말 5만을 일차 과녁으로 삼았는데, 3월 현재 5천 남짓을 올렸다. 과녁을 채워야 비로소 제대로 된 풀이에 들어갈 터이다. 갈 길이 멀다. 품삯도 받지 않고서 품 들이기가 어디 쉬운 일인가.

무슨 일이든 그 일만 전문으로 하는 사람이 따로 있는 것이 아니다. 마음을 기울여 하다보면 꾼이 되는 것 아닌가 싶다. 때가 덜 묻은 사람의 마음과 눈이 더 귀하다. 부디 여러분께서 배달말집에 자주 드나드시길 바랄 뿐이다.

한편으로, 낱말을 가려 뽑아 속살풀이 사전을 먼저 만들자는 주장도 있고, 배달말집 일과 함께 배달말 나날쓰기에 나선 분도 계신 줄 안다. 법인등록 얘기도 되살려 볼 일이기도 하다.

이만큼이라도 이룬 것은 애오라지 빗방울 선생 덕분이다. 좀 더 계시어 일러두기를 비롯한 길잡이 말씀을 더 들었으면 좋았겠으나 어찌하리요, 남은 일은 남은 이들의 몫인 줄 안다. 빗방울 선생께서 돌아가신 사이 모꼬지를 쉬고 있었다. 저마다 말집 채우는 일이 남았기에 미룬 바도 있으나, 이제쯤 모꼬지를 열 때가 된 성싶다. 다가오는 7월27일이 겨살이 기념일이자 주시경 선생 105주기 되는 날이다.

2019년 3월 29일
겨레말살리는이들을 대신하여 최인호 삼가 씀

빗방울 선생 자취 둘을 보인다. 보신 분도 있을 터이다. 앞은 '사람'
을 두고 쓴 글, 뒤는 맛뵈기로 낱말풀이를 해 보인 것이다.

사람

요즘 돌아가는 세상을 보면 사람이 참으로 무엇인가 싶다. 어버이를
죽이는 자식이 있더니 자식을 죽이는 어버이까지 나타났다. 돈 몇 푼에
꽃이파리 같은 고운 어린이를 서슴없이 죽이고, 스스로 목숨을 끊는 사
람들이 이틀에 셋씩이나 생기는 세상이다. 이 땅에 사는 사람들이 어쩌
다가 이런 지경까지 이르렀는지, 참으로 사람이 무엇인지 모르겠다. 아
니나 다를까! 국어사전은 '사회를 이루어 사는 동물'이라 한다. 사람이
짐승이라는 소리다. / '사람'은 '살다'와 '알다'가 어우러진 낱말이다. 요
즘 맞춤법으로 하자면 '살다'의 줄기 '살'에다 '알다'의 줄기 '알'을 이름
꼴(앎)로 바꾸어서 붙인 셈이다. 그러니까 겉으로는 '살+앎'이겠으나, 속
으로는 '삶+앎'으로 보아야 옳다. 삶을 아는 것이 사람이라는 뜻이다. 왜

2016년 1월31일 대전환경련에서 열린 거살이 모꼬지에서 말씀 중인 빗방울 선생님 /빛박이 들꽃

사는지 어떻게 살아야 하
는지를 알고, 어떤 삶이 보
람차고 어떤 삶이 헛된지
를 알고, 무엇이 값진 삶이
며 무엇이 싸구려 삶인지
를 아는 것이 사람이라는
말이다./ 우리 겨레가 언
제부터 스스로를 '삶을 아
는' 존재라 여기며 '사람'
이라 했는지 알 길은 없다.
다만, 한글을 처음 만든 때
이미 '사룸'으로 나타나니
그전부터 써 왔음이 틀림
없다. 참으로 놀라운 슬기
로 마땅한 이름을 붙이지
않았는가! 이만한 이름을

2017년 11월 17일 낮.
금산못이 내려다보이는 집에서 정양 중인 빗방울 선생님.
모처럼 손을 맞아 얘기를 나누셨다. / 빛박이 골잘

붙인 겨레가 세상에 또 있는지 나는 모른다. 우리가 낱말의 속뜻을 제대
로 알았더라면, 제대로 가르치며 사람답게 살기로 힘썼더라면, 오늘같이
막가는 세상을 만나지는 않았을 것이다.(2006. 9. 11. 한겨레)

사람 이름씨

땅위에 사는 모든 목숨 가운데 가장 잘 사는 목숨. 스스로 제 목숨을 어
떻게 살아야 하고 왜 살아야 하는지를 알고자 하며 어디서 와서 어디로

가는지를 알고자 하여 길이길이 죽지 않고 살아남는 길을 두루 찾아 이루면서 살아가는 오직 하나뿐인 목숨이다. 암수에 따라 계집과 사내로 나뉘고, 짝짓기에 따라 아이와 어른으로 나뉘며, 나이에 따라 아기, 어린이, 젊은이, 늙은이로 나뉜다.('속살풀이 해보기' 2014. 7. 14.)

> 덧붙임 2.

빛박이 *'빛박이'는 파주토이포그라피학교 날개님께서 '사진'을 바꾸어 일컫는 말입니다. 그림보다 산뜻하게 다가옵니다.

최인호 (겨레말살리는이들 세움이)

토박이말바라기와 함께한 김수업 선생

토박이말바라기는 2013년 금곡초등학교(교장 안순화)에서 토박이말을 학교 특색으로 삼으면서 바탕을 다졌다고 할 수 있다. 금곡초등학교는 빗방울 김수업 선생이 나온 학교이기도 했으며 온 나라에서 처음으로 학교 단위에서 토박이말 교육을 펼친 학교였다. 선생은 그해 6월 18일 맞춤형 직무연수로 마련했던 '토박이말을 바탕으로 한 어휘력 기르기'라는 토박이말 연수에 강의를 하러오셔서 토박이말 교육을 왜 해야 하는지 그 까닭을 풀이해 주었다. 7월 22일 한 학기 동안 금곡초등학교에서 펼친 토박이말 교육의 열매를 나누는 잔치인 '토박이말 한마당 잔치'에 오셔서 두문 마을과 석계 마을의 말밑(어원)을 밝혀 주어 많은 분들의 손뼉을 받기도 했다.

그날 잔치에 왔던 진주교육지원청 김광수 재정과장의 도움으로 2014년부터 토박이말 교육이 진주교육지원청 특색교육이 되었다. 이런 움직임이 밀알이 되어 토박이말을 챙기는 모임을 만들자는 이야기가 나왔고, 2014년 2월 13일 선생 집에서 토박이말바라기 일으킴 모임을 하게 되었다. 그 자리에는 선생과 박문희, 이윤옥, 김영조, 김광

경상남도진주교육지원청 강연

수, 강상구 그리고 내가 함께하였다. 토박이말 교육을 챙기자는 뜻에서 '토박이말교육학회'의 성격을 띠되 모임 이름은 〈토박이말바라기〉로 하자는 뜻을 모아 모임을 만들었다.

　3월 1일 진주교육지원청 3층에서 토박이말바라기 세우는 모두모임인 창립총회를 열었다. 이 자리에서 선생이 으뜸빛(회장)으로 뽑히게 되었다.

그 뒤로 토박이말바라기는 진주교육지원청에서 마련하는 토박이말 교육과 관련한 행사에 도움을 주었다. 토박이말 동아리 활동비를 대어 주기로 했으며 6월 24일에 토박이말이 무엇인지, 어떻게 노는 것인지를 알려주는 '토박이말 알음알이 잔치'를 열어 토박이말을 공부가 아닌 놀이 삼아 즐기는 가운데 배우고 익힐 수 있음을 보여 주었다.

같은 해 8월 11일 첫 발표 토론 및 모두모임(총회)를 진주교육지원청에서 열었다. 한겨레신문 교열부장을 지낸 최인호 선생이 특강을 해 주었고 주약초등학교 제시남 선생이 토박이말교육을 실천한 보기를 말해 주었다.

선생은 같은 해 10월 7일 한 학기 동안 갈고 닦은 토박이말 솜씨를 겨루는 '토박이말 솜씨 겨루기 대회'에 자리하여, 아이들의 기운을 북돋우는 좋은 말씀을 해 주었다. 아이들이 토박이말로 지은 가락글, 그림을 보며 흐뭇해하던 모습이 지금도 눈에 선하다.

11월 5일 토박이말 울력학교였던 배영초등학교 토박이말 열매 나누는 잔치에 가서 북돋움 말씀을 하고 아이들이 학교 교육활동을 하면서 내놓은 열매들을 보고 오셨다.

다음 해 2015년 2월 14일 둘째 발표 토론회 및 모두모임을 진주교육지원청에서 열었는데 '새노리'의 여는 잔치에 이어 주중식(전 거창 샛별초등학교 교장) 선생을 모시고 특강을 들었다. 4월 28일 토박이말 울력학교, 이끎학교, 울력학급, 동아리를 맡은 교사들을 모아 토박이말 가르치는 힘 기르기 연수에 특강을 맡아 토박이말 교육을 해야 하는 까닭을 재미있게 풀이해 주었다.

진주교육지원청 지정 토박이말 울력학교인 진주동진초등학교에서 마련한 토박이말 갈배움 바탕 다지기 연수에서도 토박이말 교육에 관심을 가지고 모인 교사들에게 토박이말 이야기를 하였는데 그 자리에 있는 교사들이 토박이말 교육의 희망이라고 말씀해 주었다.

8월 3일 진주교육지원청에서 마련한 지역 맞춤형 직무연수 행복학교로 가는 또 하나의 길, 토박이말 교육 연수 자리에도 오셔서 대한민국 최초로 토박이말 교육을 특색교육으로 삼아 꾸준하게 이어서, 지원하고 있는 진주교육지원청을 다른 곳에 가서 말씀할 때 자랑스럽게 이야기한다는 말씀을 해 주었다. 10월 8일에는 진주교육지원청 두 돌 토박이말 솜씨 겨루기 대회에 가서서 북돋움 말씀을 하였다.

11월 12일 토박이말바라기를 법인으로 만들자는 뜻을 가진 사람들 모임이 있었다. 이 자리에는 선생과 함께 박수열(백합위생 대표), 윤성진(복음병원 행정부장), 강병환(흥한주택종합건설 본부장), 강상구(DAI인재교육 원장), 박종진(미소한아름치과 원장), 권민식(메리츠화재/AIA생명 보험설계사), 안순화(금곡초 교장), 권만옥(진주교육지원청 교육장), 박근제(대암초 교장), 류차현(경남예고 예술부장), 이성수(경남교육연수원 연구사), 이수봉(의령유곡초 교사) 등이 함께하였다. 이날 모임하기 앞서 만든 사단법인 토박이말바라기 일으키는 뜻(창립취지문)과 다짐(정관)은 내가 벼름(안)을 쓴 뒤, 김수업 선생이 다듬어 글이 나오게 되었다. 이날 모임에서 2015 토박이말 갈배움 열매 나누는 잔치를 하는 날 뜻을 함께하는 사람들 모두모임(창립총회)을 하기로 하였다.

11월 20일 두 돌 토박이말 갈배움 열매 나누는 잔치가 진주동진초등학교에서 열렸으며 그날 북돋움 말씀을 하며 토박이말바라기가 사단법인으로 거듭나게 됨을 널리 알려주었다. 잔치가 끝나고 이어서 토박이말바라기 법인 만드는 뜻을 함께하는 사람들 모두모임(사단법인 창립총회)를 했다. 마련한 차례에 따라 선생이 으뜸빛(이사장)으로 뽑혔고 일으킴 모임 때 왔던 이들이 모두 이사가 되었다. 그 뒤에 경상남도에 법인 설립 허가를 받고 법원에 등기를 함으로써 마침내 토박이말바라기가 법인으로 거듭나게 되었다.

2016년 1월 21일 강상구 DAI인재교육 원장의 도움으로 토박이말바라기 일터 열기풀이(사무실 개소식)을 함으로써 사단법인으로서의 겉모습도 갖추게 되었다. 2016년에도 해마다 하던 진주교육지원청 토박이말 교육 활동을 도왔다. 동아리 활동비 주기, 토박이말 가르치는 힘 기르기 연수 강의, 토박이말 솜씨 겨루기 잔치 북돋움 말씀을 하였다.

11월 26일에는 사단법인 토박이말바라기에서 마련하고 진주교육지원청이 돕는 형식으로 토박이말 어울림 한마당 잔치를 국립진주박물관 앞뜰과 강당에서 열었다. 토박이말 울력학교와 이끎학교 열매나누기 잔치와 토박이말 노래잔치에 특강까지 곁들인 그야말로 한마당 잔치였다. 마당에서는 열 가지가 넘는 토박이말 놀배움터가 펼쳐지고 토박이말 멋글씨꾼(캘리그래퍼) 진유성 작가의 특별전이 있었고 땅이름학회 회장을 하신 배우리 선생을 모시고 토박이말 땅이름과 사람 이름 이야기를 듣기도 했다.

2017년에는 사단법인 토박이말바라기가 경상남도교육청이 지정하는 특수분야 직무연수 기관에 뽑혔다. 1월 9일에는 '토박이말 바라

기와 함께하는 인성교육'이라는 벼름소(주제)로 연수를 열었고 선생이
마치 이야기같이 재미있는 말씀을 들려주었다.

4월 6일에는 엘지베스트샵 진주성점 장홍점 점장의 도움으로 3층
을 토박이말 배움터로 쓸 수 있게 됨을 함께 기뻐하는 풀이가 있었다.
낫날(목요일)마다 모이는 공부 모임을 특수분야 직무연수로 인정받아
그곳에서 연수를 할 수 있게 되어 참 뜻깊은 날이었다. 김수업 선생도
여섯 시간을 맡아 주셨고 배움터가 마련되어 참 좋다며 웃으시던 모
습이 떠오른다.

4월 14일에는 토박이말바라기 모임을 처음 만들 때부터 하기로 마
음먹었던 '토박이말날'을 만들어 널리 알리는 펴알림풀이(선포식)를 했
다. 토박이말날로 삼으면 좋겠다는 여러 날 가운데 주시경 스승께서
『말의 소리』를 펴낸 날인 4월 13일로 하기로 하였다. 토박이말날 펴알
리기(선포)와 함께 대통령 후보들께 토박이말 관련 정책 마련하기를 공
약으로 삼아 줄 것을 바라는 글도 함께 알렸다. 이날은 진주교육지원

2017년 토박이말날 펴알리기

청에서 뽑은 토박이말 교육을 맡은 교사들과 함께 토박이말 가르치는 힘 기르기 연수도 있는 날이라 더욱 값진 자리가 되었다.

4월 27일과 5월 25일, 그리고 6월 29일 세 차례 토박이말바라기 배움터에서 있었던 토박이말 갈배움 힘 기르기 연수에 나오셔서 우리들이 가야 할 길을 밝혀 주었다. 6월 29일 마지막 연수를 하면서 거듭 이 자리에 있는 교사들이 희망이라는 말씀을 해 주었다.

연수를 끝내고 헤어지며 인사를 하는 자리에서 여느 때와 달리 낯빛이 좀 어두워 보인다는 말에 햇볕에 타서 그런 것 같다고 괜찮다고 하셨는데, 그 말이 김수업 선생과의 마지막 만남이 되었다. 그 연수는 마지막 연수가 되었다.

이렇게 되돌아보니 2013년 금곡초등학교 연수를 비롯해서 2017년 토박이말바라기 직무연수까지 네 해가 조금 넘는 동안 선생은 토박이말바라기에서 참 많은 일을 하였다. 챙기실 일이 많은 분을 곁에서 더 힘들게 해 드린 것 같아 죄송한 마음도 든다. 늘 곁에 계신 것만으로도 든든했고 좋은 말씀과 가르침으로 우리들이 나아갈 길을 밝혀 주셨는데 선생의 빈자리가 더욱 크게 느껴진다.

'뜻이 있는 곳에 길이 있다. 서두르지 말고 천천히 가라.'는 말씀을 늘 마음에 새기고 있다. 모자람은 둘레 계신 분들의 힘과 슬기로 채우며 지치지 않게 쉬엄쉬엄 나아가려 간다. 그리고 선생이 만들어 준 사단법인 토박이말바라기 다짐에 있는 '겨레말의 뿌리며 노른자위인 토박이말을 일으키고 가꾸고 드높여서 겨레의 학문과 교육과 문화가 나날이 새로워지도록 돕는 노릇'을 제대로 할 수 있도록 더욱 힘을 쓸 것이다.

빗방울 선생이 다듬은 사단법인 토박이말바라기 일으키는 뜻(창립취지문)으로 이 글을 마무리하고자 한다.

나라를 잃은 서러움과 괴로움의 어둠에서 벗어나 다시 빛을 보게 된 지 일흔 해가 되었습니다. 이 날이 오도록 글자 싸움을 하느라 그 글자를 낳은 말을 제대로 챙기고 돌보지 못했습니다. 온 누리가 뛰어난 글자라고 손뼉을 치고 우리 스스로 가장 자랑스럽게 여기는 한글을 낳은 것은 우리말입니다. 한글이 그렇게 뛰어날 수 있었던 것은 뛰어난 우리말이 있었기 때문입니다.

우리말의 노른자위는 말할 나위도 없이 아득한 할아버지께로부터 우리의 마음에서 움트고 자라나 이제까지 쓰고 있는 토박이말입니다. 하지만 토박이말은 중국과 일본의 한자말에 밀리고 미국에서 들어온 영어에 밀려서 우리네 삶과 멀어져 버렸습니다. 학교에서는 토박이말을 가장 먼저 챙기고 가르쳐야 하는데 그러지 못했기 때문에 토박이말을 만나도 낯설고 어렵게 느끼게 되었습니다.

토박이말에는 우리 겨레의 삶과 얼이 고스란히 담겨 있기에 토박이말을 배우고 익히면 우리말을 사랑하는 마음과 우리 겨레를 자랑스럽게 여기는 마음을 기를 수 있습니다. 그래서 국어과 교육과정에서는 어릴 때부터 그러한 토박이말을 배우고 익힐 수 있도록 길을 열어 놓았습니다. 그렇지만 아직 어떤 말들을 어떻게 가르쳐야 하는지는 똑똑히 알려주지 못하고 있습니다.

아이들은 배움에 지쳐 꿈을 잃은 채 힘들어 하고, 나라도 얽히고설킨 일들 때문에 앞으로 나아가지 못하고 있습니다. 이에 쉬운 토박이말로 더 잘 가르치고 배워 아이들을 살리고, 슬기로운 토박이말로 생각과 느낌을 더 잘 주고받아서 곳곳이 막혀 뒤흔들리는 나라를 바위 위에 반듯이 올리고, 두 동강난 겨레를 하나로 아우르는 날을 앞당기고자 합니다.

토박이말을 더 잘 알게 하고 더 잘 쓰게 하여 넉넉한 말글살이를 즐기는 참으로 좋은 나라를 만드는 데 마음, 슬기, 힘을 모아야 합니다. 그래서 토박이말을 살리는 모임 〈토박이말바라기〉를 세웠고 이제 더 탄탄한 모임인 사단법인으로 거듭나고자 합니다. 부디 뜻을 같이하시는 많은 분들이 모임에 들어와 힘과 슬기를 보태주시면 고맙겠습니다.

- 4348해 들겨울달 열이튿날(2015년 11월 12일)

이창수 (토박이말바라기 맑음빛)

고을문화 되살림

함박꽃이나 나리꽃이 아름답다고 해서 온통 그것 하나
로만 뒤덮으면 잠시 동안 황홀한 기쁨을 맛본다 하더라
도 한 해 내내 따분하고 지겨운 나날을 보내야 하지 않
겠습니까? 지구라는 꽃밭이 만약 그렇게 되면 인류는
문명의 끝장을 만나야 할지 모릅니다. 크고 작은 꽃들이
모습과 빛깔을 뽐내며 철따라 피고 지는 인류 문명의 꽃
밭을 지키려면 무엇보다도 작은 지역들이 저마다 남다
르게 뽐내는 꽃들을 피워내야 합니다.

- 진주문화연구소 이사장 취임 인사말
「진주문화연구소를 세우는 뜻은」에서

삼광문화연구재단

잊혀진 것들의 가치를 찾아

사회단체 가운데 여러 법인들이 있지만, 문화연구재단이라는 단체는 흔한 이름이 아니다. 이런 낯선 이름의 문화연구재단을 진주지역에서 처음 세운 이는 지금은 고인이 되신 전 진주상호신용금고 윤득용 회장이다. 그리고 이 재단 이사장을 처음 맡아 운용한 이는 김수업 선생이다. 〈삼광문화연구재단〉이라는 이름의 문화연구재단을 처음 설립한 윤득용 회장은 향토기업가로 일찍부터 지역 사회 발전에 관심을 갖고 '지역민과 더불어 살며 행복을 나눈다'는 신념으로 수십 년간 지역문화 발전과 우수한 인재 양성을 위한 사업들을 지원해 왔다. 그리고 알게 모르게 지역사회를 위해 좋은 일을 많이 하신 분이다.

오래 동안 지역사회를 돕는 일을 해오다가 이제 이런 사업들을 보다 근본적이고 체계적으로 지원하고자 만든 것이 삼광문화연구재단이다. 재단을 설립한 때가 1995년 6월 13일인데, 재단을 설립할 때도 윤 회장은 사회 통념을 깨고 파격적인 결정을 하였다. 기업을 경영하는 분들이 출연금으로 재단을 설립할 때는 기업의 경영 책임자가 이사장을 맞는 것이 통상적인 관례이다. 그러나 윤 회장은 달랐다. "나는 이런 일에 대해 아무 것도 모른다. 그러니 이 분야에 대해서 잘 알고, 또 맡길만한 분을 이사장으로 모셔야 한다."고 하여 두루 물색한 끝에 초대 이사장으로 초빙된 사람이 김수업 선생이다.

초대 이사진 구성은 이사장 김수업(경상대학교 국어교육과 교수), 이사 강희근(경상대학교 국어국문학과 교수), 이사 곽상진(경상대학교 법과대학장), 이사 윤철지(진주상호신용금고 대표이사), 이사 이찬근(진주전문대학 국제통상과 교수), 감사 강대승(변호사), 감사 김용년(신경남일보 전무이사), 사무간사 곽재균 등으로 임직원을 구성하였다.

초대 이사장에 취임한 김수업 선생은 앞으로 삼광문화연구재단이 할 일을, 우리 지역 사회에서 가장 중요하고 가치가 있는 것인데도 그것을 모르고 돌보지 않아 소외되고 버려져 있는 것들을 찾아내어 새 생명을 불어넣는 일을 하는 것으로 정했다. 초대 이사장이 정한 이 정신은 재단 설립 당시부터 지금까지 그대로 이어지고 있다.

재단 설립 후 첫 사업으로 선정한 것이, 일제 침략과 조국 분단의 불행한 역사로 말미암아 뿌리 뽑힌 우리 겨레의 전통문화를 진주 지역에서부터 되살리며 재창조하는 사업을 추진하자는 것이었다. 그 구체적인 실현 방안은 '마을축제 되살리기'와 '진주탈춤한마당'이라는 두 가지 사업을 하는 것이다. 마을축제 되살리기는 삶과 더불어 살아 숨쉬는 민속놀이가 삶의 터전인 마을에서는 사라지고 변조된 경연대회로만 떠도는 현실을 바로잡아 보려고 지원사업으로 선정한 것이다. 그 첫 대상은 사천시 축동면 가산마을의 '천룡제'를 되살리는 사업인데, 가산 마을의 천룡제는 정월대보름날 아침에 동제를 지낸 뒤 마을 사람들이 오광대탈춤을 추며 지내던 놀이이다. 이 천룡제는 마을 동제에서부터 전통마을 축제(탈춤)로 이어지는 원형에 가까운 축제이기 때문에 그 가치가 인정되어 사업의 지원 대상으로 삼은 것이다.

그리고 진주탈춤한마당을 되살리려 한 데는 몇 가지 이유가 있었다. 우선, 탈춤은 다양한 민속놀이의 뿌리가 되므로 이를 되살리려는 것이었고, 또 지난날 오광대의 중심지가 진주였으므로 진주를 새로운 시대의 탈춤 중심지로 바꾸어서 민족 문화의 선도적 역할을 맡게 하자는 의도가 깔려있었다. 또한 끈질긴 생명력으로 전국 곳곳에서 이어오는 우리 겨레의 다양한 탈춤을 새롭게 계승하고 발전시켜 세계인들에게 자랑하려는 의도도 있었으며, 진주라는 고장이 가지고 있는 역사의 특수성도 고려한 결정이었다고 밝힌 바 있다. 사백여 년 전 우리 진주가 잔인한 왜적의 침략을 맞아 그야말로 국가와 민족을 위해 칠만 군관민이 목숨을 바쳤던 그 거룩한 충절을 되새기려는 뜻도 담고 있다고 하였다. 그러므로 진주탈춤한마당은 자랑스러운 진주정신을 더욱 높이고 세계화시대의 소용돌이에 휩말려 죽어가는 전통문화의 삶에 생명의 기운을 되살려 보려는 뜻을 담고 있는 것이라 하겠다. 이리하여 1996년 7월에 처음 시작한 진주탈춤한마당은 2001년까지 삼광문화연구재단의 지원을 받아 성대하게 진주지역에서 계속되었다. 이를 두고 이 일에 깊이 관여했던 경상대학의 정병훈 교수는, 진주탈춤한마당은 '우리나라 최초의 탈춤축제로서 전국의 탈춤연희자, 탈춤운동가, 탈춤학자들을 비롯하여 탈춤문화를 소중히 생각하는 사람들의 사랑을 받아왔다.'고 밝힌 바 있다.

사실 문화연구재단의 첫 지원 사업으로 '마을축제 되살리기'와 '진주탈춤한마당'이라는 다소 생소한 주제를 거론했을 때 주변의 상당한

반대 의견에 부딪혔을 것이다. 그러나 선생은 문화사에서 이들이 지니는 가치를 꿰뚫어 보고는 소신을 굽히지 않고 이 일을 해내려 했으며, 윤회장 역시 선생에게 전폭적인 지지를 보내주었다. 그 덕분에 나중에 문화사에 길이 남을 업적인 진주오광대놀이 복원이라는 사업을 이룰 수 있었다.

삼광문화연구재단이라는 문화 사업의 끈이 맺어준 윤득용 회장과 김수업 선생의 인연은 당대뿐만 아니라 그 뒤에도 이어졌다. 2005년 선생이 진주문화연구소를 세워 문화 사업을 할 때에는 현재의 윤철지 회장으로부터도 역시 전폭적인 도움을 받을 수 있었다. 삼광문화연구재단의 모태인 진주상호저축은행에서는 진주문화연구소의 문화 사업 활동에 여러 차례에 걸쳐서 많은 지원금을 내어 활동을 도와주고 있다. 2006년과 2007년에 걸쳐 탈춤한마당 합본호 책을 만드는데 지원하였으며, 2007년에는 한국어교실 지원금을 내어 놓았다. 2009년과 2010년에는 지역화교육 후원비를 지원했으며, 2013년에는 이선유 판소리 복원사업비를 지원해주었다. 2014년에는 지역화 교재 개발 사업비를, 2016년에는 창의도시 민속예술 현황 조사비를 지원했으며, 2017년에는 지역화교재 자료 발간비를 도와주었고, 역사문화탐구활동 지원비도 내놓았다. 그리고 2018년에는 역사문화탐구활동비를 지원하였다.

위에서 보인 삼광문화연구재단의 지원은 진주문화연구소가 활동을 하는데 큰 힘이 되어 주었다. 이 도움으로 비롯된 진주탈춤한마당은 진주오광대 복원이라는 우리 민속 문화사에서 빛나는 성과를 낼 수 있었을 뿐만 아니라, 그 뒤에 솟대쟁이놀이의 복원이라는 더 큰 사업을 시작할 수 있는 바탕이 되어 주었다. 더구나 최근에는 정병훈 교수가 중심이 되어 진주를 '창의도시 진주'라는 주제로 유네스코에 등재하려는 일을 하게 한 시발점이 되어 주었으니 선생을 삼광문화연구재단의 초대 이사장으로 불러준 윤득용 회장이나 이를 맡아 소신껏 일한 선생의 만남은 개인으로뿐만 아니라 우리나라 문화사 측면에서도 참으로 뜻깊은 인연이었다고 하겠다.

초대 이사장을 맡아 일한 선생이 1회의 임기를 마치고 이사장직을 고사했으나 윤회장은 간곡하게 재임을 권유하였다. 이에 선생은 이사장직을 다시 맡아 2007년 6월 12일까지 세 차례나 이사장으로 일하면서 우리 고을에 묻혀있던 소중한 것들을 찾아내어 바른 가치를 매겨주는 업적을 남겼다.

김태기 (진주문화연구소 이사)

두 의로운 사람이 벗하여

새천년으로 넘어가는 즈음, 1997년에 국제금융기금(IMF)으로부터 구제 금융지원을 받을 정도로 심각했던 경제위기는 조금씩 줄어들고 있었다. 그러나 여전히 많은 사람들이 경제적으로, 사회적으로 어려움을 겪고 있었다. 이런 상황에서 진주의 독지가 김장하 선생은 장학과 문화 활동 지원을 위한 재단 설립을 계획하였다. 그에 따라 1999년 가을, 재단법인 남성문화재단 설립을 위한 발기회가 열렸다. 발기인으로 김장하 선생을 비롯하여 김수업 경상대 국어교육과 교수, 김영기 경상대 행정학과 교수, 김중섭 경상대 사회학과 교수, 박노정 진주신문 대표, 박종어 회계사, 이준 행정학 박사가 참여하였다. 김수업 선생이 기초한 법인 설립 취지문은 다음과 같이 적고 있다.

이 재단은 진주를 중심으로 한 인근 경남지역의 문화적 환경을 조성하고, 감추어져 있는 지역문화를 발굴, 연마, 체득, 보존, 계승, 홍보하는 활동들을 힘차게 펼쳐 나갈 것이다. 개인의 영혼과 정신 속에 들어있는 예술 혼과 문화적 정신을 발굴하는 장학사업도 곁들어 펼쳐나갈 것이다.

이 재단은 문화적 창달에 전념하면서 예술 혼을 계승하고 있는 젊은 학생들, 수련자들, 연구자들에게 그들이 희망차고 바람직한 목표를 설정하여 흔들림 없이 정진할 수 있도록 최선을 다하여 지원할 것이다.

남성문화재단은 "진주를 비롯한 경남의 공간이, 나아가 온 나라가, 격조 높은 문화의 향취로 풍요롭게 변화되어 가는데 혼신의 노력을 다할 것"이라고 다짐하고 있다. 문화사업 지원과 장학의 설립 취지를 반영하여 처음에 〈남성문화·장학재단〉이라고 이름 붙이고자 하였는데, 관할 관청인 경상남도의 요구로 〈남성문화재단〉으로 바뀌었다. 재단은 김장하 선생이 출연한 개인 재산 현금 4억 원과 (주)서경케이블 주식 10,000주(액면가 1억 원)를 기금으로 출발하였다. 주요 사업으로는 장학사업 추진, 진주문화문고('진주 문화를 찾아서' 연속 간행물) 발간 사업 추진, '진주신문 가을문예' 공모 추진, 문예 단체 및 문화행사 지원 등을 계획하였다. 이러한 사업은 김장하 선생이 수십 년 동안 평소 조용히 해 온 일들이었는데, 이제부터 재단법인이란 공공 기구를 통하여 공식적으로 추진하기로 한 것이다.

1999년 12월 15일에 열린 창립 발기회에서 설립 취지 채택, 정관 심의, 재산 출연내용과 사업 계획 및 예산 심의 등의 안건이 처리되었다. 임원진은 정관에 따라 5인의 이사와 2인의 감사로 구성되었다. 김장하 선생을 이사장으로 선출하고, 김수업, 김영기, 김중섭, 박노정이 이사를, 박종어, 이준이 감사를 맡기로 하였다. 그 뒤 김영기 이사가 사임하면서 2004년부터 정병훈 경상대 철학과 교수가 이사를 맡게 되었다.

2005년 진주인권회의 행사에 참석한 김수업 선생(오른쪽)과 김장하 선생(왼쪽).

　임원진은 모두 진주 지역에서 여러 일을 하면서 김장하 선생과 오랫동안 인연을 맺어온 사람들이었다. 특히, 김장하 선생과 김수업 선생은 이사장과 이사의 관계였지만, 오랜 기간 서로 존경하며 여러 일에 뜻을 함께 해 온 각별한 사이였다. 두 분이 처음 만난 것은 1990년대 초로 짐작된다. 1991년 9월에 김장하 선생은 자신이 세운 남명학숙의 명신고등학교를 국가에 헌납하였는데, 이 소식을 접한 김수업 선생은 그해 가을에 그분이 경영하는 남성당한약방을 찾아갔다고 한다. 큰돈이 들어갔음에 틀림 없는 남명학숙의 전 재산을 조건 없이 사회에 내놓은 김장하라는 사람이 어떤 분인가 궁금하였단다.

　그로부터 진주의 양심으로 일컬어지는 의로운 두 분이 서로 벗하며 진주를 더 나은 지역 사회로 만들기 위한 활동을 해나갔다. 우선, 두 분은 1997년에 진주오광대 복원사업에 협력하게 된다. 이 책의 다른 글에서 다루는 바와 같이, 김수업 선생은 일제 식민지 시기에 맥이 끊긴 전통 민속예술 진주오광대를 복원하려는 활동을 벌였다. 이에 김장하 선생이 물질적, 정신적 지원을 아끼지 않았다. 그 뒤 진주오광대복원사업회는 진주오광대보존회로 이름을 바꾸어 지역의 민속예술 활동의 핵심 기관으로 자리잡게 되었다. 언제나 자신을 낮추며 문화단체, 시민단체를 뒤에서 도와오던 김장하 선생이 김수업 선생의 뜻을 받들어 진주오광대보존회 이사장을 맡아 전면에 나서서 활동 지원을 아끼지 않은 것도 진주오광대 발전에 큰 힘이 되었다.

그 뒤에도 두 분은 지역사회의 여러 일을 일구고 발전시키는데 협력하였다. 김장하 선생은 1989년 3월 진주 지역의 언론 발전을 위하여 창간된 〈진주신문〉을 지원해왔는데, 진주신문사는 아이엠에프(IMF)의 금융위기를 겪으면서 더욱 어려운 상황에 놓이게 되었다. 그러자 김장하 선생은 김수업 선생에게 부탁하여 김수업 선생이 1998년 12월부터 2001년 10월까지 진주신문사 대표이사를 맡게 되었다. 그 기간의 일 가운데 하나가 김장하 선생의 지원 아래 1995년에 시작한 진주신문사의 '가을문예 공모사업'을 2000년부터 남성문화재단으로 이관 운영하게 된 것이다. 이 사업은 지금까지 이어져 2018년 가을에 스물네 번째 수상작을 배출하였다.

1999년에 두 분은 시민들이 쉽게 읽을 수 있는 책을 발간하여 진주 문화와 역사를 널리 알리기로 뜻을 모았다. 그래서 '진주문화를 찾아서'라는 연속 간행물 출간 사업을 시작하며, 김수업 선생은 편간위원회를 구성하여 주제 선정, 필자 선임 같은 일을 맡고, 김장하 선생은 출간 경비 일체를 지원하였다. 2001년 김수업 선생이 쓴 『논개』를 첫 책으로 시작하여 지금까지 18권이 나왔다. 각 책은 해당 분야의 귀중한 연구 결과물로 평가되며, 원래 취지대로 교육 자료로 널리 읽히며 활용되고 있다.

그렇게 여러 일을 함께 해 온 김장하 선생이 남성문화재단을 만들 때 김수업 선생을 이사로 선임한 것은 자연스러웠다. 2005년 1월, 김수업 선생이 대구가톨릭대학교 총장을 마지막으로 공직을 마무리한 뒤 고향 진주로 돌아와 남은 삶을 헌신하기 위해 진주문화연구소를 만들기로 하였을 때도 두 분은 예전처럼 협의하였다. 그리하여 김장하 선생은 연구소의 기틀을 잡는 데 도움을 주고자 운영비 일부를 부담하기로 약속하고, '진주문화를 찾아서'의 지속적인 출간 지원 등 연구소 활동에 필요한 재원을 측면 지원하기로 하였다. 그 덕분에 진주문화연구소는 처음부터 안정적으로 운영되며 여러 사업을 벌일 수 있었다.

이렇듯이 김수업 선생과 김장하 선생은 수시로 만나 의논하며 진주를 문화 예술의 고을답게 만들어 가는데 뜻을 같이하고 힘을 모았다. 두 분의 뜻은 자연히 남성문화재단이 문화단체나 문화 활동 지원을 통하여 진주 문화를 활성화하려는데 반영되었다. 예컨대, 2003년 형평운동 80주년을 맞아 진주오광대보존회가 창작 탈춤 '백정'을 제작할 때 남성문화재단의 재정 지원이 큰 힘이 되었다. 이 창작 탈춤은 진주오광대의 현대적 해석의 본보기가 되어 탈놀이 영역을 넓히는데 이바지하면서 진주에서뿐만 아니라 초청을 받아 일본에서도 공연되었다.

1996년 형평운동기념탑을 준공할 때 처음 열린 진주인권회의는 2001년부터 몇 년 동안 계속되며 결과물을 책자로 출판하였는데, 그때마다 남성문화재단이 재정적 지원을 하였다. 특히, 김수업 선생과 김장하 선생은 형평운동의 발상지 진주를 모든 사람이 차별 없이 평등하게 대우받는 인권도시로 만들어 가고자 하는 활동에 적극 참여하는 등 인권 확산에 물심양면으로 지원을 아끼지 않았다.

이러한 사업을 벌이는 남성문화재단의 이사회는 자연스럽게 진주를 좀 더 나은 곳으로 만들기 위하여 논의하는 자리가 되었다. 그리고 그 의사결정 기준도 특별하였다. 예컨대, 시민단체나 문화단체의 활동 지원 요청을 심의할 때 진주 정신이나 문화, 인권 발전에 이바지하느냐가 중요한 선정 기준이었다. 또 장학생 선발과 지원에는 생활환경의 어려움 정도가 선정 기준이 되었다. 흔히 하는 대로 성적순이 아니라 누가 더 절실하게 도움이 필요한가에 따라 장학생을 선발하는 것이다.

남성문화재단 이사회 모습

2018년 2월 8일, 남성문화재단 이사회가 열렸다. 이 시기의 주요 안건은 대학 입학 대상의 장학생 선발이다. 고등학교 졸업식 전에 대상자에게 장학금을 전달하기 위한 것이다. 몇 달 동안의 항암치료를 잘 마치신 김수업 선생도 참석하였다. 참석자들은 모두 선생의 회복을 반가워하며 더욱 빠른 쾌유를 바랐다. 그러나 그것이 김수업 선생의 마지막 남성문화재단 이사회 참석이었다.

2018년 6월에 김수업 선생이, 다음 달 7월에는 박노정 선생이 불치의 병으로 세상을 떠났다. 남성문화재단 발기모임부터 참여해 온 두 분의 자리는 8월 31일에 열린 이사회에서 남성진 진주문화연구소 소장과 윤성효 진주가을문예운영위원장에게 맡겨졌다. 진주의 문화 활동 주역이 다음 세대로 넘어가는 모습이었다.

김중섭 (남성문화재단 이사)

고달픈 삶에 탈춤의 신명을

김수업 선생이 떠난 지 1주기가 다가오는 즈음에 선생이 하였던 문화 사업들을 되돌아보니 그 하나하나가 '이 지역에 살고 있는 사람들의 건강한 삶의 문화를 만들어 내고자'하는 큰 기획 속에 있었음을 깨닫게 된다. 삼광문화연구재단의 이사장을 하면서 진주탈춤한마당을 열었고, 또 그것을 기반으로 진주오광대와 솟대쟁이패를 복원하였다. 진주문화연구소의 설립과 유네스코창의도시에 진주를 등재하는 사업 등이 모두 연계되어 선생이 계획한 대로 그 성과를 이뤄내고 있음을 다시 느끼게 된다. 그 많은 일들을 해 나가면서도 늘 미소를 짓던 모습이 떠올라 선생이 그립다.

'새로운 천년'이라는 구호가 막 나오기 시작한 20세기의 끝자락은 사람들의 삶이 극도로 황폐해져가는 과정이었다고 할 수 있다. 정치적으로 민주화가 이루어져 사람의 삶에 변화가 있기를 기대했으나, 정치가들은 야합적인 보수의 모습으로 국민의 기대를 무너뜨렸고 경제적으로는 불황과 함께 무역적자의 심화로 국가부도라는 IMF 구제

금융 체제를 향하여 급속히 빠져들고 있었다. 또 안정된 삶의 기반이던 직장은 '명퇴'라는 새로운 용어의 등장과 함께 구조 조정이 시작되어 직업은 그 안정성을 잃기 시작하였다. 이런 세기말의 제반 상황은 사람들의 삶을 송두리째 흔들어버리고 불안한 삶의 책임을 개인에게 몰아붙여 개인들의 삶은 여지없이 부서지는 파편화된 사회로 몰고 가고 있었다.

사람들의 삶의 질을 보장하는 문화 환경 또한 다를 바가 없었다. 경제적 위기는 사람들의 문화적 역량을 고갈시켰고 자본의 논리가 지배하는 상업문화는 문화를 소비되는 상품으로 전락시켜 문화가 지녔던 삶을 재창조하는 기능을 상실하고 팔리지 않는 상품처럼 흘러 다니게 만들었다.

특히 지방 소도시인 진주는 예로부터 예술의 도시, 문화의 도시라 불렸지만 이 때의 예술과 문화가 무엇인지 분명하지 않고 그저 다른 도시와 다를 바 없이 표준화된 중앙문화의 소비지 역할을 하고 있는 실정이다. 그리고 이 지역에 살고 있는 지역민들조차 지역의 정체성을 담고 있는 고유한 문화가 무엇인지 알지 못할 뿐만 아니라 그런 문화를 향유해 본 적이 없었다.

이런 상황에서 지역공동체의 문화적 힘으로 파편화된 사람들을 묶어내고 삶의 어려움을 극복해 나갈 수 있도록 지역의 정체성과 창조적 에너지를 지닌 문화를 재건하자는 논의가 선생을 중심으로 한 삼광문화연구재단에서 시작되었다. 그래서 재단의 이사장으로 있으면서 선생께서는 삼광문화연구재단의 사업을 지역문화재건을 위한 창조적 에너지를 충전할 수 있는 마을축제 살리기와 진주탈춤한마당으로 정하였다.

삼광문화재단은 지역금융의 대들보인 진주상호신용금고(대표이사 윤철지)가 출연한 자금으로 1995년 6월 13일에 설립되었다. '지역민과 더불어 살며 행복을 나눈다.'는 신념으로 지역문화의 발전과 인재양성을 위한 사업을 근본적이고 체계적으로 지원하고자 설립한 것이다. 주요 사업은 '마을 축제 되살기'와 '진주탈춤한마당' 행사다 삶과 더불어 살아 숨쉬는 민속놀이가 삶의 터전인 마을에서 사라지고 변조된 경연대회로만 떠도는 현실을 바로 잡아 '마을 축제 되살리기'를 벌이려 한다. 민속놀이의 원초라 할 탈춤을 되살리는 것은 곧 다양한 민속놀이의 뿌리를 되살리는 것이 되므로 오광대의 중심지였던 이 고장에서 '진주탈춤한마당'을 열어보려는 것이다.

— '제2회 진주탈춤한마당' 리플릿에서 삼광문화연구재단 이사장 김수업

선생이 사람들의 삶을 되살리는 문화의 핵심요소로 탈춤을 선택한 것은 진주가 오광대의 중심지라는 지역적 특성과 탈춤이 지닌 문화적 역동성을 주목한 때문이며 탈춤을 통하여 지역문화의 과제와 삶의 위기를 한꺼번에 해결해 보자는 의도였다.

탈은 본래 신성을 대변하는 것이었다. 신령이 깃든 탈을 씀으로써 신이 내리고 신의 영험으로 부정한 것을 물리쳤다. 또 탈판에서 탈을 씀으로써 자신의 문제를 자유롭게 드러내고 누구나 나서서 그 문제에 공감하고 함께 해결하는 집단의 힘을 보여주는 놀이라는 것이다. 다시 말해 탈춤은 인간과 신이 함께 하면서 자연에서 오는 문제와 인간

1996년 7월 제1회 진주탈춤한마당을 열며

의 삶에서 발생하는 문제들을 집단의 염원과 힘을 모아 해결하는 풀이의 놀이며 치유의 문화라고 할 수 있다. 그래서 탈춤을 '탈(가면)이 탈(부정)을 내쫓는 것'이라 했다. 선생은 탈춤의 이러한 특성을 주목하고 사람들이 삶의 과정에서 허방에 빠지지 않도록 새로운 힘을 얻고 문화의 건강성을 회복할 수 있도록 하는 놀이로 탈춤을 선택한 것이다.

선생이 탈춤을 선택한 또 다른 까닭은 우리 지역의 문화적 숙원 때문이었다. 본래 이 지역의 탈춤은 오광대라 불렸으며 진주는 오광대의 중심지였다. 이런 진주오광대는 일찍부터 학계의 주목을 받아 1928년 민속학자 정인섭에 의해 탈춤 사상 최초로 그 재담이 채록되었으며 민속학자 송석하는 1934년 진주오광대 공연을 보고 동아일보에 대대적으로 보도하고 재담과 탈을 수집하였다. 이렇게 주목받던 진주오광대는 30년대 말 일제의 탄압으로 그 맥이 끊어졌다. 이후 몇 차례 복원을 위한 시도가 있었으며, 1950년대와 1960년대에 최상수와 이명길에 의해 재담이 채록되고, 다수의 재담집과 탈이 수집되어 존재함에도 끝내 복원되지 못하고 말았다. 이러한 사정은 선생으로 하여금 진주오광대의 복원이라는 책무성을 느끼게 하였다. 바로 선생께서 탈춤을 선택하여 진주탈춤한마당이라는 판을 열게 된 두 번째 까닭이다.

선생은 진주탈춤한마당이라는 판의 주제와 이름을 정하고 다음으로 판을 벌이는데 필요한 재정과 사람, 내용을 구성하는 문제를 해결해야 했다. 주관단체가 삼광문화연구재단이었기에 재정 부분은 재단에서 담당한다 하더라도 행사에 뜻을 같이하고 행사를 계획하고 진행할 사람들을 섭외하는 것이 큰 과제였다. 사람을 끌어 모으는 데도 선생이 중심이 될 수밖에 없었다. 선생께서 진주탈춤한마당 대회장을 맡으시고 뜻을 같이 할 지역의 인사들을 찾아다니시면서 협조를 요청하였다. 학계의 인맥을 동원하여 행사에 자문할 수 있는 분들을 찾았으며, 지역의 젊은 일꾼들을 찾아 행사를 직접 주관하도록 하였다. 그렇게 하여 진주탈춤한마당행사 기구와 조직을 구성하고 행사 일정과 내용을 구체적으로 정하는 일을 시작하였다.

진주탈춤한마당의 취지 중에서 진주의 정체성을 담아내는 것이어야 한다는 점이 행사일정을 결정하는 실마리가 되었다. 진주의 정체성으로서 진주정신을 이야기할 때, 불의를 거부하고 임진 계사년 침략전쟁에 목숨을 걸고 싸우다 돌아가신 이 고장 칠만 선열과 임술년 농민항쟁 그리고 인간의 평등과 사람 사이의 애정으로써 평등한 세상을 꿈꾸었던 형평운동 등의 정신을 떠올리게 된다. 그분들의 혼령을 위로하는 일이야말로 진주의 삶과 문화를 되살리려는 사람의 본분이라고 여기고 계사년 진주성이 함락된 날인 7월 26일을 행사일로 정하여 3일간 행사를 진행하기로 하였다.

행사 내용은 이미 탈춤을 행사의 중심으로 설정하였기에 탈놀이 연희 전문가인 부산대 채희완 교수와 경상대 정병훈 교수의 자문을 받고 삼광문화연구재단 이사회를 개최하였다. 임진, 계사년 순국선열위령굿과 전통탈춤 및 창작탈춤으로 본 행사를 구성하고 전국대학생 탈춤경연대회, 진주오광대 및 민속 문화 관련 학술토론회와 시민들이 참여하는 탈춤 배우고 추기, 청소년탈 만들기 및 거리축제로서 조선천지탈행렬 등으로 구성하였다. 또 행사 장소는 시민들이 많이 참여할 수 있는 진주성과 남강문화거리 및 시내 곳곳에서 열린 마당으로 진행하기로 결정하였다.

1996년 7월 26일 제1회 탈춤한마당이 진주성 순의제단에서 선열의 혼을 위로하는 위령제와 씻김굿을 시작으로 남강문화거리에서 막을 올렸다. 7월의 무더위 속에서 시민들이 탈을 들고 풍물소리에 맞춰 신명나게 행진하는 조선천지탈행렬은 시민들의 참여를 독려하였고, 전국학생탈춤경연대회는 서울의 경희대 민속연구회와 서울예술전문대, 경기도의 경기대학교와 수원대학교, 강원도의 관동대학교와 한림대학교, 대전의 목원대, 청주의 청주대와 함께 경북대, 전북대, 목포대, 경상대, 제주대 등 전국의 14개 대학 탈춤 동아리가 참여하여 신명을 펼쳐 보였다. 본행사로 가산오광대, 봉산탈춤, 하회별신굿 탈놀이 등 중요무형문화재 탈놀이 공연을 하였다. 또 행사를 준비하면서 직장인반 2팀과 어머니반 2팀, 청소년반 2팀 등 시민을 대상으로 탈춤을 강습하여 행사장에서 함께 춤추고 놀 수 있도록 하였으며, 진주상호신용금고 문화관에서는 청소년창작탈 만들기 대회 작품 전시회를 개최하였고, 경상남도문화예술회관 소공연장에서는 '오늘 우리가 왜 탈춤을 추는가?'라는 주제로 국내 탈춤 전문가들이 모여 학술 토론회를 열었다.

제1회 진주탈춤한마당의 성공적 개최는 문화 관련 전문가들의 주목과 호평을 받았으며, 시민이 함께 참여하는 이 시대의 놀이 문화의 틀을 만들었다는 평가를 받았다. 그리고 이러한 성공으로 진주탈춤한마당행사는 이후 다른 지역의 문화행사에도 영향을 주었다. 특히 안동의 국제탈춤페스티벌에 그 틀을 제공하여 안동의 탈춤행사를 키우는 계기를 마련하기도 하였다. 다만 행사 시기가 일 년 중 가장 무더운

7월 말이라는 점에서 무거운 탈을 쓰고 행사를 진행하기에 어려운 점이 많아 제2회 탈춤한마당부터 시기를 날씨가 좋은 5월로 옮겨 진행하기로 결정하였다. 또 학술행사에서 논의된 진주오광대 복원 가능성에 대하여 힘을 얻게 된 선생은 진주오광대 복원을 위한 기획을 차근차근 준비하는 기회로 삼았다.

진주탈춤한마당은 해를 거듭할수록 구성이 탄탄해지고 역량이 자라났다. 그리고 대회본부장을 맡으신 선생은 진주문화인의 숙원 사업이었던 진주오광대 복원을 마무리하여 제3회 진주탈춤한마당에서 시민들에게 선을 보임으로써 묵은 과제를 해결하였다. 또 그동안 행사를 주최하였던 삼광문화연구재단과 별개로 진주탈춤한마당을 위한 조직으로 제전위원회를 구성하여 좀 더 체계적이고 외연을 넓히는 행사를 구상하였다. 그래서 제10회 진주탈춤한마당부터 국제적인 성격을 띠는 탈춤 행사로 동아시아 삼국의 미학이라는 주제로 한, 중, 일의 탈춤을 모아 즐기는 행사로 확대하였다. 시민의 참여하여 함께 즐기는 놀이를 문화로 만들어 나가기 위해 시민탈춤보급사업을 지속적으로 진행하고 있다. 이제 선생과 함께 22년의 세월을 보낸 진주탈춤한마당은 진주를 대표하는 문화행사로 자리매김했을 뿐 아니라 다른 문화 사업에 영향을 주고 도움을 주는 문화행사로 커가고 있다. 그 대표적인 일이 진주를 유네스코 창의도시 민속 분야에 등재하는 사업에도 진주탈춤한마당은 중심적 역할을 하고 있다.

한갑진 (진주오광대보존회 회장)

예순 해만에 되살린 진주오광대

김수업 선생은 진주탈춤한마당 대회사에서 한국사회가 불황과 정치적 혼란 속에서 국가부도라는 IMF 구제금융 체제로 추락하기 전에 평범한 사람들의 삶다운 삶은 무너지고 파편화 되어가는 모습에서 그들의 삶과 문화를 되찾는 일이 이 시대 문화를 담당하는 사람의 책무라고 하였다. 그리고 탈춤을 무너져가는 삶과 문화를 다시 일으켜 세우는 바탕으로 삼았다. 그것은 탈춤이 삶과 문화의 뿌리라고 생각했기 때문이다.

선생은 탈춤에서 신의 얼굴이 깃든 탈을 쓰고, 신을 기쁘게 함으로써 부정한 것을 씻고 인간의 삶이 제자리를 찾는다는 탈춤의 제의성에서 신과 인간이 함께하는 근원적 문화건강성을 보았으며, 탈춤에 참여하는 사람들이 함께 춤추고 함께 노는 과정에서 신바람에 감염된 집단의 힘을 경험함으로써 새로운 삶의 에너지를 얻는 창조력과 탈을 씀으로써 그들의 문제를 탈판으로 가져와 자유롭게 비판하고 화해하며 문제를 극복해 나가는 현장적 운동성에 주목하였다. 그리고 이것으로써 우리의 삶과 문화를 그 뿌리에서 되살릴 수 있다고 생각하였다. 이것이 선생께서 탈춤을 통한 문화운동을 시작한 까닭이다.

1996년 '진주탈춤 한마당'의 시작에는 선생의 이런 생각과 더불어 또 다른 큰 기획이 숨겨져 있었다. 선생께서 '진주탈춤 한마당' 대회 본부장을 맡아 대회를 주관하며, 전국의 탈춤 전문가를 초빙하여 학술세미나를 개최하였다. 반세기 넘게 단절된 진주오광대의 복원을 위한 이론적 기반을 마련하고 진주오광대를 직접 복원할 문예 일꾼들을 모으는 것이 숨은 의도였음을 나중에 밝혔다.

'삼광 문화연구재단'을 세우고 1996년 7월에 진주탈춤한마당을 열었다. 이것은 탈놀음 행사로 처음이거니와 진주지역이 진주오광대의 고장이라는 사실을 깨우는 말미가 되었다. 진주탈춤한마당은 처음부터 진주오광대를 되살리려는 속뜻을 바탕에 깔고 벌였던 것이다. 그래서 정부가 '문화유산의 해'로 삼은 1997년 제2회 진주 탈춤한마당에서는 진주오광대를 주제로 삼아 학술토론회를 열었는데 거기 모인 학자 모두가 진주오광대를 여태 살리지 못한 것을 안타까워하고 이제라도 되살려야 한다면서 되살리는 길에 도움이 되는 여러 가지 의견들을 내놓았다.

- 김수업, 「진주오광대 복원의 문화적 가치」, 세계종족무용연구소
'진주 명무전, 한국전통 명무전 시리즈' 리플릿에서, 2000. 10. 23.

그러면 진주오광대는 어떤 탈춤인가? 19세기 말 진주 지역에 본거지를 두고 인근지역을 돌며 예능을 팔아 살아가던 유랑예인집단으로 솟대쟁이패가 있었다. 그들은 진주를 중심으로 각 지역을 돌며 풍물과 탈놀이, 요술, 땅재주, 그리고 솟대에 두 줄을 평행하게 내리고 줄

위에서 재주를 부리는 쌍줄타기 등을 하면서 인근의 장시를 떠돌았고 그 과정에서 합천초계와 의령신반 등의 오광대의 놀이 요소를 흡수하였다. 이 솟대쟁이패 탈놀음은 진주의 토착 탈놀음에 상호 영향을 주면서 진주오광대가 형성 발전된 것으로 보인다.

특히 진주는 '북 평양 남 진주'라 불릴 정도로 풍류문화가 발달했던 곳으로 이 지역에서 춤 좀 춘다고 하는 한량들과 권번의 기생들까지 오광대 공연에 참여하였기 때문에 교방춤의 기교와 멋이 가미되어 진주오광대는 다른 지역의 오광대보다 춤과 악이 풍성하고 화려했다고 한다.

진주오광대는 정월 보름날 저녁이 되면 풍물잽이를 앞세우고 각 집을 돌며 걸립을 하다가 수정봉에 만월이 걸리면 봉곡동 타작마당 또는 남강변 백사장에서 달집태우기를 하고 놀이에 참여한 모든 사람들이 풍물가락에 맞추어 집단 난무로 흥을 돋운 뒤 밤이 이슥해지면 흑, 청, 적, 백, 황의 오방신장이 등장하여 탈판을 잡고는 탈놀이를 밤새도록 했다고 한다.

일제강점기 식민지 조선에 대한 일제의 탄압으로 진주오광대는 일시적으로 단절되었으나 1934년에 진주의 부인위친계, 제3야학회, 각 신문지국 등이 주도하여 민족문화예술의 부흥과 육영사업을 목적으로 복원 탈판을 열었다. 진주오광대의 공연 소식은 당시 민속학자인 송석하가 동아일보에 대대적으로 보도하였다. 이때 진주오광대는 단순한 향촌의 민속놀이 문화가 아니라 진주사람 각계각층이 참여하여 묵시적으로 일제의 탄압에 대응하는 문화운동의 성격을 띠고 있었음을 당시 신문기사를 통하여 확인할 수 있다. 그러나 1930년대 말 일제

진주오광대 오방신장무 과장, 할미영감 과장

의 탄압이 강화됨으로써 진주오광대는 그 맥이 끊기고 말았다.

　일찍이 1928년 민속학자 정인섭에 의해 탈놀이 사상 제일 먼저 재
담이 채록되어 『조선민속』 창간호에 발표되었고, 1934년에는 민속학

자 송석하가 진주오광대 공연을 관람하고 오광대 탈을 수집하였을 뿐만 아니라, 연희자에게 재담을 상세하게 기록하게 하였으며, 1950년 대 최상수와 1960년대 이명길에 의해 생존 연희자로부터 각각 재담을 채록하는 등 4종의 재담집과 수집된 탈, 그리고 연희자가 생존해 있었음에도 진주오광대만은 결국 복원되지 못했다. 물론 광복 이후 몇 차례 복원 시도가 없지는 않았으나 특별한 조직이나 주체가 불분 명하여 제대로 복원되지 못하였고 1970년대 민족문화에 대한 관심이 커지면서 민속예술을 연구하는 학자를 중심으로 각 지역의 탈춤이 복원되어 무형문화재로 지정될 때도 진주오광대만큼은 복원의 움직임의 바깥에 놓여있었다.

선생은 광복 이후 다른 지역의 탈춤이 복원되어 무형문화재로 지정되는 가운데 진주오광대는 4종의 재담집과 탈의 대부분이 남아 있는 등 다른 지역 탈춤보다 유리한 조건을 갖추고 있었음에도 불구하고 복원되지 못한 것에 대하여 진주에서 문화를 담당하는 사람으로서 반드시 진주오광대를 복원해야 하며, 만약 이 시기를 놓치면 영원히 복원할 수 없을 것이라는 책무성을 가지고 있었다. 일제 강점기 진주오광대의 맥이 잠시 끊겼을 때 시민 모두가 참여하여 민족문화를 재건하고 사람들의 삶을 회복하고자 했던, 진주오광대 재연 문화운동을 벌였다는 역사적 경험을 통하여 그때와 다를 바 없이 사람들의 삶과 문화가 파괴되는 위기 상황을 극복하는 힘을 진주오광대 복원으로 얻을 수 있겠다는 의도로 복원사업을 기획하였다.

선생이 진주오광대 복원을 위한 첫 포석으로 1997년 제2회 진주탈춤한마당 학술행사에 전국의 탈춤 관련 학자들을 초빙하여 '진주오광대에 관하여'라는 주제로 학술 토론회를 개최하였다. 진주오광대의 복원 가능성과 당위성에 관하여 타진해 보겠다는 것이었다. 이 과정에서 진주오광대의 분파인 도동오광대의 마지막 연희자 배또문준 옹을 찾아내게 되어 진주오광대의 재담, 탈, 연희자가 존재함으로써 진주오광대 복원의 마지막 실마리를 찾게 되었다. 이 일은 학자들로부터 진주오광대 복원의 타당성을 인정받게 된 계기가 되었다. 또 현재 남아있는 4종의 재담집을 검토하여 재담 구성의 방향도 설정하였다. 공연 현장을 직접 보고 채록한 송석하 채록본을 바탕으로 하고 정인섭 채록본과, 공연본은 아니지만 그 내용이 보다 상세한 이명길 채록본으로 재담을 정리 보완하여 복원 재담집을 구성한다는 것이 그것이다.

탈춤한마당 학술토론회에서 나온 재담 구성의 방향을 근거로 선생은 놀이 단위가 서로 들쭉날쭉한 이본들을 정리하여 5과장으로 편성한 복원 재담집과 오광대의 속살을 다음과 같이 정리하였다.

　1. 오방신장무 과장 : 흑, 청, 적, 백, 황의 오방 신장이 나타나 각 방위를 점하고 한바탕 춤을 춘다. 오방신장무는 천신이 하강하여 인간 세계의 부정한 것들을 몰아내고 인간의 삶을 위무하는 신령의 춤이며 인간이 신에게 받치는 신령한 춤이다.

　2. 문둥이 과장 : 오방신장과 마찬가지로 흑, 청, 적, 백, 황의 오방을 점하는 문둥이들이 나타나 자리를 정하고 춤을 추다 노름을 한다. 이때 어딩이와 역신인 무시르미가 등장하여 돈을 훔쳐 사라진다. 오문둥이는 어딩이와 무시르미를 잡아들이고 징계를 하려하나 이들이 잘못을 뉘우치자 용서를 해 주게 된다. 이 과장에 등장하는 오문둥이는 오방신장(천신)

에 대응되는 지신으로 1과장과 조응되며 화해와 용서로써 부정한 것을 물리친다고 해석될 수 있다.

3. 양반 과장 : 말뚝이와 양반이 등장하여 재담을 나눈다. 이때 말뚝이와 양반의 재담이 진행될수록 유식해 보이던 양반은 무식을 드러내고 무식한 말뚝이가 오히려 유식해지는 역전현상이 나타나고 말뚝이는 양반의 허위를 풍자하고 폭하게 된다. 이는 인간사회의 문제를 탈판에 가져와 거짓을 폭로하고 바로잡고자하는 사회적인 놀이가 된다.

4. 상좌중 과장 : 상좌가 소무를 유혹하여 춤을 추며 놀고 있을 때 노장이 등장하여 소무를 가로채어 함께 질탕하게 논다. 이때 양반과 말뚝이가 등장하여 노장을 잡아들여 파계를 꾸짖고 치죄를 한다. 노장은 수도의 어려움을 토로하고 가사를 벗고 환속한다. 이는 파계승 풍자와 더불어 구도와 현실적 삶의 괴리와 역전을 폭로하여 제대로 된 삶을 찾는 과정이라 할 수 있다.

5. 할미영감 과장 : 영감이 두 첩을 데리고 돌아오자 할미는 영감과 싸우게 되고 이 과정에서 할미는 영감에게 맞아 죽는다. 이에 놀란 영감은 할미를 살리기 위해 무당을 불러 오구굿을 하게 되고 무당이 영감의 횡포를 꾸짖자 영감은 자신의 잘못을 뉘우친다, 그러자 무당의 손짓에 할미는 살아난다. 이는 처첩 간의 갈등과 더불어 가부장의 권위주의와 폭력성을 폭로하고 잘못을 뉘우쳐 화해함으로써 문제를 해결하는 과정을 보여주는 것이다.

- 김수업, 「진주오광대 복원의 문화적 가치」에서 정리, 2000. 10. 23.

1997년 6월에 선생은 진주오광대 복원 재담집을 정리하시고 진주
오광대 복원의 성격과 방향성에 대해 시민단체대표와 문화관계자들
을 만나 복원에 대해 논의하면서 일제강점기 진주오광대가 그랬던 것
처럼 시민의 뜻과 열의를 모아 복원하는 것이 바람직하며 이를 위해
시민을 대상으로 진주오광대 복원의 취지를 알리고 후원회를 결성할
것과 지역의 젊은 문예일꾼들을 모아 실질적인 복원팀을 구성할 것을
결정하셨다.

　　이렇게 해서 지역에서 연희 경험이 있는 사람들 중심으로 교사, 대
학생, 직장인 등 다양한 직업을 가진 연희 복원팀을 구성하였다. 이 연
희 복원팀은 경상대 정병훈 교수와 부산대 채희완 교수의 자문을 받
아가며 오광대 마지막 연희자 배또문준 선생의 지도로 재담을 익히
고, 이미 사라진 춤사위는 진주 굿거리춤 전문가인 김수악 선생과 경
상대 민속무용과 김미숙 교수의 자문으로 새로 구성하였다. 또 탈 제
작을 위해 탈 제작자 황병권을 국립중앙박물관에 파견하여 남아있는
진주오광대 탈을 실측하여 탈을 복원하도록 하였다. 의상 복원은 우
리 전통옷 전공자 박윤미로 하여금 문화재전문위원 김명숙 선생의 자
문을 받아 공연의상을 제작하도록 하였다.

　　연희팀의 연희 복원과 연습을 위해 공간이 필요했으나 초창기 충분치
않는 재정에 적절한 연습공간을 찾을 수 없어 선생께서는 자신의 사재
를 털어 연습을 지원했으며 자신이 신도회장으로 있는 칠암성당의 지하
와 진주신용금고 문화관을 빌려 두 장소를 오가며 연습하게 하였다.

　　복원 연희팀이 활동을 시작하자 진주오광대 복원을 위해 시민의 뜻
과 힘을 모으고 복원 연희팀을 지원하기 위해 김장하 남성문화재단

이사장, 리영달 치과원장, 박노정 시인, 원종록 원장 등 지역의 인사를 중심으로 오광대 복원사업회를 조직하였다. 선생이 이사장을 맡아 복원사업을 체계적으로 총괄하면서 소식지를 발행하여 시민들에게 진주오광대 복원과정을 알리며 동참을 호소하였다.

진주오광대복원사업회 중심의 복원 활동은 후원회원 700명 후원금 5천4백6만원이라는 시민들의 적극적인 호응으로 큰 힘을 얻었다. 한편 1997년 9월부터 시작된 복원 연습은 열악한 환경에도 불구하고 각자의 일을 마친 밤에 연습장을 옮겨가며 8개월의 열띤 토론과 연습으로 진주오광대의 옛 모습에 가깝게 복원되었다. 그리고 1998년 5월 7일 선생은 탈춤 관련 학자와 진주오광대 복원 관련 전문가를 초청하여 1차 시연을 하고 종합적으로 평가를 받도록 하였다. 이 평가회에서 전문가들은 진주오광대의 복원 과정과 결과물을 놓고 많은 호평을 하였다. 그해 5월 23일 제3회 진주탈춤한마당 행사에 진주오광대가 단절된 지 60여 년 만에 시민들 앞에서 첫 복원공연을 하였다.

진주오광대 복원공연을 지켜본 탈춤전문가인 고려대 전경욱 교수는 '1930년대 진주오광대 탈의 원래 모습대로 충실하게 재현하려고 노력한 흔적들이 역력히 보이며, 한두 학자에 의해서가 아니라 탈춤을 향유할 시민의 힘으로 복원한 점이 모범적인 사례'라 하였다. 민속학자 대구대 박진태 교수는 '탈춤한마당이라는 축제를 탄생시킨 진주가 시민의 힘으로 진주오광대를 부활시킨 것은 진주시민의 문화적 승리'라고 평하였다.

진주오광대 복원공연을 마치고, 선생은 진주오광대복원사업회 소식지의 인사말에서 다음의 말씀을 하였다.

지난 5월 23일 저녁에 60년 동안 사라졌던 진주오광대 탈놀음이 마침내 우리 앞에 나타났습니다. 그 동안 학술 조명을 하고 재담을 정리하고 춤을 배우고 악을 익히고 탈을 만들고 옷을 짓고 춤을 가르치고 악을 가르치고 연희를 가르치고 장소를 빌려주고 뒷바라지를 해주신 수많은 분들과 복원사업회를 만들자는 발기인이 되고 이사가 되고 운영위원이 되고 회비를 내고 찬조금을 보내고 지원금을 배정해 주신 모든 분들의 사랑과 정성이 이루어낸 자랑스러운 일입니다. 다시 한번 뜨거웠던 그 열성 앞에 머리 숙여 절하는 바입니다. 그러나 그것은 오랫동안 땅 속에 묻혀있던 보물을 이제 막 파낸 것과 같습니다. 흙이 묻고 때가 낀 것은 말할 나위도 없거니와 녹이 슬고 망가진 데도 있을 지도 모르겠습니다. 그래서 앞으로 이 보물이 제 모습을 드러내어 세상 사람들의 눈길을 끌며 사랑받고 오늘을 사는 우리 진주 사람들의 삶 안에 어우러지려면 얼마나 많은 정성과 노력을 더 바쳐야 할는지는 모르겠습니다. 부디 여러분들이 쏟으신 그 사랑을 앞으로 더욱 드높여 주시기를 간절히 바라마지 않습니다.

－ 김수업 진주오광대복원사업회 이사장

이 인사말 속에는 진주오광대복원을 위해 긴 시간 애쓴 선생의 간난신고한 마음 그 자체가 오롯이 숨어 있다 하겠다.

이렇게 진주오광대는 학자와 전문가 그리고 시민들의 호응 속에서 다른 어떤 탈춤 단체도 갖지 못한 힘을 가지고 새롭게 부활하였다. 그리고 진주오광대복원사업회는 진주오광대보존회로 개칭하고 선생이 초대 보존회장을 맡아 활동을 지원하였다. 이후 2003년 진주오광대는 경상남도무형문화재 제27호로 지정되었다. 하지만 진주오광대는 다른 탈춤보존회와 다른 길을 걷기로 하였다. 복원된 탈춤을 지키고 보존하는 것에 머물지 않고 우리 시대의 탈춤을 만들어 공연하고, 진주시민을 위한 다양한 문화 사업들을 벌이며 시민들에게 문화를 제대로 돌려주는 사업들을 한다는 것이었다.

그래서 진주오광대는 진주의 근대적 인권운동인 형평운동을 주제로 새로운 탈놀이 '백정'을 만들어 시민들 앞에서 선보였으며, 근대 일본의 인권운동인 수평사 운동 관련 단체의 초청으로 일본에 가서 공연하였다. 또 영국 에딘버러 축제에서 오방신장춤을 알리기도 하고, 진주오광대 탈춤을 전국에 알리는 초청공연과 해마다 개천예술제 공연, 진주성 무형문화제 상설 공연 등을 활발하게 해오고 있다.

그리고 진주 지역의 유치원생 및 초등학교 저학년 학생들을 위한 문화 교육 프로그램 '꿈다락'을 운영하고 있다. 진주시민들에게 우리 춤 한 자락을 출 수 있도록 하고자 덧배기 춤 보급을 위해 '찾아가는 춤 강습' 프로그램도 운영하고 있다.

진주오광대의 또 다른 자산은 선생과 함께 활동하면서 성장한 문화 일꾼들을 들 수 있다. 진주오광대보존회 회원들은 현재 진주의 다양한 문화 사업의 중심에서 활동하고 있다. 탈춤한마당 행사를 주관하고 진주문화연구소와 유네스코창의도시 등재 사업 등 그들의 문화역량을 곳곳에서 발휘하고 있다. 진주오광대의 이러한 활동이 가능했던 한 것은 선생께서 뿌린 씨앗이 20년을 지나면서 튼튼히 자라 이뤄낸 성과라고 하겠다.

한갑진 (진주오광대보존회장)

솟대쟁이놀이를 다시 불러내기까지

솟대쟁이놀이는 솟대쟁이패가 놀던 놀이를 말한다. 솟대쟁이패는 1800년대 전후로 진주 지역을 본거지로 하여 전국을 떠돌아다니며 활동한 전문예인집단을 일컫는다. 솟대쟁이라는 이름은 이 패거리들이 놀이판을 꾸밀 때 한가운데에 솟대와 같은 긴 장대를 세운 뒤, 그 꼭대기로부터 양편으로 두 가닥씩 네 가닥의 줄을 늘여놓고 그 위에서 몇 가지 재주를 부린 데서 비롯된 것이다. 솟대쟁이패는 일명 솟대패라고도 하는데 1920~1930년대에 활동한 4대 꼭두쇠(두목) 이우문(진주 사람)에 이르기까지 전승이 지속되었다. 당대에 뛰어난 기예로 명성이 높았던 솟대쟁이패는 안타깝게도 1936년 원산 공연을 끝으로 해체되고 말았다. 이후 단원들은 전국으로 뿔뿔이 흩어져 〈뜬패〉를 이루어 생계를 이어가게 된다.

　기록으로 이름만 남았던 솟대쟁이패의 실체를 처음 본격적으로 찾아 나선 이는 당시 진주삼천포농악 사무국장이었던 남성진이다. 남성진 국장은 2002년 석사 학위논문의 주제를 '진주삼천포농악'으로 잡고 관련 자료를 찾다가, 심우성 선생의 책에서 솟대쟁이놀이에 풍물

2013년 12월 솟대쟁이 놀이 복원을 위한 후예·후손 모임

이 섞여있다고 말한 대목을 발견하였다. 심우성 선생은 남사당패를 조사하다가 그 과정에서 솟대쟁이 놀이를 했던 송순갑이라는 분을 알게 되었는데, 이때 송순갑 선생이 솟대쟁이패를 조사하라고 심우성 선생에게 조언을 했다는 것이다. 이에 심우성 선생은 솟대쟁이패에 대해 조사하려고 진주까지 내려온 일이 있었다.

이러한 사실을 책을 통해 알게 된 남성진 국장은 풍물과 솟대쟁이패가 연관이 있다고 보고, 이 관계를 확인하려고 대학 시절부터 알고 있었던 농악예능 보유자인 김선옥 선생을 만나 이 부분에 대해 물어보았으나, 김선옥 선생 자신은 솟대쟁이패 출신에게서 단지 풍물만 배웠다고 하였다. 여섯 살 때부터 농악을 했던 김선옥 선생은 광복 후 진주농악회장을 했던 그의 외조부 강판세 선생에게서 솟대쟁이패라는 말은 들었다고 했다. 그 전부터 오랫동안 여관을 경영하던 그의 외조부는 솟대쟁이패들이 진주에 공연하러 오면 여관에 재워주기도 하고 판을 열어주기도 했다는 말을 외손자에게 했던 것이다.

솟대쟁이에 대해 더 자세히 알아보려고 김선옥 선생과 함께 병으로 누워있는 송순갑 선생을 찾아 대전으로 갔으나, 병중이라 그의 아내가 만나는 것을 거절하였다. 그러나 전후 사정을 들은 송순갑 선생이 자청하여 만나게 되었고, 선생은 솟대쟁이패의 뿌리가 진양(진주)이라는 것과 당시 함께 활동한 단원들의 이름을 기억해 내어 말하였으며, 심지어 벌떡 일어나 꽹과리를 달라고 하더니 옛날의 가락을 직접 연주하기도 하였다. 남성진 국장은 이를 녹음하여 그 가락을 남겼는데 그 뒤 여덟 달 만에 송순갑 선생은 별세하고 말았다. 그 자리에서 1966년 국가무형문화재 제11호로 지정받은 '12차농악'의 많은 명인들이 솟대쟁이패 놀이꾼이었다는 증언도 들었다.

그때까지 경기도의 남사당패는 전국에 널리 알려져 있었지만 진주 솟대쟁이패에 대해서는 아는 이가 별로 없었다. 이런 가운데 송순갑 선생으로부터 솟대쟁이패의 뿌리며 구성원에 대해서 이야기를 들은 남성진 국장은 한껏 고무된 마음으로 진주로 돌아와 김수업 선생에게 이런 사정을 알렸다. 선생은 그 이야기를 듣자마자 큰 관심을 가졌고, 진주문화연구소가 자세히 다루어야 할 과제로 여겼다.

조선 팔도는 말할 나위 없고 만주까지 넘나들며 겨레 선조들이 예로부터 즐기며 살아온 예술을 팔아 목숨을 지켜내던 놀이패로서 경기도 안성에 뿌리 내린 남사당패와 나란히 이름이 높았다. 예술을 팔아 목숨을 지켜낸 놀이패의 예술은 겨레의 예술사 안에 남다른 자리를 차지한다. 궁

중을 비롯한 지방 관청에서 나라의 돈으로 선생을 붙여 가꾸어온 관속예술과 다르고 여느 백성이 농사짓고 고기 잡는 삶터에서 일과 더불어 놀이로 즐겨온 민속예술과도 다른 자리다. 돈을 들여 가르치지 않았으나 삶으로 익혀 절로 자라나서 민속예술에 가깝고 하늘이 내린 재주와 끼를 받아 빛나게 갈고닦은 솜씨는 관속예술과 비슷하다.

- 2014 진주 솟대쟁이놀이 복원재현 사업 솟대쟁이놀이 놀~판(2014.11.1.)
격려사 가운데서

한편, 한국민족예술인총연합 진주지부 분과장도 맡고 있던 남성진은 솟대쟁이놀이에 큰 관심을 갖고, 타악 중심으로 활동하겠다는 예인집단 〈마루〉 대표에게 몇 차례에 걸쳐 솟대쟁이놀이의 기예를 익힐 것을 권유하였다. 구체적으로 죽방울놀이부터 시작하라는 것까지 일러주었다. 그러다가 2004년 11월 14일에 한국민족예술인총연합 진주지부가 주관하여 '솟대쟁이의 후예'라는 주제를 걸고 진주 남강야외무대에서 첫 공연을 하였다. 그 뒤 전통예술원 '마루'가 주축이 되어 2012년까지 거의 해마다 공연을 하였다. 그러나 이는 솟대쟁이놀이 가운데 한 부분인 죽방울놀이를 비롯한 몇 가지 기예를 재현한 것이었다.

그러던 가운데 김수업 선생은 2008년 5월 24일에 '한국 잡희연행의 양상과 한·중·일 세 나라의 역사적 전개 과정'이라는 주제로 학예굿을 열어 본격적으로 솟대쟁이놀이의 전모를 탐구하는 작업을 시작하게 된다. 이 학술 행사에서 고려대 전경욱 교수는 '산악 백희의 역사적 전개과정'이라는 발표문에서 솟대쟁이놀이를 언급하며 오래된 사진 몇 장과 몇 가지 기예의 공연을 보여주었다. 그러나 진주문화연구소가 여러 가지 일들을 하느라 잠시 솟대쟁이놀이에 대해 손을 놓고 있는 사이, 2013년에 다른 지역 단체가 솟대쟁이놀이의 재현에 관심을 갖고 있다는 사실을 안 김수업 선생은 서둘러 복원사업에 힘을 쏟기 시작하였다. 지역의 문화자산을 뺏길 우려가 생기자 더 이상 늦출 수 없다는 판단을 한 것으로 보이는데, 그 과정을 정리하면 이러하다.

1. 솟대쟁이패 복원을 위한 발기 모임 '솟대쟁이패 후예·후손 모임' ... 2013. 12. 28.

2. 솟대쟁이패 복원을 위한 보존회 발족 ... 2014. 1. 15.

3. 복원에 필요한 내용 배우기 및 연습

   심우성 선생 초청 좌담회 ... 2014. 5. 24.

   시연 및 자문회 ... 2014. 6. 7.

   심우성 선생 넋전춤 연수회 ... 2014. 7. 3.

   연희자 합숙 훈련 ... 2014. 8. 3.~8. 10.

   진주탈춤한마당 1차 시연공연 ... 2014. 9. 13.

   고성 소가야문화제 2차 시연공연... 2014. 10. 31.

   진주 솟대쟁이놀이 복원 사업-재현공연 및 학술행사 ... 2014. 11. 1.

4. 솟대쟁이의 전모를 제대로 알기 위한 학술행사 개최 ... 2014. 11. 1.

   제목 : 솟대쟁이놀이의 연행 양상과 놀이 전승의 양상

   제1주제 : 솟대타기와 쌍줄백이의 놀이사적 가치, 발표 한양명

   제2주제 : 전통 죽방울놀이의 전승과정과 연행방식 연구, 발표 정형호

   제3주제 : 솟대쟁이놀이 매호씨의 판 운용 방식, 발표 남성진

5. 솟대쟁이패 후예 · 후손 모임 개최 및 선대 예인에 관한 기록사업 협의 …
2015. 7. 8.

6. 복원에 필요한 내용 배우기 및 연습

풍물 판굿 집담회 및 재현 작업, 연구자 남성진 … 2015. 7. 12.~8. 9.

심우성 자문 위원 면담 및 병신굿 자료 수집 … 2015. 8. 13.

얼른 및 병신굿 좌담회. 연구자 정형호, 한양명 … 2015. 9. 18.

복식 고증 및 재담 좌담회. 연구자 박윤미, 오상흔 … 2015. 10. 18.

위에서 보면 선생이 매우 치밀한 계획을 세워 복원사업을 진행해 왔음을 알 수 있다. 먼저, 솟대쟁이패 후예 · 후손 모임을 열어 전문 집단인 스스로 자부심과 긍지를 갖고 복원사업에 앞장서도록 배려한 점이 눈에 띤다. 그런 점은 2014년에 처음 보존회를 만들 때 김수업 선생에게 보존회 대표를 맡아달라고 김선옥 회장이 강력하게 제안했으나 선생은 후예들이 맡아야 한다며 한사코 고사한 데서도 나타난다. 보존회를 발족한 뒤에는 이어서 복원에 필요한 내용을 배우고 연습을 하도록 하는 한편, 솟대쟁이의 전모를 제대로 알기 위한 학술행사를 열어 학술적인 뒷받침을 든든히 하였다. 심지어는 선대 예인에 관한 기록사업까지 실시하여 혹시라도 뒷날에 생길 수도 있는 문제까지 미리 내다보고 준비를 하였다. 이러한 과정을 인정받아 〈솟대쟁이놀이 놀~판〉은 (재)전통공연예술진흥재단의 '전통예술 복원 및 재현사업'으로 뽑혀 2014년부터 2016년까지 3년을 나랏돈의 도움을 받아 알차게 준비할 수 있었다.

보존회를 꾸린 뒤 선생은 진주오광대 복원 사업 때처럼 이번에도

2014년 5월 솟대쟁이놀이보존회 심우성 선생 초청 좌담회에서 인사말을 하는 모습

이런 의미 있는 사업은 시민 모두가 참여하는 것이 옳다고 여겨 2014
년부터 시민후원금을 받기로 하였다. 그 결과 2015년 11월 초까지 44
명의 후원회원이 생겼다.

  이렇게 보존회를 만들어 열심히 노력한 결과, 경남민속예술축제 최
우수상 및 지도상을 수상(2015. 5. 28.)하였고, 제57회 한국민속예술축
제 금상(문화체육관광부 장관상)을 수상(2016. 10. 15.)하였다. 그리고 전국
여러 곳으로부터 초청을 받아 공연을 하였는데, 특히 2018 평창동계
올림픽 G-1년 페스티벌에 초청 받아 참가(2017. 2. 18.)하기도 했다. 현
재는 12차농악보존회, 마루, 놀제이의 구성원들이 뜻을 모아 맹연습
을 하면서 상설공연을 하는 등 솟대쟁이놀이의 복원을 위해 땀을 쏟
고 있는 중이다. 그러나 한 가지 아쉬운 점은 다른 지역에서는 이미 솟
대쟁이놀이를 응용하여 서커스학교를 열거나 새로운 콘텐츠를 개발

하는 등 활용방안을 적극 찾아 나가고 있는데 반해 우리는 그런 쪽에는 눈을 돌리지 못하고 있다는 점이다. 우리 진주가 우리나라 솟대쟁이놀이의 본거지임을 알아내어 힘들게 복원 사업을 시작하는 데까지는 왔으나 아직도 갈 길이 멀다는 점을 아는 이, 우리 조상들의 놀이문화를 지키는 일의 소중함을 아는 이, 힘이 있으면서 문화에도 눈 밝은 이가 제발 진주에서도 좀 나왔으면 좋겠다는 바람을 가져본다.

돌이켜보면 참으로 묘한 현상을 발견할 수 있다. 1966년 6월 29일에 진주삼천포농악이 중요무형문화재 제11호 '농악12차'로 명명되어 전승의 토대가 마련되었고, 이어서 김수업 선생이 주도하여 복원 노력을 한 결과 2003년에 진주오광대가 경상남도무형문화재 제27호로 지정되었다. 그리고 2014년 1월 솟대쟁이놀이보존회를 만들어서 본격적인 복원 사업을 펼치고 있으니 결국 풍물과 탈춤을 모두 아울러 지닌 솟대쟁이놀이의 복원을 위해서 '풍물→탈춤→솟대쟁이놀이' 단계를 거친 것처럼 되니 참으로 오묘하다 하겠다. 이를 두고 선생은 "소리에서 탈춤까지 온갖 예술이 한 마당에 어우러지는 종합놀이패가 이렇게 태어났으니 문화고을 진주의 축복이며 겨레 전통 예술계의 경사다."라고 하였다.

강영진 (솟대쟁이놀이보존회 사무국장)

김태기 (진주문화연구소 이사)

진주 고을의 빛깔을 담은 책

2018년 11월 2일 저녁, 경남과학기술대학 백주년기념관 아트홀에서 김수업 선생의 추모식이 있었다. 이때 김장하 남성문화재단 이사장이 "저와 이사장님과의 연은 십여 년 전 남성문화재단을 설립하여 이사직을 맡아달라고 부탁드렸더니 쾌히 승낙하셔서 재단이 바람직한 방향으로 나아갈 길을 닦아주셨고, 특히 '진주문화를 찾아서'라는 시리즈를 발간할 때 편간위원장을 맡으셔서 18권째 출판을 했습니다."라는 말을 했다. 김장하 이사장은 남성문화재단을 2000년 3월 11일에 설립하였고, '진주문화를 찾아서' 문고판은 2001년 7월 11일에 세상에 모습을 드러내었다. 여기서 김장하 이사장과 김수업 선생 두 분의 노력으로 '진주문화를 찾아서'라는 지역문화총서가 나오게 된 내력을 읽을 수 있다.

나는 재주와 안목이 모자라서 글의 무게를 감당하기 어렵고, 내가 기억하고 있는 바도 정확하다고 여기지 않는다. 다만 나는 김수업 선생의 부름을 받아 1999년 가을부터 2005년까지 총무이사란 이름으로 간사의 일을 맡은 적이 있기에 용기를 내어 '진주문화를 찾아서'에 얽힌 이야기를 하고자 한다.

오늘날 널리 알려진 '진주문화를 찾아서'라는 문고판은 그냥 하늘에서 뚝 떨어진 것이 아니다. 김장하 이사장이 남성문화재단을 설립하고자 할 때부터 시작되었다고 보는 것이 옳다. 남성문화재단의 이사를 맡은 김수업 선생은 곧바로 풀뿌리 문화를 살리기 위해 지역문화 문고 발간 사업을 계획하고, 1999년 11월 5일에 '진주문화문고' 편간위원회 규정을 마련함으로써 시작했다. 그 배경에는 1999년 5월 31일에 발간한 하회탈 하회탈춤(안동문화를 찾아서 1, 지식산업사)이 있었던 것으로 기억한다. 당시 안동대 민속학과의 임재해 교수는 선생이 대구 대건고등학교 시절에 가르친 제자로서 풀뿌리 문화운동에 뜻을 같이 하며 많은 이야기를 나누곤 했다. 특히 지방에서 지역문화총서를 발간하는 일이 예사 어려운 일이 아니라는 것을 '안동문화를 찾아서' 발간 경험을 통해 배울 수 있었다. 야심차게 시작한 '안동문화를 찾아서'는 그 뒤 3권 남짓 출판한 뒤에 주춤했는데, 안동문화권의 이런 어려움을 미리 대비하고자 선생은 네 가지 대책을 마련했다. 첫째는 출판 비용 마련이고, 둘째는 집필자 확보이며, 셋째는 사진작가 섭외이고, 넷째는 출판사 선정 문제이다. 이런 네 가지 대책은 모두 김수업 선생의 인맥으로 이루어질 수 있었다.

첫째, 출판 비용 문제는 1999년 11월 5일에 확정된 '진주문화를 찾아서' 편간위원회 규정 제10조에, "초판의 책들이 팔려서 재정이 제대로 돌아갈 때까지 들어가는 자금은 모두 '남성장학문화재단(가칭)'에서 돕는다."에 밝혔듯이, 출판 비용은 물론이고 편간위 운용경비까지 모두 김장하 이사장이 떠맡겠다고 하여 해결되었다. 이 무렵 선생이

30권 남짓 계획한 출판 비용을 걱정할 때, 김장하 이사장이 대뜸 "사돈댁 마당이 터지는 데 솔뿌리 걱정을 하겠습니까."라는 말을 하여 선생이 크게 웃고 반가워한 장면이 기억에 남는다.

둘째, 집필자 선정 문제도 선생의 인맥으로 해결되었다. 편집기준은 "중학생이면 알아볼 수 있도록 쉬운 글에다 그 내용을 담아야 한다."는 것인데, 말처럼 쉽지 않았다. 이 말의 속뜻은 먼저 진주문화의 깊이와 넓이를 제대로 드러낼 수 있는 전문 지식을 갖추어야 하고, 그런 다음에 중학생 수준에서 읽을 수 있는 글을 쓰는 능력이 뒷받침되어야 한다는 것이다. 그처럼 전문 지식과 뛰어난 글쓰기 능력을 두루 갖춘 집필자를 지방에서 찾는 일은 쉽지 않았다. 그런 능력에 걸맞게 원고료도 충분하게 드릴 수 없었다. 이런 사정을 잘 알고 있는 선생은 스스로 모범을 보여 '진주문화를 찾아서' 첫 번째 원고인 『논개』를 집필하여 편간위원들에게 돌렸다. 편간위원은 단순히 위원회 활동에만 참여하는 것이 아니라 집필자의 소임까지 맡아야 한다는 뜻을 은근하게 비친 셈이다. 지금 생각해보니 선생이 직접 연락하여 각자의 분야에서 최고 실력을 갖춘 분을 편간위 창립위원으로 모신 까닭이 여기에 있었던 것이 아닐까 한다.

셋째는 사진작가를 섭외하는 문제인데, 문고판을 대중이 쉽게 읽고 내용을 제대로 파악하도록 하려면 품질이 뛰어난 많은 사진과 함께 이를 제공할 사진작가가 반드시 필요하다. 이 문제를 해결하려고 선생은 진주문화사랑모임 회장인 리영달 선생을 만나 도움을 받았다. 선생의 뜻을 받아들인 리영달 선생은 최고 수준의 사진작가를 추천하고 선정하는 일을 맡았다. 그 과정에 2000년 7월 29일 저녁에 진주 시내 '남태평양'이란 음식점에서 일요사진클럽 회원들인 진주 출신 사진작가들과 자리를 같이 하여 '진주문화를 찾아서' 발간 사업의 취지를 설명하고, 집필자와 사진작가를 대등하게 대우한다는 원칙을 세웠다.

넷째, 출판사 선정 문제는 선생이 〈우리말살리는겨레모임〉에서 만난 지식산업사 김경희 사장과의 인연으로 생각보다 쉽게 해결할 수 있었다. 편간위에서 제시한 조건은 초판의 경우, 출판비용을 모두 편간위에서 부담하고 초판 부수 전량을 인수한다는 것이다. 그 무렵 진주에서는 최고 수준의 책을 출판할 출판사를 찾기 어려웠고, 선생의 판단은 진주문화를 알차게 소개하고 온 나라에 널리 알리려면 책의 내용도 중요하지만 책 자체의 품질도 고려하는 것이 바람직하다는 것이다. 김경희 사장도 이런 뜻을 같이하고 독일에서 유학하고 돌아온 디자인 전문가를 전담 직원으로 배치하여 '진주문화를 찾아서' 문고판의 품격을 높이는 데 힘을 쏟았다.

이런 준비를 거쳐서 2001년 7월 11일에 편간위의 제1차 성과로 『논개』, 『남명조식』, 『형평운동』 세 권을 동시에 발간했다. 처음에는 개천예술제 이전에 발간할 목표로 2000년 한해에 세 권씩 내기로 계획했는데, 부탁한 원고가 이런저런 이유로 늦어져 남성문화재단의 도움과 재촉에도 뚜렷한 성과를 내지 못했다. 그 동안 선생이 집필한 『논개』 원고는 2000

2001년 '진주문화를 찾아서' 제1권
『논개』(김수업, 지식산업사)

년 9월에 출판사로 넘어갔지만 다른 원고가 완성되지 못해 이듬해까지 기다릴 수밖에 없었다.

'진주문화를 찾아서' 문고판 세 권으로 2001년에 물꼬를 튼 다음, 1862년 『진주농민항쟁』(2002), 『진주 옛이야기』(2003), 『진주의 선사·가야문화』(2004), 『진주 茶맛』(2006), 『진주 팔경』(2007), 『진주 오광대 탈놀음』(2007), 『진주의 지질과 화석』(2008)을 차례로 발간했다.

이런 과정에 한차례 어려운 고비를 겪기도 했다. 편간위 모임을 이끌던 선생이 2003년 여름에 대구가톨릭대 총장으로 부임하여 2005년 1월에 퇴임할 때까지 빈자리가 생긴 것이다. 어려운 가운데 '진주문화를 찾아서' 사업에 동참했던 편간위원들은 당황하여 후속 사업의 중단 문제를 걱정하기도 했다. 많은 논의 끝에 경상대 사회학과 김중섭 교수가 편간위원장의 일을 대신해서 선생이 다시 진주로 올 때까지 수고해주기로 뜻을 모았다.

선생이 대구로 떠나면서 편간위 활동이 어려웠는데, 그 무렵에 선생의 인품을 엿볼 수 있는 몇 가지 일화가 있다. 하나는 총장으로 부임한 직후, 2003년 9월 3일에 진주 시내 '갑을가든'에서 편간위 모임이 있었는데, 선생은 바쁜 가운데 참석하여 '진주문화를 찾아서' 발간 진행 사항을 점검하고 몰래 회식비를 계산하고 떠난 일이다. 다른 하나는 대구가톨릭대 총장실로 검토용 원고를 보내드리자, 직원들이 퇴근한 후에 총장실 문을 걸어 잠그고 밤늦은 시간까지 원고를 꼼꼼히 살펴보고 수정해서 편간위로 돌려보낸 일이다. 선생은 언제나 한번 맡아서 추진하는 일은 중도에 그만 두지 않았고 끝까지 책임을 지는 모습을 보여주었다.

2005년 1월 27일에 선생은 대구가톨릭대학 총장을 그만 두고 '갑을가든'에서 다시 편간위원장을 맡았다. 그 모임에서 선생은 한동안 주춤했던 편간위 사업을 검토하고 새롭게 출발할 뜻을 내비쳤다. 이때 선생은 '진주문화연구소' 설립 문제를 고려했다. 그해 3월 9일에 진주문화연구소 준비 첫모임을 갖고, 다음달 4월 11일에 상봉파출소 앞에 있는 '금하식당'에서 진주문화연구소 발기인 모임을 가졌다. 이때 선생이 몸소 발기 취지문을 썼다. 그 글에서 선생은 진주문화와 인권운동의 구심체로서 진주문화연구소가 창립되어야 한다고 하면서, 진주문화문고의 발간과 홍보가 진주문화의 콘텐츠 확보와 지역화 교육 및 인권운동과 나란히 추진되어야 한다고 밝혔다.

진주문화연구소를 설립하면서 '진주문화를 찾아서' 문고를 발간하는 일은 진주문화연구소의 사업으로 옮겨갔다. 그런 뒤에 선생은 2010년 1월에 진주문화연구소 내에 '문화고을'이란 이름의 출판사를 설립하여 『그대로 박생광』(2010), 『진주 사투리』(2010), 『진주 역사』(2010), 『진주성 전투』(2011), 『명창 이선유』(2013)를 차례로 발간했다. 그동안 주춤했던 '진주문화를 찾아서'를 발간하는 작업이 활기를 띠게 되었다. 그러나 여러 가지로 바쁜 선생이 지방에서 출판사를 경영하는 일은 쉽지 않았다. 『명창 이선유』를 발간하는 일로 매듭을 짓고 다시 서울에 있는 출판사를 물색하였다. 때마침 서울에서 알마출판사를 경영하고 있던 진주 출신의 정혜인 사장이 진주문화 사업을 잘 이해하고 있었다. 선생은 알마출판사를 직접 방문하고 진주로 내려와 편간위의 논의를 거쳐서 지식산업사의 경우와 같은 조건으로 출판사를 옮겼다. 2014년부터 알마출판사를 통해 발간한 책은 『진주의 옛건

'진주문화를 찾아서' 시리즈

축』(2014), 『진주성 이야기』(2015), 『복자 정찬문』(2015)이다.

새천년을 맞이하면서 발간하기 시작한 '진주문화를 찾아서' 문고판
은 현재까지 모두 18권이다. 선생이 남긴 『논개』는 '진주문화를 찾아
서' 첫 번째 책이고, 『복자 정찬문』은 선생이 살아서 볼 수 있었던 마
지막 책이다.

선생은 '진주문화를 찾아서'란 18권의 책을 자신의 분신처럼 돌보
고 아꼈다. 이런 짧은 글에서 이름을 밝히지 않는 집필자, 사진작가, 출
판사 관계자들도 선생은 그렇게 아꼈을 것이다. 2014년에 알마출판
사로 옮겨서 '진주문화를 찾아서'를 발간할 때 선생이 쓴 글에서, "드
디어 알마출판사라는 동지를 만났다."고 했으며, "열 권의 책을 정성껏
펴내준 지식산업사와 다섯 권을 펴내준 문화고을의 고마운 뜻은 우리

의 빛나는 역사로 길이 간직할 것이다."고 했다. 특히 "여러 고비를 맞
았으나 발걸음을 멈추지 않을 수 있었던 것은 오로지 돕고자 하는 뜻
을 끝까지 거두지 않고 오히려 재촉하고 밀어주는 남성문화재단의 덕
분이다."고 했다. 이제는 우리가 말할 차례이다. "선생님, 여러 가지로
늘 고맙습니다."라고.

안동준 (경상대학교 국어교육과 교수)

진주문화연구소를 세운 뜻과 나아온 길

김수업 선생은 지난 2015년 진주문화연구소 10년을 돌아보며 이런 말씀을 하셨다. "새로운 천년을 눈앞에 맞으면서 지난 백 년의 소용돌이로 겨레의 얼과 삶이 얼마나 모질게 망가졌는지를 뼈저리게 깨달았습니다. … 이런 깨달음과 움직임의 힘들이 어우러져 상처 입고 시들었으나 뿌리 깊은 우리 고을 문화의 참모습을 제대로 찾아 밝히고, 올바로 가꾸는 새 길을 열어 보자고 진주문화연구소를 세웠습니다."

선생은 진주의 과거 역사를 통해 진주 사람들이 오랫동안 살아온 품격 있는 삶의 모습을 보았고, 진주의 전통과 문화에서 풍요롭고 아름다운 삶의 지혜를 만났다. 그리고 그것을 지키고 기리며 더 풍요롭게 만드는 것이 필요하다고 느껴 뜻 있는 사람들과 함께 지혜와 힘을 모았다. 선생은 진주문화연구소를 세운 뒤 진주를 문화도시, 역사도시, 인권도시로 만들어 나가기 바라면서 여러 가지 일들을 꾸며 왔고, 진주의 문화와 역사를 탐구하고 가꾸는 일에 힘써 왔다. 진주 사람들이 진주의 문화와 역사를 자랑스럽게 여기며, 더욱 깊이 이해하기를 바랐고, 나아가 남에게 알리는 일에 앞장서기를 꾸준히 거듭해서 요청해 왔다.

선생은 진주문화연구소를 세우고 나서 그동안 크게 일곱 가지 일을 만들고 이끌어 왔다.

첫 번째는 진주문화의 풍부한 이야기를 엮어서 갖가지 책을 편찬하였다. 진주문화연구소의 정기간행물인 『문화고을 진주』를 발간하여 진주 사람들의 삶의 자취인 문화를 밝히고 드러내어 소개하는 일을 하였다. 진주탈춤한마당의 자료를 모으고 성과를 밝혀서 '진주탈춤한마당'이라는 책의 합본을 발간하였다. 그리고 남성문화재단의 힘을 빌어서 '진주문화를 찾아서'라는 연속간행물을 기획하고 진주의 조상들이 물려주신 문화를 찾아 주제에 따라 스무 권에 가까운 책을 편찬해 내었다. 이를 진주문화를 사랑하는 모든 사람들이 틈날 때마다 펼쳐 보기를 요청하였고, 다른 고장 사람들도 찾아 읽기를 바랐다.

두 번째는 진주를 빛낸 문화인물을 찾아 그 업적을 기렸다. 지역의 전통문화를 살리고, 예술을 살리고, 지역민에게 문화적 자긍심을 심어 주었던 다양한 분야의 '문화인물'을 집중해서 조명하였다. 판소리 동편제의 명인 이선유, 차의 명인 아인 박종한, 국악계의 큰 스승 기산 박헌봉, 전통 악가무의 명인 김수악, 정가시조의 명인 포정 구자명, 한국 서예계의 거목 은초 정명수, 민족혼의 화가 그대로 박생광, 진주 민속예술의 산증인 배또문준 명인 등의 삶과 예술세계를 통해 얼과 삶을 바르게 하기 위한 지혜를 얻고자 하였다. 명인들과 관련된 자료들을 수집하고 정리하여 사람들에게 알리고, 예술에 대한 학문적 연구를 일으켜서, 진주문화의 맥을 이어가는 데 기여하고자 하였다.

2007년 전통 악가무 명인 김수악 선생과의 대담

　세 번째는 지역문화에 대한 '학술과 연구'에도 온 힘을 기울였다. 진주의 역사와 문화예술을 탐구하며 새로운 실천의 방안을 찾기 위해 강연회를 마련하고, 신앙과 교육, 축제 등의 가치를 탐색하며 관련 연구자들을 모아 학술대회를 열었다. 그리고 학술과 예술이 한 자리에서 만날 수 있도록 학예굿을 열어 연구자와 현장 연희자들이 서로 이야기를 나누게 함으로써 탈춤을 비롯한 진주의 소리·노래·춤이 가진 즐거움과 아름다움을 밝혔다. 이로써 진주문화를 일구고 새롭게 가꾸어 꽃 피우기 위한 방법을 찾으려고 하였다.

　네 번째는 제가 나고 자란 제 고장을 제대로 알도록 하기 위해 지역문화교육 사업을 펼쳤다. 진주에서 태어나 자라는 어린이와 문화고을 진주의 시민들이 제 삶터와 제 조상의 얼이 얼마나 값지고 보배로운지 배우면서 자랑스럽게 살아가기를 바라며 '지역화교육'을 실현하였다. '찾아가는 문화예술교육'을 마련하여 진주지역 초·중·고 학생들을 찾아가 고장의 민속예술을 알렸고, '진주문화사랑방'과 '이야기판'을 열어 시민들을 만나고 진주의 문화와 역사를 제대로 알고 깨치도록 힘을 북돋우어 주었다. 진주문화를 탐방하는 '문화기행'을 마련하여 시민들에게 고장 사람들의 얼과 삶의 흔적을 알고 그 가치를 깨쳐 자긍심과 자존감을 지켜내도록 하였다. 진주 사람들이 예로부터 뿌리내려 살면서 가꾸어온 제 고장의 문화를 찾아 공부하게 함으로써 떳떳하게 하면서 자랑스럽게 살아가도록 하였다.

다섯 번째는 결혼이주여성들을 대상으로 한국어교육을 폈다. 초·중·고 학교의 현직 교사들을 모아 이주여성들에게 한국어와 한국문화를 가르치게 하였고, 한국에서 살아가는 여성으로서 행복한 삶을 살 수 있도록 돕게 하였다. 한국 생활에 가장 빨리, 그리고 잘 적응하도록 돕고 한국 사회의 일원으로, 우리의 이웃으로 살아갈 뿐만 아니라, 말이 통할 수 있고 제 생각을 제대로 드러낼 수 있게 하여 따돌림을 당하지 않도록 하였다. 또 결혼이주여성들이 한국의 문화를 이해하고

제1회 '진주문화사랑방' 강연

거기에 맞추어 생활해 갈 수 있도록 갖가지 강좌도 마련하여 더불어 살아가게끔 하였다.

여섯 번째는 지역의 전통문화와 예술을 되살리는 일에 앞장섰다. 조선시대 5대 명창으로 손꼽히는 이선유의 판소리를 다시 듣도록 소리판을 마련하였다. 진주가 소리꾼의 낙원이며 동편제의 산실이라는 명성을 얻는데 결정적인 역할을 한 명창 이선유의 고제 동편제를 지난날 풍류가 넘실거리던 촉석루에서 다시 만날 수 있게 하여 진주 시민들이 진주의 소리를 아끼고 더욱 사랑할 수 있는 계기로 삼았다. 또 조선 곡예단의 앞잡이 노릇을 하였던 솟대쟁이패의 놀이를 되살려서 우리나라 예술사 안에 새로운 자리매김을 하였다. 진주 고을에 뿌리를 내리고 조선 팔도와 만주까지 넘나들며 예술을 팔아 남사당패와 나란히 이름이 높았던 솟대쟁이패의 후예들을 독려하여 그 놀이를 재현하였다. 우리나라 곡예의 할아버지 격이라던 종합놀이패를 다시 되살리는 일에 큰 몫을 맡으면서 문화고을 진주의 또 하나 자랑거리를 만들었다.

일곱 번째는 진주의 역사와 문화를 지키고 가꾸는 일을 제안하고 실행하기를 촉구하였다. 〈역사진주시민모임〉을 만들어 역사도시 진주의 참모습을 밝혀내고 진주 역사의 정체성을 올바로 찾자고 하였다. 그래서 진주의 심장 같은 진주성의 본디 모습을 되살려내어 후손들에게 자랑스러운 유산으로 물려주기를 바라며 여러 가지 활동 방향을 제시하였다. 그리고 '창의도시 진주'를 제안하며 진주의 아름다운 역사경관을 살리고, 진주 사람들이 지역의 문화예술에 대한 자부심을 가지며, 예술가와 전승자들이 넉넉히 활동할 수 있는 창의적인 분위기를 만들기를 바랐다. 나아가 참다운 뜻에서 문화예술의 도시, 살기 좋은 도시에 한 걸음 다가설 수 있기를 요청하였다.

선생은 『문화고을 진주』 창간호를 내면서 진주를 군이 '문화고을'이라 매김하는 까닭이 둘 있다고 하였다. 하나는 진주의 문화가 남달리 깊은 뿌리를 지니고 있기 때문이라 하였고, 두 번째는 이처럼 자랑스러운 진주의 문화가 너무나 오래도록 내버려져 있었기 때문이라 하였다. 진주는 지리산이라는 좋은 뫼와 거기서 흘러내리

『문화고을 진주』 창간호

는 내와 가람, 들과 바다를 끼고 아득한 예로부터 오늘날까지 사람들이 많이 모여 살며 삶의 자취인 문화를 푸짐하게 남겨 놓았다고 하였다. 그러나 빼앗긴 나라를 되찾은 광복 뒤로 온 나라 곳곳에서 저마다 삶터의 문화를 되찾아 돌보고 가꾸려고 안간힘을 다할 적에 진주는 그런 노릇에서 너무나 굼뜨고 게을렀다고 탓하였다. 이제라도 아득한 예로부터 선조들이 끼쳐주신 보배로운 전통과 문화를 서둘러 되찾아 밝히고 돌보아 북돋우며 가꾸어서 선조와 후손에게 떳떳할 수 있어야 한다고 했다.

선생은 진주문화연구소를 세우면서 '문화고을 진주'를 뒷받침하자고 하였다. 진주가 문화고을이라는 말이 참말이라는 뒷받침을 알뜰하게 해보자고 하였다. 문화가 무엇인지를 몸소 보이며 살아가는 문화 활동가들, 문화가 무엇인지를 가르치는 문화 교육자들, 문화가 무엇인

257

지를 밝히는 문화 연구자들, 이런 세 갈래의 사람들이 함께 손잡고 진주문화를 지키고 가꾸자 하였다. 그래서 돌보지 않고 내버려 두었던 문화를 찾아서 밝히는 연구자들과 전통을 이어받아 오늘의 삶을 새로운 문화로 꽃피워내는 활동가들과 이렇게 밝히고 꽃피운 문화를 자라나는 어린이들에게 가르치는 교육자들이 몫을 나누어 정성을 다하여 '문화고을 진주'를 올바로 뒷받침하자고 하였다. 그래서 세상 모든 사람들이 이런 뜻으로 저마다 딸과 아들을 키우기 바라면서 조상이 물려주신 우리만의 문화를 찾아 나서야 한다고 하였다.

선생이 진주문화연구소를 세우고 일으키고자 했던 바는, 진주 사람들이 진주의 문화와 역사를 자랑스럽게 여기며 더욱 깊이 이해하고,

〈진주문화연구소〉에서 해마다 펴내는 『문화고을 진주』

품격 높은 사회를 만들어 가기를 바라셨기 때문이다. 임자 노릇을 제대로 하며 제 삶의 가치를 드높이고 차별 없이 평등하게 모든 사람이 존중 받는 그런 고장이 되기를 바라는 뜻이 있었다. 제 것을 업신여기며 내버리고 남의 것만 부러워하며 본받으려 애쓰면 스스로도 부끄럽고 남에게도 도움 줄 것이 없어진다고 했다. 그래서 선생이 지키고 가꾸고자 했던 진주문화의 가치는 경의의 정신, 평등과 저항의 정신, 풍류의 정신이었다. 진주 사람들이 가진 이 소중한 역사와 문화유산들이 오늘날을 사는 우리들의 몸과 마음에 밑거름이 되기를 바라셨다.

선생은 진주문화를 일러 진주만의 문화가 아니라 우리 겨레의 문화며 나아가 세계 인류의 문화라고 하였다. 또 진주문화는 오늘날의 문화가 아니라 지난날 우리 선조들의 문화며 나아가 다가오는 앞날 우리 후손들의 문화라고 하였다. 그래서 이처럼 무겁고 보배로운 진주문화를 남달리 사랑하는 진주 시민들과 함께 가꾸며 사랑하기를 바라셨다. 우리 고장 진주에서 얼이 깨어 있는 사람, 마음이 젊은 사람들이 전통문화를 살리고 사람답게 살려고 하는 뜻을 모아 일어서길 바라셨다. 무엇보다도 우리 진주의 희망이며 꽃부리인 청소년들이 선조들이 남겨주신 유산보다 더욱 값지고 빛나는 문화를 스스로 일으켜보겠다는 마음을 가지기를 바라셨다. 이 모든 일에 진주문화연구소가 곁에서 묵묵히 돕기를 간절히 바라셨다.

남성진 (진주문화연구소 소장)

삶터 문화 가르치고 배우기

우리네 배달말 가르치기는 과녁을 어디에다 두어야 마땅한가? 우리는 '왜' 국어를 교육해야 한다는 말인가? 대답부터 하고 보자면, 국어를 '더욱 잘 알도록' 하고, 국어를 '더욱 잘 살도록' 하는 것, 이 두 가지가 배달말 가르치기의 과녁일 수밖에 없다고 생각한다. 배달말이 우리에게 도대체 무엇인가를 할 수 있는 데까지 깊고 넓게 알도록 하고, 그렇게 아는 바탕에서 서로의 마음을 주고받는 배달말을 삶을 더욱 잘 꽃피워 가도록 하는 것, 이 두 가지가 배달말 가르치기의 과녁이 되어야 마땅하다.

- 『배달말 가르치기』, 180쪽

선생은 국어교육의 과녁을 '국어를 잘 알고, 국어를 잘 사는 것'으로 삼았다. '국어'는 당연히 모국어, 곧 토박이말이다. 그래서 선생은 모국어 교육의 중요성을 깨닫고 모국어교육학회를 만들고, 토박이말 바라기모임을 만드는데 힘을 보탰다. 그리고 삶터 가르치기의 가치를 많은 이들에게 알리고자 하였다.

우리말, 우리에게서 저절로 생겨나 우리를 키우고 우리를 이끌어온 토박이말, 이것을 살려 제대로 쓰며 살도록 가르치는 것이 국어교육의 길이다. 우리 모두가 겨레로부터 물려받은 제 목소리, 엄마 젖을 빨면서 배운 제 집안의 말, 소꿉장난 하면서 배운 제 마을의 말을 떳떳하게 하면서 자랑스럽게 살아가도록 가르치는 것이 국어교육의 뜻이다. 농사 짓는 사람도, 장사하는 사람도, 정치하는 사람도, 행정하는 사람도, 교육하는 사람도, 학문하는 사람도, 예술하는 사람도 하나 같이 우리말로 떳떳하게 살아가는 사람이 되도록 가르치는 것이 국어교육의 일이다. 이것이 사람을 살리고 겨레를 살리고 세상을 살리는 국어교육의 길이라고 믿으며…….

- 『국어교육의 바탕과 속살』, 6쪽

선생이 국어교사로 첫 발을 내디디면서 품었던 생각이지 않을까 짐작해 본다. 국어교사를 길러내는 일을 30년 넘게 하였던 선생은 우리 말글을 가르치는 일을 하는 이들을 위해 쓴 네 권의 책, 『국어교육의 원리』(1989), 『국어교육의 길』(1998), 『국어교육의 바탕과 속살』(2005), 『배달말 가르치기』(2006)의 주제는 늘 같았다. '국어교육은 왜, 무엇을, 어떻게 해야 하는가?' 국어교육이 걸어왔던 시대를 읽고, 국어교육이 나아가야 할 길을 잡으면서, 당신 스스로의 생각을 끊임없이 깁고 더해가며 펴낸 책들, 그러나 그 안에 흐르고 있는 바탕 생각은 위에 끌어온 글에서 한 치도 벗어나지 않았다.

그 중에서도 선생이 국어교육에서 '무엇을' 해야 할까에 대한 생각의 가닥을 잡은 것은 1981년 9월에서 1982년 8월에 걸친 '해외 파견 연구 교수' 시절에 만난 이탈리아 교육이다. 반드시 아이들이 걸어서 갈 수 있는 곳에 학교를 있게 하는 이탈리아, 그리고 교사가 아이들을 데리고 마을을 다니며 마을의 이야기를 들려주는 교육을 만나고 선생은 얼마나 놀라고 기뻤을까? 우리 교육이 어떻게 바뀌어야 할지 그 한 가닥을 잡은 기쁨은 무엇에도 견줄 수 없었으리라. 그러나 우리의 교육 현실-교육과정의 맥을 제대로 잡지 못하고 있으며, 그런 교육과정조차도 교과서가 같이 나아가지 않고, 국어교육의 길도 제대로 잡지 못하고 있는-이 아이들이 제가 태어나고, 살고 있는 마을과 고을의 말을 알고 살아가는 실천을 하기엔 무리였다.

그래도 모국어교육학회를 만들어 우리 배달말을 잘 알고 살게 하는 일을 고민하던 선생은 저마다 다른 삶터에서 살면서 똑같은 교과서로 배우고 있는 우리 교육이 나아가야 할 길을 문재현과 그가 몸담고 있는 '마을공동체교육연구소'에서 찾았다. 2000년에 만난 문재현과 마을공동체연구소는 청주에서 마을의 이야기를 찾고 그것을 교육으로 이어가는 일을 하고 있었다. 그들이 하고 있는 일은 제가 살고 있는 곳의 토박이말과 말꽃으로 국어교육을 실천하는 방법이 어떠해야 할지에 대한 실마리가 되었다. 선생은 드디어 2001년 지역화 교육에 대한 물꼬를 열었다. 『국어교육학연구』 제13집(국어교육학회, 2001.)에 「지역 언어 문화와 국어교육」이라는 논문으로 지역화 교육을 주장했고, 그 뒤로 경상대학교 사범대학 교육대학원과 입말교육연구모임에서 제 삶터의 말과 말꽃으로 국어교육을 해 보자는 이들과 함께 실천에 옮겼다.

그러나 아직 우리나라의 지역화 교육은 그 이론적 바탕도 제대로 연구되어 있지 않았기에 2002년 경상대학교에 같이 재직하고 있던 조규태 교수를 비롯한 여러 교수자들과 함께 지역화 교육의 이론을 세우고 실천 방법을 모색하였다. 지역화 교육은 국어나 사회 등 특정 교과에서만 할 일이 아니라 전 교과에서 함께 이루어져야 하기에 20여 명의 교수자들이 참여하도록 이끌었다. 바로 경상대학교 교육연구원을 통해 한국학술진흥재단에 '한국 교육의 지역화에 관한 연구'를 하겠노라 신청하여 2002년 8월부터 2004년 7월까지 2개년 프로젝트를 진행하였다. 지역화 교육의 이론을 세우고 그 방법을 찾는 일은 교사를 길러내는 교수자들이 함께 고민한다면 이 문제를 더욱 잘 해결하는 것은 물론 배움을 담당해야 할 사람들에게 널리 알리는 길이 되리라 판단한 것이다.

그 과정에서 선생은 연구 1차년도인 2002년 10월에 열린 1차 세미나에서 「요즘 경남 지역 연구의 움직임」을, 그해 12월 2차 세미나에서는 「국어교육 지역화의 이론과 방향」을, 2003년 2월 3차 세미나에서는 「국어교육의 지역화에 관한 연구」, 4월 4차 세미나에서는 「국어교육 지역화의 뜻과 길」을 발표하였다. 그리고 2003년 9월 선생께서는 경상대학교를 떠나 대구가톨릭대학교의 총장으로 자리를 옮겼으나, 지역화 교육에 대한 열의는 꺾지 않았다. 그해 10월 연구 2차년도 1차 세미나에서 「국어교육 지역화를 해야 하는 까닭」을, 2004년 종합학술발표대회에서 「지역화 교육의 뜻과 길」을 발표하였다. 경상대학교 교육연구원에서 애쓴 보람은 『한국 교육의 지역화 연구 Ⅰ』과 『한국 교육의 지역화 연구 Ⅱ』, 2권의 책으로 출판[1]되었다.

『한국교육의 지역화 연구 1,2』

2차년도 연구를 진행하면서 선생은 세미나 때 발표한 자료 6편 중 2편[2]을 가다듬어 학술지에 게재, 더 많은 사람이 읽도록 하였다. 그리고 그 논문들은 『국어교육의 바탕과 속살』(2005)에 담아 놓았다.

2005년 1월 대구가톨릭대학교 총장직을 내려놓고, 우리말교육대학원을 세우고, 국어교사모임 고문이 되어 배달말 가르치기를 제대로 하고자 하였다. 그 걸음 중 하나가 전국국어교사모임에서 펴내는 『함께여는 국어교육』에 「국어교육, 지역화를 하자」(2005년)를 싣고, 이어 지역화 교육을 실천하고 있는 국어교사들의 글을 실어 전국의 국어교사들에게 지역화 교육에 대한 인식을 심어주려 하였다.

그리고 2005년 진주문화연구소를 설립하였다. 목표는 진주의 문화를 찾고, 연구하고, 가르치고, 연희하는 것이었다. 그 첫 번째 일, 진주문화를 찾는 일은 이미 1997년 진주오광대 복원부터 시작하여 2016년 솟대쟁이놀이 복원으로 그 뜻을 계속 이어나갔다. 두 번째, 연구하

---

1) 경상대학교 교육연구원, 『한국 교육의 지역화 연구 Ⅰ』, 『한국 교육의 지역화 연구 Ⅱ』, 교육과학사, 2005. 두 권의 책 중 1권은 '지역화교육의 일반 이론과 외국(일본과 프랑스)의 사례'를, 2권은 '교과 교육의 지역화 이론 : 국어, 역사, 지리, 일반사회, 생물, 음악'이란 부제를 달고 출판되었다.

2) 「국어교육 지역화를 해야 하는 까닭」, 『배달말학회』 33호, 2003.
    「국어교육 지역화의 뜻」, 『어문학』 80호, 2003.

는 일은 이미 남성문화재단에 제안하여 하고 있던 '진주 문화를 찾아서' 간행물을 계속하여 펴내었다. 세 번째, 가르치는 일은 바로 지역화 교육을 하자는 것이었다. 우리말교육대학원 학장 일을 하면서, 전국국어교사모임 고문을 맡았던 여러 해 동안 우리말교육대학원에서 공부하는 교사들에게, 전국의 국어교사들에게 지역화 교육 실천을 당부하였다. 네 번째 연희하는 일은 진주오광대와 솟대쟁이놀이 복원으로, 그 각각의 식구들이 꾸준히 실천해 오고 있다. 이 모든 일들은 진주 문화를 알게 하고 살게 하는 일의 자료로 소중한 것들이다.

진주문화연구소를 세워 하고자 한 여러 일들 가운데 소중하지 않고 쉽지 않은 일이 한 가지도 없지만, 그중에서 가장 시간이 많이 걸리는 일이 삶터 가르치기이다. 사람을 기르는 일이 그 무엇과도 견줄 수 없이 거룩한 일이거니와, 그만큼 제일 힘든 일이기 때문이다. 아직도 국가 수준 교육과정과 교과서에서 외면하고 있는 일이기에 교육 현장의 교사들이 선뜻 달려들기가 쉽지 않다. 그래도 선생은 교사들이 지역화 교육을 알고 실천할 수 있는 일을 하고자 꾸준히 애를 썼다.

진주문화연구소를 세우고 난 뒤, 선생은 지역화 교육이라는 일본식 한자표현보다는 삶터교육, 삶터 가르치기라는 우리말로 표현하였다. 그리고 연구소 식구들과 함께 삶터 가르치기의 두 축으로 학생들에게 지역의 말과 말꽃을 알고 살게 하는 것과 진주 사람들에게 진주를 잘 알고 진주 사람으로 잘 살게 하는 일을 꾸준히 해 나갔다.

먼저, 학생들을 대상으로 펼친 일은 다음과 같다. 첫째, 남성문화재단의 도움으로 2001년 『논개』로부터 시작하여 '진주문화를 찾아서'

를 발간하고 있다. 2019년 4월 현재『복자 정찬문』까지 모두 18권의 책이 나왔다. 이는 진주의 중학생 이상이라면 누구나 읽을 수 있도록 쉬운 말로 써서 많은 진주 사람들에게 진주를 잘 알고 진주 사람으로 참되게 살아가게 하자는 선생의 뜻을 남성문화재단의 김장하 선생이 알아채시고 기꺼이 도움을 주신 것이다. 이 책들은 진주의 중·고등학교 국어교사들에 의해 우리 지역 삶터를 가르치는 자료로 활용되고 있다.

둘째, 2006년부터 2011년까지 진주시에 '찾아가는 진주문화교육' 사업을 신청하여 진주의 여러 중학교와 고등학교에 진주의 문화와 정신을 알게 하는 내용으로 강연과 공연을 실시했다. 셋째, 2016년에는 문화재청의 도움으로 진주의 여러 초등학교와 중학교를 방문하여 교육하는 '진주의 문화유산 방문교육'을 실시했다. 넷째, 삼광문화재단의 도움으로 진주교육청과 연계하여 진주의 중학교 1학년 자유학기제 부교재『중학교 삶터 배움』과 초등학교 3학년 사회교과 부교재인『에나 재미있는 진주이야기』를 발간하였다.『중학교 삶터 배움』은 진주의 말과 말꽃을 잘 알고 잘 살게 하고자 진주의 중·고등학교에 근무하는 6명의 국어교사들이 개발한 자료이며,『에나 재미있는 진주이야기』는 초등학교 교사 8명이 초등학교 3학년의 우리 고을 배우기에 활용하고자 만든 자료이다. 이는 선생이 오래전부터 하고 싶었던 여러 일 가운데 하나였다. 글머리에 가져다 놓은 선생의 말씀에서도 알 수 있듯이 선생은 삶의 터전을 떠나 살아갈 수 없는 존재인 사람에게 삶터를 더 잘 알고 더 잘 가꾸며 살아가게 하려면 어릴 때부터 자신들의 활동 환경이 커지고 넓어지는 것에 맞추어 배우게 해야 한다는 생각

266

진주의 중학교 국어교사들을 위한 『삶터배움』 활용 연수 중

하였다. 그러나 선생의 바람에서 겨우 한 발을 떼어놓은 일이어서 앞으로 더 제대로 해내야 한다는 과제를 안고 있는 일이기도 하다. 다섯째, 2017년부터 삼광문화연구재단에서 지원하고 있는 역사문화탐구 활동지원사업은 진주의 여러 중학교를 찾아가서 솟대쟁이놀이 공연을 벌이고 학생들이 직접 배워보는 활동을 하고 있다.

다음은 시민들을 대상으로 펼친 일이다. 첫째, 2006년에서 2007년까지 진주 시민들과 함께 '진주문화를 찾아서'를 읽고 알고 싶은 것들을 직접 저자를 만나 이야기를 듣는 '진주문화공부방'을 열었다. 그때까지 출판된 책이 『논개』(김수업), 『남명 조식』(허권수), 『형평운동』(김중섭), 『진주의 옛이야기』(안동준), 『1862년, 진주농민항쟁』(김준형), 『진주의 선사·가야문화』(조영제) 6권이어서 이 책들밖에 읽지 못한 아쉬움이 남아 있다. 둘째, 2008년부터 2011년까지 '진주문화사랑방'을 열었다. '진주문화공부방'이 적은 수의 사람이 참여하는 프로그램인 한계를 보완하고자 영채병원의 9층 채송아트홀을 빌려서 진주 시민을 대상으로 하는 프로그램을 운영한 것이다. '지리산 마고할미 이야기'로 선생이 그 첫문을 열었고, 달마다 '진주문화를 찾아서'의 저자들이 강연해 주었다. 셋째, 2013년부터 '진주문화기행'을 실시하고 있다. '진주문화사랑방'이 선생과 진주문화연구소의 바람과 달리 강연이라는 일방적인 소통 방식의 한계로 인해 진주시민들의 참여가 점점 줄어들었다. 진주 시민들의 적극적인 참여를 이끌어내기 위해 일 년에 두 번, 봄과 가을에 '진주문화를 찾아서' 저자들과 함께 진주를 속속들이 들여다보는 기행을 떠나고 있다. 기행의 첫문도 선생의 '논개'로 열었다. 촉석루 의기사에서 시작하여 화순, 장수, 함양으로 이어지는 긴 여정이었으나 참가자 모두 논개를 제대로 알고 만나는 기쁨을 누렸다.

넷째, 진주문화연구소에서는 진주의 문화를 기록하고 기억하는 일을 고심하다가 선생을 비롯한 진주문화를 알고 가꾸어 가는 분들의 말씀을 더 많이 담아놓고자 '진주이야기판'을 만들었다. 선생의 '연지사와 청주 주치 이야기'로 시작하여, 경상대학교 안동준 교수의 '다솔사 보안암과 매향비', 정계임 향토음식문화연구원장의 '진주 음식 이야기', 경상대학교 조영제 교수의 '가야의 역사와 문화 이야기', 다시 선생의 '진양지 이야기'로 이어지면서 진주 사람들에게 진주를 더 깊이 알게 하는 자리를 만들고 있다.

그리고 서경방송과 함께 진주검무의 김수악 선생, 진주 민속예술의 산증인 배또문준 선생, 서편제의 명인 이선유 선생을, 국악계의 큰 스승 박헌봉 선생과 시조시인 구자명 선생 등의 삶을 재조명한 프로그램 '명인을 찾아서'를 제작, 발표하는 일을 하게 하였다. 더불어 '진주 지역 각 마을의 민속'을 조사하고 채록하여 정리하게 하였다. 진주의 인물과 민속을 기록하는 일들이 모이고 쌓인다면 진주 사람들에게 진주 토박이말과 토박이 문화를 더 잘 알게 하고 더 잘 살게 할 수 있으리라 믿은 것이다.

이 모든 일을 선생 혼자의 힘으로 다 했느냐고 누군가 묻는다면, 그 답은 우리 모두가 이미 알고 있을 것이다. 선생이 오래 고민하고 새김질한 생각들을 뜻 맞는 이들이 곁에 있어 선생의 그런 바람을 몸으로 옮겨 만들어 냈다는 것을. '지역화 교육'은 경상대학교 교육연구원의 이십여 명 연구자들, 그 중 국어교육은 조규태 교수와 안동준 교수가 연구하고 국어교사들이 실천했으며, '명인을 찾아서'는 경상대학교 정병훈 교수가 기획하고 실행해 나간 덕이다. 진주문화를 찾고 연구하고 널리 알리는 일들은 진주문화연구소 남성진 소장을 비롯한 연구소 식구들이 쉼 없이 실천하고 있기에 가능한 것이다. 이런 일들 뒤에는 남성문화재단과 삼광문화재단의 경제적인 도움이 있어 가능하다는 것 또한 빼놓을 수가 없다. 아이 한 명을 키우는 일에 온 마을이 필요하듯 삶터 문화를 가르치고 배우는 일 또한 그러하다.

선생은 스스로를 빗방울이라고 일렀다. 단연코 선생이 한 일들이 그러할 것이다. 낮은 곳으로 임하는 사람이 되고자 스스로 지은 이름. 빗방울은 흙을 적시는 것에서 끝나지 않고 쉼 없이 내리고 내려 땅 속저 깊은 뿌리까지 뚫고 내려가 풀과 꽃과 나무를 살게 하듯이 선생은 세운 뜻을 되새기고 더해가며 빗방울처럼 일이 이루어지게 하고 살아나게 하였다. 삶터 문화를 배우고 가르치는 일 또한 그러하다. 가느다란 빗방울처럼 시작은 작고 소소해 보이지만 각자가 딛고 서 있는 삶터의 문화를 배워 알고 살게 하는 것은 나와 나를 둘러싼 세상을 바르게 알게 하고, 나와 남이 다름을 깨달아, 우리 아이들이 저마다의 빛깔을 뽐내며 다채롭게 살아가는 길이 될 것이다.

김연희 (전 진주여자중학교 교사 / 진주문화연구소 이사)

다문화가정 한국어교실과 김수업 선생

1990년대, 30대 후반 40대 초반이 되도록 결혼을 하지 못한 농촌 지역 노총각들이 동남아지역 출신 외국인 여성들과의 국제결혼을 하는 경우가 많이 생겨났다. 2000년대에는 이들 농촌 총각 외에도 도시에 사는 노총각들과 이혼이나 사별 등으로 혼자 살아가는 남성들까지 더해져 한국인 남성과 외국인 여성의 결혼이 한 해 2만 건 이상으로 늘어났다.

우리가 살아가는 진주 지역에서도 외국에서 결혼으로 이주해 온 여성들이 1,000명 이상 살고 있었는데 2006년, 우연한 기회에 그들을 만난 김수업 선생은 큰 충격을 받았다. 5년 이상 10년 가까이 한국생활을 했음에도 불구하고 우리말과 글을 몰라 한국생활에 큰 불편을 겪고 있다는 것을 알게 되었기 때문이다. 당시 (사)진주문화연구소 이사장이었던 선생은 조규태 운영위원장과 한국어교실 운영의 필요성에 대해 의견을 나눈 뒤 '결혼이주여성을 위한 한국어교실 설치 운영' 안건을 운영위원회에 올렸다. 운영위원들 중에는 진주문화 연구라는 연구소 본래의 운영 목적과 거리가 멀다며 '한국어교실 설치 운영' 안

건에 반대하는 사람도 있었다. 선생은 진주 문화 연구에 못지않게 중요한 것이 우리 지역에 결혼으로 이주해 온 사람들이 살아가는 데 꼭 필요한 우리말을 제대로 쓸 수 있도록 도와주는 것이라며 운영위원들을 설득하였다. 운영위원회에서는 선생의 뜻을 받아들여 진주 지역에 살고 있는 결혼이주여성들을 대상으로 한국어를 가르치는 다문화가정 한국어교실을 개설 운영하기로 결의하였다. 이후 한국어교실 개설을 준비하는 과정에서 운영은 국어학 전공이던 조규태 운영위원장이 하기로 했고 교사진 구성 등 실무는 현직 고등학교 국어교사인 정경우 이사가 맡기로 했다.

이후 2007년 1월 31일에 진주교육청과 진주문화연구소가 '진주시 다문화가정 한국어교실'을 공동으로 열기로 합의하고, 한국어교실 개설과 1학기 학사운영이 힘차게 시작되었다. 3월 10일에 진주남중학교에서 개강하여 수강생의 원서를 접수하고 개강은 하였지만 문제가 하나 있었다. 수강생들이 한국어를 배우는 동안 그들의 어린 자녀들을 돌볼 만한 공간이 없었던 것이다. 하여 유아 돌봄 시설이 있는 정촌초등학교로 운영 장소를 옮겼다.

3월 17일 정촌초등학교에서 때늦은 개강식을 하였다. 이 개강식에는 김수업 선생과 김삼식 진주교육장을 비롯하여 돌봄 교사 8명을 포함한 20명의 자원봉사 교사들과 40여 명의 수강생들이 참석하였다. 이 무렵 한국어교실 구성원 간의 원활한 소통을 위하여 '한국어교실 카페'를 개설하여 운용하기 시작했다.

4월 12일에는 진주문화연구소에서 '한국어교재연구회' 모임을 가졌다. 수강생 모두가 외국 출신이었기에 이들을 대상으로 한국어를 가르칠 교재가 필요했기 때문이었다. 이후 여러 차례 모임을 가지면서 수강생의 여론과 교사들의 생각을 모으고 편집위원들이 땀을 흘린 보람으로 『결혼이주여성을 위한 생활 한국어』라는 보배로운 교재를 얻게 되었다.

4월 14일부터는 수강생들의 한국어 구사 수준에 따라 기초반, 중급반, 상급반으로 나눠 수업을 하기 시작했다. 한국어교실은 토요일마다 운영하였는데, 매월 1, 3주 토요일에는 오후 2시부터 5시까지 진행하였고, 일을 쉬던 2, 4주 토요일에는 수업 시간을 조정하여 오전 10시부터 오후 1시까지 진행하였다. 7월 7일 1학기 종강식을 가졌다.

1학기 종강식이 끝난 어느 날, 한국어교실을 개설 운영할 장소와 토요일마다 수강생들을 가르칠 교사를 구하는 일, 수강생을 모집하고 한국어 구사 수준에 따라 반 편성을 하는 등의 일로 힘들어 하던 정경우 이사가 김수업 선생께 "제가 했던 수많은 일들 중 한국어교실 운영이 가장 힘듭니다."며 어려움을 하소연한 일이 있었다. 그 말을 들으신 선생은 빙그레 웃으며 "하느님이 정선생을 이 세상에 태어나게 한 이유 중 하나가 그 어려운 일을 맡기기 위해서였을 거다."라며 격려해 주셨던 일은 한국어교실 자원봉사 교사들 사이에 전설처럼 내려오고 있다.

2012년 12월 한국어교실 2학기 종강식에 참석한 선생은 수강생들에게 "한국어가 여러분 나라 언어보다 우수해서, 한국문화가 여러분 나라 문화보다 좋아서 이곳에서 한국어와 한국문화를 가르치는 것은 아닙니다. 여러분들이 한국에서 생활하는데 필요하기 때문에 가르치는 것입니다."라고 말씀하시며 수강생들의 모국어와 문화를 자랑스럽게 여기고 자녀들에게도 알려줄 것을 부탁했다. 또한 한국어교실 자원봉사선생들에게는 "결혼이주여성들에게 우리말과 문화를 가르치는 것은 나라가 앞장서서 해야 할 일입니다. 나라가 제대로 못하고 있는데 여러분들이 토요일 쉬지도 못하고 한국어교실 봉사활동에 참여해 줘서 정말 고맙습니다."며 결혼 이주 여성들에게 꼭 필요한 일을 하고 있다는 보람과 긍지를 가지고 계속 참여해주기를 당부하기도 했다.

다문화가정 한국어교실 운영과 관련해 김수업 선생이 마음 아파했던 것은 한국어교실 운영 장소를 구하지 못해 정촌초등학교에서 2년 만에 문산초등학교로 옮겨갔다가 다시 1년 만에 다른 장소로 이전을 해야 한다는 말을 전해 들었을 때이다. 선생은 진주교육지원청 교육장과 조재규 교육위원 등을 만날 때마다 한국어교실 운영 장소를 구하지 못해 어려움이 많다는 이야기를 하며 쫓겨날 걱정 없이 마음 편히 수강생들을 가르칠 수 있는 공간을 구해 줄 것을 부탁하곤 했다. 김수업 선생과 조규태 운영위원장 그리고 조헌국 이사가 노력한 결과 2010년 당시 진주문화연구소 가까이 있는 봉곡초등학교 별관으로 운영 장소를 옮길 수 있었다. 하지만 2013년 7월 어느 날 한국어교실로 사용하던 교실에 불이 나는 바람에 자원봉사 교사가 경찰서에서 화재 원인에 대한 조사까지 받았다는 소식을 들은 선생은 경찰 조사를 받은 자원봉사 교사에게 "좋은 일을 하기 위해 휴일도 없이 봉사하러 왔다가 턱도 없는 경험을 했다."라고 위로해 주기도 하셨다.

2015년 3월 진주시 다문화가정 한국어교실 개강식에서

　다문화가정 한국어교실 운영과 관련해 김수업 선생이 기뻐한 것은 한국어교실 상급반에 수강하고 있던 베트남 출신 주심 씨가 2008년 10월 성균관대학교에서 주최한 한글날 기념 전국 결혼이주민여성 우리말대회 대상을 받고, 2010년 방영된 외국인 며느리 100명이 참가한 특집 KBS 도전! 골든벨에서 최후의 1인으로 선정되었다는 소식을 들었을 때이다. 그후 주심 씨가 경상대학교 인문대학 국문과를 진학해 4년간의 학업을 마치고 졸업했다는 소식에 활짝 웃었던 선생의 모습이 지금도 눈에 선하다.

　지난 2007년 이후 지금까지 10여 년간 한국어교실 봉사활동을 하며 김수업 선생께 가장 큰 칭찬을 받았던 것은 다문화가정 자녀들을 대상으로 엄마나랏말 교육을 위한 토요무지개 교실(베트남어반, 중국어반,

필리핀어반)을 운영한다는 소식을 전했을 때이다. 다문화가정 자녀들이 외국인 어머니에 대해 부정적인 생각을 가지거나 스스로에 대한 자존감이 낮은 경우가 많은데 이를 해결할 수 있는 좋은 방법이라며 칭찬을 해 주셨다. 더불어 다문화가정에 태어난 것이 오히려 자랑스럽고 그런 어머니를 만난 것이 다행이라는 마음이 들도록 잘 운영해 줄 것을 당부하셨다.

김수업 선생이 제안해 2007년 처음 문을 연 진주시 다문화가정 한국어교실은 봉곡초등학교에서 다시 도동초등학교로 옮겨 매년 40~70여 명의 결혼이주여성을 대상으로 13년 째 운영 중이다. 한국어 수업 외에도 노래, 요리 등 한국문화를 체험할 수 있는 다양한 프로그램을 실시하고 있으며 왕초급반, 초급반, 중급반, 상급반 등 수준별로 가르치고 있어 수강생들의 만족도가 아주 높은 편이다. 2017년 12월 9일, 한국어교실 2학기 종강식에 참석한 경상남도교육청 박종훈 교육감에게 다문화지원센터 등 결혼이주여성들을 대상으로 한국어를 가르치는 곳은 꽤 많은 편이지만 강사 모두가 한국어교육을 전공한 현직 학교 선생님들로 이루어진 곳은 진주시 다문화가정 한국어교실 하나뿐이고 수강생들이 마음 편히 공부할 수 있도록 유아반도 운영하고 있다며 자랑하던 선생의 모습이 눈에 선하다.

정명규 (진주중앙고등학교 교사)

시민주로 만든 옛 〈진주신문〉 대표이사 맡아

선생은 언론인이었다. 선생의 이력 가운데 빼놓을 수 없는 게 있다. 바로 시민주로 만들어졌던 옛 〈진주신문〉의 대표이사를 지낸 것이다. 선생은 1998년 12월부터 2001년 10월까지 진주신문 대표이사를 맡았다.

선생은 1989년 3월 옛 〈진주신문〉이 만들어질 때 창간 발기인과 주주로 참여하고 있었다. 당시는 선생이 경상대학교 교수로 재직하고 있을 때다. 진주지역 시민단체와 여러 인사, 경상대학교 교수들은 시민이 주인인 지역신문을 만들자며 모였고, 선생도 힘을 보태었던 것이다.

시민주 700여 명이 모여 만들어진 옛 〈진주신문〉은 2009년 1월 휴간(폐간)했다. 20년간 매주 한 번씩 신문이 나왔다. 그 역사 속에, 선생은 3년간 경영의 책임을 맡았던 것이다. 이때가 국제통화기금(IMF) 외환위기(1997년) 직후다. 선생은 어려운 경제 속에 구독하던 신문부터 끊는 사람들이 생겨날 정도로 힘든 시기에 신문사 운영의 책임을 졌던 것이다.

고 박노정 시인은 초창기부터 1998년 9월까지 대표이사와 발행인 겸 편집인으로 있었다. 그러다가 이용백 대표이사 겸 발행인이 잠시 맡았고, 1998년 12월 10일, ㈜진주신문 이사회는 최대주주인 김장하 이사(남성문화재단 이사장) 등 12명의 이사들이 참석한 가운데 회의를 열어 김수업 대표이사, 박노정 발행인 겸 편집인을 선임했던 것이다.

당시 신문에 실린 사고를 보면, 선생은 대표이사 수락인사를 통해 "진주신문사의 주인인 주주님들의 뜻이 훼손되지 않도록 최선을 다해 신문사를 운영하겠다."며 "어느 때보다 신문사 경영에 어려움을 겪고 있는 시기가 요즈음으로, 주주와 독자의 힘을 한데 모아 발전시켜 나가겠다."고 하였다.

선생이 〈진주신문〉 대표이사를 맡고 있을 때, 많은 일들이 있었다. 그 때는 진주신문 창간 10주년 전후다. 진주신문사는 2000년 1월 창간 10주년 사업으로 시디롬 제작 사업을 벌였다. 당시까지만 해도 언론사 홈페이지가 거의 없었던 시기로, 〈진주신문〉을 창간호부터 지령 500호(2000년 3월 6일)까지를 하나의 시디(CD)에 담는 작업이었다.

시디-롬 제작은 쉬운 일이 아니었다. 초창기부터 상당한 기간까지 나온 신문이 컴퓨터에 저장이 돼 있지 않았던 것이다. 그래서 상당한 호수를 다시 컴퓨터에 기입하고, 발행되었던 신문 형태로 편집하는 작업이 진행되었다. 비용도 만만찮게 들어갔다. 1990년 3월 창간호 이후 10년 치 〈진주신문〉을 담은 시디-롬은 2000년 10월에 나왔다. 이후 이 시디-롬을 찾는 사람들이 많았다.

진주신문사 주최의 행사도 많았다. 직장 축구인들이 펼치는 '촉석기 직장축구대회'가 계속 열렸고, 남성문화재단에서 출연해 운영하

〈진주신문〉 가을문예 시상식 장면

던 '진주신문 가을 문예'도 이어져 왔다. 그리고 진주신문사는 1999
년 11월 3일 진주문화원에서 '논개정신 계승을 위한 진주토론회'를
열었다.

선생이 대표이사로 있었을 때 〈진주신문〉은 지면을 통해 지역과 전
국의 여러 현안을 다루었다. 〈진주신문〉은 2000년 총선을 앞두고 지
역에서 활발하게 벌어졌던 총선연대 활동을 비중 있게 다루었고, 당
시 보수정권이 추진했던 '제2 건국위원회'에 대해 '제2의 관변단체'라
지적하는 기사를 담기도 했다. 그리고 〈진주신문〉은 진주 시내버스 요
금 할증료의 '불법'을 지적하며 '거짓말하는 시 행정'이라 비판했고,
진주시의회에 대해 "집행부 설명에 승인만 하는 '죽은 시의회"라는 지
적하기도 했다.

또 신문에서는 지역에서 일어났던 '국가보안법 철폐 기도회'를 다
루었고, "한국전쟁 당시 미군 폭격에 의해 진주 수곡에서도 민간인 희

생이 있었다."는 사실을 밝혀내 담았다. 그리고 〈진주신문〉은 자치단체의 예산으로 구입해 통·리·반장들에게 무료로 나눠주는 신문인 '계도지'(주민계도용 신문)를 없애야 한다는 기사를 계속 실었다. 2000년 진주시의 계도지 예산은 2억여 원에 달했고, 이후 '계도지'는 사라졌다.

언론학자들도 옛 〈진주신문〉에 대한 관심이 높다. 당시 강준만 전북대 교수는 '〈진주신문〉 지령 500호'(2000년 3월 6일)에 보낸 "원칙과 인간적 유대의 공존"이란 특별 기고를 통해 "〈진주신문〉 종사자들의 고행이 지금 이 순간에도 눈에 선하게 다가온다."고 했다. 또 배병룡 교수(경상대학교 행정학과)는 당시 〈진주신문〉이 주요하게 보도했던 사안 6건을 분석한 논문(1999년 4월)을 통해 "진주신문, 지역여론 주도했다"고 밝혔다.

선생은 대표이사로 재직하면서 신문에 썼던 글 가운데, 제일 관심을 끌었던 게 2000년 1월 3일 지령 491호에 실린 '새해인사'였다. 선생은 "기쁘고 즐거운 일로 살맛나는 세상을"이란 제목의 글에서 "아무쪼록 새해부터는 수많은 사람들이 바라듯이 기쁘고 즐거운 일로 살맛나는 세상이 펼쳐지기를 간절히 바라면서 애독자와 진주 시민 여러분들 앞에 새해 인사를 올립니다."고 했다.

그리고 선생은 그 글에서 "지난 몇 해 사이 우리는 아이엠에프라 불리는 경제 고난을 만나 금 모으기 운동을 비롯하여, 노숙자 돌보기, 불우 이웃 돕기, 이런 온갖 사랑의 운동을 벌이면서 남들이 놀라워할 만큼 빨리 벗어나면서 살맛나는 세상을 우리 스스로 만들 수 있다는 자신감을 얻었습니다."며 희망을 이야기했다.

그해에 있었던 총선을 거론한 선생은 "우선 지난번에 뽑은 우리 일꾼들이 국회에 가서 무슨 일을 어떻게 했는지 꼼꼼히 따져보고, 이번에는 누구를 뽑아야 하는 것인지 깊이 헤아리며 저울질해 보아야 하겠습니다."라고 했다. 더 읽어보자.

"국회의원을 개인이나 가문의 명예로만 여기는 사람, 국회의원을 자신의 출세 길로 착각하는 사람, 국회의원이 되어 자신의 사업이나 돌보자는 사람, 국회에 가서 나라와 고장 일에 전념하지 않고 딴 쪽에다 눈을 돌리는 사람, 무엇보다도 선거 때에 약속한 말들을 지키지 않고 거짓말로 만드는 사람은 다시 뽑지 말아야 하겠습니다. '누구를 뽑아도 달라지는 것이 없더라.' 하는 절망감도 경계해야 할 것입니다. 국회에서 하는 일이 우리 몸에 그대로 와서 닿기는 어렵지만 우리가 뽑은 일꾼이 국회에서 무슨 의논을 하고 어떤 법률을 만들었느냐 하는 것이 우리네 삶에 적지 않은 영향을 입히고 있다는 사실을 깊이 헤아려야 한다고 생각합니다."

이는 20여 년 정도 지난 지금 시대를 사는 사람들도 새겨들어야 할 말이다.

그러면서 김수업 대표이사는 "시민 여러분들의 거룩한 뜻을 모아 출범한 〈진주신문〉이 끊임없는 시련과 고난의 파도를 헤치며 오는 삼월이면 늠름하게 십 주년의 항구에 닿을 것입니다"라며 "시민 주주와 독자 여러분들의 가르침과 채찍으로 새 천년을 내다보는 지역 신문답게 거듭날 수 있도록 창간 때의 그 사랑으로 도와주시기 바랍니다."고 했다.

선생은 진주신문사 대표이사로 있으면서 한 번도 편집권을 침해하지 않았다고 본다. 경영과 편집권이 분리되었던 것이다. 당시 진주신문은 경영에 여러 가지 어려움이 있었지만, 취재나 편집에 있어서는 경영진의 간섭 없이 독립적으로 했던 것이다.

윤성효 (옛 〈진주신문〉 기자, 현 오마이뉴스 기자)

역사도시 진주를 올바로 세우기 위하여

2016년 봄, 1,300년 이상 경남의 행정중심도시로서 수많은 역사적 사건이 일어났던 진주에 놀라운 일이 벌어졌다. 진주시가 현재 진주성 촉석문 밖에 있는 7천여 평의 넓은 터를 진주대첩광장으로 조성하여 지상은 '비움'이라는 개념 아래 아무 지장물도 설치하지 않고, 지하에는 408대의 주차 시설을 갖춘 두 개 층의 주차장을 만들겠다고 발표한 것이다. 진주대첩을 기념한다고 하지만, 실제로는 대규모의 지하주차장 건설이 사업의 주목적이라는 인식이 시민들에게 널리 퍼졌다.

2000년대 초부터 역사광장 건설이 제안되어 추진하였지만, 지상 구조물 보상이 지지부진하게 진행되어오다가, 2015년부터 진주대첩광장 건설 사업으로 바뀌어 적극 추진되기 시작하였다. 처음에는 해당 부지 내에 위치한 형평운동기념탑의 이전 문제가 대두되었지만, 오랜 역사 현장인 진주성 외성터의 훼손에 대한 우려가 점점 커지면서 여러 방면에서 진주시 계획에 대한 전면 재검토를 요구하는 목소리가 나오기 시작하였다. 2016년 3월 28일 서은애 진주시의원이 시의회에서 시정 질의를 통하여 문제를 제기하였고, 4월 4일 필자가 「경

〈역사진주시민모임〉이 주최한 제1회 열린토론회(2016년 8월 25일, 경남과학기술대 백주년기념관 아트홀)를 마친 뒤

남도민일보」에 기고하여 사업의 부적절함을 지적하였고, 연이어 시민 단체들이 진주시 계획에 대한 반대 입장을 표명하였다.

이어서 진주시의 지하주차장 건설 계획에 반대하는 대학 교수, 시 민단체 활동가, 시의원, 지역 주민 등 각계각층 사람들이 대책모임을 가졌다. 역사 현장의 훼손을 염려한 김수업 진주문화연구소 이사장도 처음부터 이 모임에 참여하였다. 그러면서 진주성의 역사적 가치를 알리고 지하주차장 건설 계획의 전면 재검토를 주장하는 활동이 필요 하다는 것으로 중론이 모아졌다. 임시로 '진주역사바로세우기시민모 임' '올바른 진주대첩광장 조성 시민모임' 등으로 불리는 대책기구(앞 으로 '시민모임'으로 줄임)가 만들어지고 실행위원회가 구성되었다. 그리고 전문가들이 연속하여 신문에 기고하여 문제를 제기하고, 진주시장과 면담하여 사업 추진 과정에 전문가 의견 반영과 시민 참여를 요구하기로 하였다.

　신문 기고에는 경상대의 김덕현, 안동준, 김준형, 고영훈, 조규태, 박용식, 조영제 등 여러 교수가 참여하였다. 그리고 6월 3일에 윤철지 서경방송 회장의 주선으로 김수업 진주문화연구소 이사장, 김장하 남성문화재단 이사장을 비롯한 시민단체 대표자들과 진주시장의 면담이 이루어졌다. 이창희 시장이 시민단체 대표자들의 제안에 동의하여 진주대첩광장 건설에 대한 전문가와 주민 의견을 모으는 토론회를 열기로 하였다. 아울러 학계와 시민단체, 주민이 참여하는 논의 기구의 결성이 필요하다는 것에 의견을 모았다. 이 자리를 빌어 김수업 선생은 진주시가 민속예술 부문의 유네스코 창의도시 지정을 위해 노력할 것을 제안하였고, 이창희 시장은 적극 협력을 약속하였다. (이것은 곧바로 진주시, 서경방송, 진주문화연구소의 업무 협약으로 이어졌고, 유네스코 창의도시 신청을 위한 사업 추진으로 발전하였다. 그 결과 2019년 3월에 진주시가 한국에서 유네스코 창의도시 후보[민속예술·공예 부문]로 선정되었고, 2019년 12월에 열리는 유네스코 회의에서 최종적으로 확정될 것으로 기대된다.)

　시민모임은 2016년 7월 28일 모두모임(전체회원회의)에서 단체 이름을 '역사진주시민모임'(앞으로 '역사모임'으로 줄임)으로 바꾸면서 진주외성터를 진주의 역사성을 반영하는 모습으로 만들어야 한다는 것에 합의하고, 역사도시 진주의 정체성을 확고히 하는 활동을 벌이기로 결의하였다. 그리고 조직을 재편하여 공동대표에 김수업 진주문화연구소 이사장, 실행위원장에 김중섭 경상대 교수를 선임하고, 실행위원회를 구성하였다. 그 뒤 리영달 진주문화사랑모임 명예이사장, 정혜 스님(경남국외문화재보존연구회 대표)을 공동대표로 추가 선임하였다.

역사모임은 진주시장과 협의한 대로 2016년 8월 25일 "(가칭) 진주대첩광장 어떻게 만들 것인가?"라는 주제로 제1회 열린토론회를 경남과학기술대 백주년기념관 아트홀에서 열었다. 이창희 진주시장은 축사를 통해 광장 조성 과정을 소상하게 설명하면서 시민 의견이 모여지면 그에 따르겠다고 밝혔다. 주제 발표를 맡은 김수업 선생은 "'(가칭) 진주대첩광장'을 어떻게 꾸미면 좋을까?"라는 제목으로 계사년 순의 역사를 잊은 채 임진년 '진주대첩'만을 기념하는 것은 옳지 않다고 지적하며, 본디 오랜 역사가 있는 넓은 터인 진주성에 만들어질 광장에 담기면 좋을 다양한 내용을 제안하였다. 그 뒤 김덕현 경상대 명예교수가 "진주대첩광장은 민관 협치 사업으로 하자"라는 주제로 발표했고, 지정 토론자와 시민 토론이 이어졌다.

한 달쯤 지난 9월 29일, 역사모임은 제2회 열린토론회를 경남과학기술대 산학협력관에서 열어 "진주의 자랑스런 광장을 위하여"라는 주제로 진주외성터를 어떻게 만드는 것이 좋을까 논의하였다. 김수업 선생은 공동대표 인사말을 통하여 역사도시 진주를 올바로 세우는 일에 앞장서는 시민들의 활동을 격려하였다. 이어서 안재락 경상대 도시공학 교수가 "도시 공간적 측면에서 '(가) 진주대첩광장' 조성에 대하여", 김수현 경상대 미학 교수가 "비움의 광장, 채움의 광장"이라는 주제로 발표하였고, 지정토론과 자유 토론이 있었다.

2016년 12월에 진주시가 문화재청에 요청한 진주대첩 기념광장 조성 사업을 위한 진주성 현상 변경이 문화재위원회에서 부결되었다. 문화재 보존 환경을 저해할 우려가 있다는 이유였다. 아울러 유적발굴조사 계획도 별도로 승인받아야 한다고 결정하였다. 그렇지만 진주시가 다시 현상 변경 절차를 거쳐 사업 계획대로 추진할 것이라는 입장을 유지하면서 지하주차장 건설 계획을 바꾸지 않을 것이라는 추측이 시민사회에 널리 확산되었다.

2017년 1월 23일, 김수업 공동대표를 비롯한 역사모임 대표자들은 진주시장을 면담하여 두 차례의 열린토론회 내용에 기초하여 진주성 앞 광장 조성 과정에 준수해야 할 세 가지 기준을 제안하였다. 곧, 진주성 광장에는 역사도시 진주의 정체성을 확립할 수 있도록 진주의 역사 문화 정신을 담을 것, 장기 발전 계획 아래 진주성외성터를 활용할 것, 지역 구성원들이 참여하는 협의기구를 구성할 것 등이었다. 진주시장은 이에 적극 찬동하며 협의 기구 구성을 김수업 공동대표와 김중섭 실행위원장에게 요청하였다. 이 요청에 따라 두 사람은 협의기구 구성안을 만들어 3월 7일에 진주시장을 다시 만났다. 그렇지만 진주시가 협의기구 구성에 미온적인 태도를 보여 제대로 추진되지 않았다.

이런 상황에서 역사모임은 진주성 광장 조성이 역사도시 진주의 정체성을 확립하는 기회가 되어야 한다는 판단 아래 시민 홍보 활동을 강화하였다. 그 방안으로서 진주시의회 역사문화연구회와의 공동세미나, 열린역사마당 개최가 추진되었다. 그에 따라 4월 5일에 열린 진주시의회 역사문화연구회 창립모임에서 김수업 선생은 옛 자료인『진양지』를 상세하게 설명하여 진주 고을의 역사 이해를 높이는 데 도움을 주었다.

이렇게 김수업 선생은 삶의 마지막까지 역사모임 활동에 적극적으로 참여하였다. 다른 공동대표들이 활동하지 않으면서 김수업 선생은 열린토론회, 세미나, 실행위원회 등에서 역사모임을 대표하는 역할을 하였다. 달마다, 많게는 한 달에 두세 번 열어 실무 사항을 논의하는 실행위원회에, 김수업 선생은 참석할 의무가 없음에도 단지 참관할 뿐이라는 겸손한 자세로 참석하여 활동을 격려하고 성원하며, 때로는 여러 조언을 해주었다. 선생은 함께 자리하며 연대의식을 공유하는 것 자체가 활동가들에게 큰 힘이 된다는 것을 잘 알고 있었던 것이다. 이처럼 선생은 2017년 7월 하순 병이 깊은 것을 발견하기 전인 7월 26일 제23차 실행위원회까지 역사모임의 모든 행사에 꼬박꼬박 참여하며 활동을 격려해 주었다.

이날, 제23차 실행위원회는 진주성 외성터의 역사성에 대한 인식의 전환을 확인하는 자리였다. 7월 17일, 문화재청의 시굴조사 허가를 받은 진주시가 지장물 철거를 서두르며 작업하는 중에 석축 유구로 추정되는 돌무리가 발견되었다는 시민제보가 역사모임에 들어왔다. 역사모임은 곧바로 현장을 확인한 뒤, 다음날 기자간담회를 갖고 진주시에 신중하고 치밀하게 대처할 것을 요구하였다. 그러나 진주시 관계자는 역사모임 측의 주장을 반박하며, 여전히 외성 석재를 재활용하여 쌓은 것이라고 추정하였다. 해당 부지에 새 건물을 많이 지으면서 훼손하였기 때문에 유적이 남아 있지 않을 것이라는 기존의 주장을 반복한 것이다. 그러나 김수업 선생은 이런 주장의 오류를 지적하며 진주성은 오랜 기간 역사적 현장이었기 때문에 반드시 유적이나 유구가 있을 것이라고 거듭 주장하였다. 그러한 선생의 주장은 역사모임의 활동 방향을 정하는데 주요 방침이 되었다.

8월에 진주시는 진주외성터 조성 문제를 다룰 '진주대첩기념광장 조성위원회' 구성안을 내놓았다. 역사모임의 요구에 따라 늦게나마 협의기구를 결성한다는 모양새를 갖추었지만, 위원 19명의 면면을 보면, 대다수가 진주시에 협조적인 단체에 속한 사람들이었고, 역사모임 주장에 편든 사람은 3명뿐이었다. 게다가 3명 가운데 한 사람인 김수업 선생은 병 치료를 시작한 상황이었다. 역사모임을 비롯한 시민단체들은 명실상부한 민관 협의기구 구성을 요구하는 성명을 발표하였다. 그러자 진주대첩광장 조성위원회는 즉각 반박 성명을 내며 진주시의 광장 조성 계획을 지지한다는 입장을 밝혔다. 그러면서 지하주차장 건립 계획을 둘러싸고 진주시로 대표되는 찬성 측과 역사모임으로 대표되는 반대 측의 대립이 더욱 첨예하게 되었다.

11월부터 진주성 외성터의 시굴조사가 시작되었다. 역사모임은 철저한 발굴조사를 요구하는 시민들의 의견을 문화재청에 전달하였다. 시굴조사 과정에서 성벽 기단석으로 추정되는 돌들과 여러 유구가 발견되어 문화재청은 전면발굴조사를 진주시에 지시하였다. 2018년 4월 진주성 외성터의 전면 발굴이 시작되면서 진주시의 지하주차장 건설 추진은 불가피하게 미루어지게 되었다.

한편, 김수업 선생의 병이 깊다는 것이 알려지면서 역사모임에서는 선생의 짐을 덜어드려야 한다는 공감대가 형성되었다. 2018년 1월 정기 모두모임에서 조직을 개편하여 김중섭 경상대 사회학과 교수, 남성진 진주문화연구소 소장, 서은애 진주시의원, 조창래 진주참여연대 상임대표를 공동대표로, 박용식 경상대 국문과 교수를 운영위원장으로 선임하였다. 항암치료 중인 김수업 선생께 고문을 맡아줄 것을 부탁하니 흔쾌히 자신이 필요하면 쓰라고 하였다.

2018년 2월 22일, 실행위원회가 열렸다. 항암치료를 끝내고 참석한 김수업 고문은 모두의 염려를 잠재우려는 듯, 즐겁게 이야기를 하며 진주가 역사도시답게 되어야 한다는 점을 강조하였다. 그러나 그것이 선생이 주신 마지막 메시지였다. 선생은 끝내 건강을 회복하지 못하고 6월 23일 이승의 삶을 마감하였다.

지하주차장 건립을 추진한 이창희 시장은 자유한국당 공천에 실패하면서 2018년 4월에 열린 지방선거에 출마하지 않았고, 조규일 자유한국당 후보가 시장에 당선되었다. 2018년 9월, 발굴을 맡은 한국문물연구원은 발굴 중간보고 형식으로 진주성 외성터를 시민들에게 공개하였다. 신라시대에 만든 것으로 추정되는 배수로 유구, 고려시대 토성 흔적, 조선시대의 성벽, 일제 강점기의 집터 등이 많은 사람의 주목을 끌었다. 아직 최종 조사 결과 보고서가 나오지 않아 정확한 내용은 알 수 없지만, 150미터 이상 남아 있는 배수로 터가 7세기 또는 8세기에 만든 것이라면, 진주성은 우리나라 어떤 성터에서도 발견되지 않은 1,300년 된 도시의 흔적을 보여주는 곳이 될 것이다. 또 고려시대 토성터는 문헌에만 남아 있는 고려시대 토성의 실체를 보여주는 자료가 될 것이다. 그리고 100미터 정도 남아 있는 높이 4미터의 성벽은 잔존 상태가 양호한 편이어서 도시 건설의 정보를 파악하는데 유용하게 쓰일 것이다.

2019년 5월에는 진주교 가까운 위치에 축성된 돌들의 크기나 넓이 등으로 보아 진주성 남문터로 추정된다는 주장이 나왔다. 이렇듯이 땅속에 묻혀있던 유적과 유구가 드러나면서 진주성 외성터는 오랜 도시 역사의 흔적을 간직하는 보고로 인식되었다. 이것은 분명히 역사도시 진주의 정체성을 밝혀주는 현장이 될 것이다.

일제가 훼손하였던 진주성의 유산은 진주대첩광장 조성이라는 미명 아래 지하주차장 건설로 송두리째 사라질 뻔했는데, 시민들의 노력으로 살아남게 되었다. 이렇게 김수업 선생은 삶의 마지막 순간까지 시민들과 함께 역사도시 진주를 올바로 세우는 일에 온 힘을 다하였다. 그것은 선생의 진주 사랑을 웅변해주는 모습이었다. 앞으로 진주가 역사도시로서 제 모습을 갖추어가면 갈수록 김수업 선생의 간절한 소망은 한 걸음씩 실현될 것이다.

김중섭 (역사진주시민모임 전 실행위원장 / 현 공동대표)

믿음으로

내려가 낮아지면 거기 계시던 그리스도께서
사랑으로 감싸 안아 올려 주시는데
어째서 나는 아래로 내려가기를
망설이며 허송세월만 하는가?

- 「내려가기」, 『평화의 사도』에서

영원한 프란치스칸 김수업 토마스 회장님

독실한 가톨릭 신자이신 김수업(세례명 토마스 아퀴나스) 회장님에게 재속
프란치스코회는 삶에서 가장 중요한 한 부분이었다.

세속에 있으면서 아씨시의 성 프란치스코를 사부로 모시고 복음적
삶을 살려는 사람들의 모임인 재속프란치스코회는 800여 년 전 1회
인 프란치스코회, 2회인 글라라회와 더불어 성 프란치스코가 직접 설
립한 전 세계적인 단체로 우리나라에는 1937년 도입되었으며 현재 1
만 3천 8백여 명의 회원들이 활동하고 있다.

김수업 토마스 회장님이 재속프란치스코회와 인연을 맺은 것은 36
세였던 1975년으로, 1회인 작은 형제회에서 설립 운영하고 있는 진
주 칠암성당에 다니고 있었던 것이 인연이 되었을 것이다. 당시의 상
황을 토마스 회장님은 다음과 같이 밝히고 있다.

⋯⋯1975년 초여름 어느 주일 미사를 드리고 나오는데 김창남 디에
고 수사님이 수도원으로 데리고 들어가 난데없이 프란치스코 3회(재속프
란치스코회)를 만들 터이니 회장을 맡으라 하셨다. 핑계를 대며 몇 주간 버

〈재속프란치스코회〉의 다양한 활동

티다가 줄기찬 권고에 무릎을 꿇었고 마침내 10월 30일 진 안젤리코 신부님의 주례로 짙은 감빛 수도복에 세 매듭 띠를 허리에 매고 쉰여덟 지원자 틈에 끼어 입회식을 드렸다. 이렇게 아무것도 모르는 나를 하느님은 다시 재속프란치스코회 속에 데려다 놓으신 것이다. 이제 나는 하느님의 그지없는 사랑을 우러르며 성 프란치스코와 샤를로 드 후코의 가난과 기도와 기쁨을 지팡이처럼 두 손에 짚고 살아가는 사람이 되고 싶었다. 이런 바람으로 가정에서 살고, 직장에서 살고, 형제회에서 살고, 세상에서 사는 사람이 되었다.……

-『재속프란치스코회 경남지구형제회 25년사』 회고사

이후 토마스 회장님은 일체의 좌고우면이나 망설임 없이 재속프란치스코회에 헌신하였다. 1978년 진주 칠암성당에 재속프란치스코회의 가장 기초적이고 기본적인 조직인 단위형제회를 설립하는 데 핵심 역할을 하였으며 6대 회장을 맡아 봉사하였다. 아울러 진주 인근 지역 곳곳에 단위형제회를 조직하는 일에도 온 힘을 쏟았다. 1991년에는 마산교구 관할 지역의 단위형제회들을 묶어 경남지구형제회를 구성하였으며 초대 회장을 역임하였다. 드디어 1996년, 1999년에는 연이어 3년 임기의 국가형제회 회장을 맡아 우리나라를 대표하는 재속프란치스칸으로서 혁혁한 공을 세웠으며, 2009년부터 국가회장을 한 번 더 맡아오면서 2012년에 열린 재속프란치스코회 한국 도입 75주년 행사의 준비를 착실히 해 주었다.

이렇게 볼 때 재속프란치스코회에서의 토마스 회장님의 역할은 새로운 형제회를 만들어 기초를 닦고 토대를 마련하는 일, 회원들을 가르치고 양성하는 일, 그리고 이 회가 이 땅에 더욱 강고하게 뿌리내리게 하는 일이었다고 할 수 있을 것이다.

그러는 한편 내적으로는 서약한 대로 회칙을 지키는 삶, 즉 성 프란치스코의 발자취를 따라 복음적 삶을 살려고 부단히 노력하였다. 늘 프란치스코 성인처럼 겸손과 자기낮춤의 자세로 소박하고 소탈하게 사람들에게 다가가고 다른 사람들의 의견에 귀를 기울였다. 그러면서도 우리 정통 신앙과 프란치스칸 영성에 조금이라도 어긋난다고 판단되면 자신의 소신을 굽히지 않는 단호함도 보였다.

아울러 토마스 회장님은 자신이 프란치스칸임을 늘 자랑스럽게 여기고 프란치스칸으로서 평화와 자유로운 삶을 살도록 허락해주신 하느님께 감사를 드렸다. 평생 한 번 있는 안식년을 아씨시에서 보내면서 성 프란치스코의 모든 것을 흠뻑 체험하고 온 회장님은 우리 사부님이 위대한 성인일 뿐만 아니라 시인으로도 높게 평가받고 있으며 유럽에 르네상스를 가져오게 하는 데 지대한 영향을 미쳤다고 자랑스럽게 이야기하곤 하였다. 헤르만 헤세가 성 프란치스코 전기 소설을 썼다는 사실을 덧붙여, 회장님은 또 많은 토지를 소작농들에게 무상으로 다 나누어주고 자신은 레지오 교본, 동서의 피안, 내심낙원 등을 번역하면서 빈한한 삶을 살다가 만년에는 사부님처럼 실명 상태까지 되어 '한국의 성 프란치스코'라고 불리는 자랑스러운 우리 선배 김익진 프란치스코 인물전을 집필하였다. 필자가 꼼꼼한 고증과 유려한 필치로 쓴 명저 『한국의 프란치스코 김익진』을 감동과 감사 속에 밤새워 읽은 후 전화를 드렸을 때 아주 기뻐하셨던 기억이 생생하다.

선종 이틀 전인 작년 6월 21일 경상대학교병원으로 회장님을 찾아뵙고 많은 우리 회원들이 회장님을 위해 기도를 드리고 있다고 말씀드리자 손을 꼭 잡으며 고맙다는 눈길을 보냈던 모습이 눈에 선하다. 필자는 회장님의 마지막 평온한 모습을 보면서 '자매인 죽음의 참뜻을 알게 해주는 그리스도의 부활에 동참하게 된 회원은 성부와의 결정적 만남을 평온한 마음으로 준비해야 한다.'라는 우리 회칙 구절을 떠올렸다 그러면서 회장님은 마지막까지 철저한 프란치스칸이었다고 생각하였다.

마지막으로 회장님이 생전에 하셨던 말씀 중 유언으로까지 여겨지는 글 하나를 소개한다.

……우리가 몸담아 사는 형제회는 길이로 팔백 년에 이르고, 넓이로 단위에서 지구 국가 국제로 퍼져 온 세상에 이른다. 이처럼 길고 넓은 형제회가 좁쌀 같은 나를 쓰겠다고 부르면 언제든지 '예!'하고 싶었다. 그런데 경남지구형제회 평의회가 내게 회장으로 봉사하던 때를 돌아보는 글을 쓰라 한다. 서슴없이 '예!'했는데, 저지른 잘못은 모두 감추고 몇 가지 잘한 일만 골라 쓰고 싶다. 잘한 일을 골라 써야 뒤따르는 형제들이 읽으며 '우리는 더 좋은 일을 하겠다.'는 뜻을 세운다는 핑계 때문이다. 잘한 일을 넷만 꼽아보면, 하나는 교구에 성소후원금을 1회에 봉헌하는 성소후원금과 다름없이 봉헌한 일, 둘은 교구 안에 계시는 순교자 묘소를 형제회들이 나누어 다달이 찾아가 돌보던 일, 셋은 서부경남 일원의 농촌 교회 공소를 정기적으로 찾아가 예비자들에게 교리와 성가를 가르치고 공소예절을 함께 바치던 일. 넷은 회헌 제7절에 따라 프란치스칸 청년회를 일으켜 양성교육과 운영을 도우며 가꾸던 일이다. 이들 네 가지 일은 모두 앞으로 더욱 잘 가꾸면 교회와 사회에 도움을 드리고 우리 형제회의 영적 성장에도 커다란 보탬이 되리라 믿는다.……

－『재속프란치스코회 경남지구형제회 25년사』 회고사

회장님이 이승에서의 삶을 마감하고 저승으로 옮겨가신 지 어느덧

일 년. 지금은 하늘나라에서 그토록 그리던 하느님을 직접 뵙고, 좋아하고 따르던 성 프란치스코와도 친교를 나누는 복된 삶을 살고 계실 회장님께서는 아직 이승에 있는 우리 재속프란치스칸들을 위해서도 간절한 기도를 드려주실 것이다.

손진욱 요셉 (재속프란치스코회 한국 국가회장)

교수들의 신앙공부

김수업(토마스 아퀴나스) 선생은 마산교구의 진주지구 및 경상대학교 가톨릭 교수회를 위해 한 많은 일들 중에서 남아있는 기록에 근거한 업적만을 적을 수밖에 없음을 아쉽게 생각하며, 진주지구 가톨릭교수회에 남긴 업적을 전합니다.

선생은 1978년 3월, 지구별 가톨릭교수회로는 마산교구에서 처음으로 진주에서 가톨릭교수회를 만들었다. 김용백(요한) 신부님을 지도신부로 모시고, 진주지구 가톨릭교수회 초대 회장(1978. 3.~ 1981. 2.)을 맡아 가톨릭교수회의 초석이 되는 활동을 시작하였다.

진주지구 가톨릭교수회 참여한 대학은 경상대학교, 진주교육대학교, 경남과학기술대학교, 연암공업대학, 진주보건대학 등 5개 대학의 교수 회원으로 구성되었다.

마산, 부산, 대구 및 안동 교구 소속의 가톨릭교수들의 모임 활동을

1975년 진주지역 가톨릭 교직자 제1차 연수회

살펴보면, 성심원 등에서 피정을 하였으며, 또한 매년 여름방학에 '영남 4구(대구, 부산, 안동, 마산) 가톨릭교수회 합동세미나'를 각 교구별로 돌아가면서 개최하였다. 1988년 7월 4교구 하계합동세미나는 '한국 가톨릭의 토착화'라는 주제 아래 열렸는데, 여기서 선생은 「교리의 토착화」라는 논문을 발표하였다.

교구 단위의 세미나뿐만 아니라 진주지구 자체로도 겨울 피정을 실시하였는데, 선생은 1992년 2월 14~15일에 있은 피정에서 '말에 대한 상식'이라는 주제로 강의를 하였다. 또한 1996년 7월의 마산교구 가톨릭교수회 주관의 4개교구 합동세미나에서는 '복음화를 위한 공동체'를 주제로 하였는데, 선생은 '가톨릭교회의 공동체의식과 소공동체 운동에 관한 소견'을 발표하는 등 적극적인 활동을 하였다.

가톨릭학생회 활동지도 및 지원에 대한 가톨릭교수회의 활동을 살펴보면, 학생들에게 부활절 달걀을 삶아 포장하여 각 교수님 연구실에 전달하도록 하며, 개강 및 종강 미사에 학생들과 함께하면서 활동을 지원하였다.

특히, 선생은 진주 가톨릭교수회 결성 이후 2017년 6월까지, 매달 1회, '옛날 곰탕, 남태평양, 오후의 홍차' 등으로 장소를 옮겨가는 어려움 속에서도 교수들의 독서모임을 지도하였다. 제2차 바티칸공의회 문헌(한국 천주교 중앙협의회), 세계 교회사(분도출판사) 등을 교재로 선정하여, 현대를 살아가는 교수들에게 사회 안에서 사랑으로 잘 살아갈 수 있도록 깨우쳐 주는 등, 정신적 지주가 되는 큰 어른으로서 존재감을 느끼게 해주었다.

박미연 (경상대학교 가톨릭교수회 회장)

지상에서 천상의 삶을

"수녀님들은 천상의 삶을 지상에서 살고 계시는 분이라네. 그러니 우리가 그분들을 대할 때는 각별히 조심해야 하네."

선생이 평소 하였던 말이다. 천상의 삶을 지상에서 산다는 그 말뜻이 무엇인지 당시에는 이해가 되지 않았다.

선생은 1966년 부활절에 대구 신암동성당에서 세례를 받았다. 당시 영남고등학교에서 함께 근무하던 김구정 선생—신학대 재학 중 광복운동을 하다가 퇴학당한 분-의 소개로 가톨릭을 알게 되었다. 처음에는 믿음이 가지 않아 반론을 폈다가 김구정 선생으로부터 논리 정연한 질책을 듣고 여러 종교 서적을 구해서 읽어보았는데, 그 가운데서도 특히 『억만인의 신앙』이라는 책에서 큰 도움을 받았다. 그러다가 1969년 꾸르실료 교육을 받고는 그리스도에 대한 의심을 완전히 버리게 되었다. 이처럼 나름의 검증 과정을 거쳐 가톨릭 신앙을 받아들인 뒤로는 한 치의 흔들림도 없는 독실한 신자가 되어 평생을 살았다.

먼저 선생이 교회 안에서 책임자(단체장)로 일했던 내용을 정리해 보면 이렇게 된다.

(1) 1971 성당의 남녀 고등학생으로 구성된 '천신의 모후' 쁘레시디움 창립. 초
대 단장

(2) 1972. 8. 10 칠암꾸리아 초대 부단장

(3) 1972. 9.~1976 칠암가톨릭중학교 초대 교장 겸 교사

(4) 1974. 1 칠암성당 사목회 부회장

(5) 1975. 칠암성당 꾸르실료 초대 간사

(6) 1975. 8. 18~21 마산교구 제9차 꾸르실료 봉사임원

(7) 1975. 10.~1978. 2 재속프란치스코회 경남지구 진주형제회 준비기간 첫
봉사자

(8) 1976. 1. 1.~1978. 12. 31 제5대 칠암성당 사목협의회 회장

(9) 1977. 6. 17 초대 묘지관리위원장으로 뽑혀 성당 묘지를 만듦

(10) 1978. 2. 19 성 빈첸시오 아 바울로회 창립 준비모임 참석

(11) 1978. 3.~1981. 2 진주지구 가톨릭교수회 초대 회장

(12) 1978. 4. 2.~1980. 8. 3 재속프란치스코회 진주형제회심의회 수련장

(13) 1979. 1. 1.~1980. 12. 31 사목회장 임기 뒤 성당에서는 처음으로 교육부
장을 자청함

(14) 1980. 2. 24 진주 꼬미시움 초대 단장

(15) 1980. 8. 3.~1983. 5. 1 재속프란치스코회 진주형제회 심의회 수련장

(16) 1982. 10. 꾸리아 단장

(17) 1983. 1. 1.~1984. 12. 31 사목회 전례부장

(18) 1984. 12. 7 칠암 통합 꾸리아 부단장

(19) 1986. 5. 8 성소후원회 재창립 회장, 1988년 다시 회장 맡음

(20) 1988. 4. 24.~1991. 4 재속프란치스코회 진주형제회 제6대 심의회 회장

(21) 1989. 5. 14 칠암본당 25주년 기념 편간위원장

(22) 1989. 8 교구 성령쇄신봉사회 회장

(23) 1991. 2.~6 재속프란치스코회 경남지구형제회 준비기간 봉사자

(24) 1991. 6.~1994. 6 재속프란치스코회 경남지구형제회 초대 봉사자(회장)

(25) 1994. 6.~1997. 6 재속프란치스코회 경남지구형제회 2대 봉사자(회장)

(26) 1996. 11. 17.~1999. 11 재속프란치스코회 제10대 한국국가형제회 회장

(27) 1999. 11.~2003. 1 재속프란치스코회 제11대 한국국가형제회 회장

(28) 2009. 1.~2012. 1 재속프란치스코회 제14대 한국국가형제회 회장

　위에 드러난 것을 보면 선생이 성당에서 일한 모습에는 몇 가지 특징이 있다.

　우선, 평생 동안 참으로 많은 여러 가지 단체장을 맡아 봉사했다. 교회 안에서 단체의 책임자가 되면 세속과는 달리 장(長)은 오히려 더 많은 시간과 노력을 들여서 일해야 한다. 선생은 신앙을 가지기 시작한 1970년대부터 돌아가신 2010년대까지 쉬지 않고, 수많은 단체의 책임자가 되어 일했다. 오죽했으면 신자인 어느 대학교수가 김수업 교수님은 성당 일에 저렇게 많은 시간을 쓰지 않고 연구에만 전념했더라면 엄청난 업적을 남겼을 거라며 아쉽다고 했을 정도이다. 단체장으로 활동한 공간은 칠암동성당 안에서만이 아니라 본당을 넘어 다른 지역에까지도 뻗어 있었다. 위 표에서 (6)(14)(22) 등은 마산교구에 속한 단체의 장으로 일한 것이고, (7)(11)(12)(15)(19)(20)(22)~(27)은 진주와 경상남도 더 나아가 대한민국이라는 단위의 단체 일을 맡아서 봉사한 것이다.

선생은 남들이 꺼리는 힘든 일을 많이 맡아 성공적으로 해냈다. 위 목록을 보면 처음, 초대, 창립, 재창립, 제1회, 준비 모임 따위의 말이 들어 있는 단체의 장을 많이 맡았음을 알 수 있다. 이것들은 모두 선생이 교회에서 그 단체를 처음 만들 때 책임자를 맡은 사례들이다. 처음 하는 일은 누구에게나 낯설고 힘들기

1995년 사순절 성목요일 세족례

마련이어서 사람들이 꺼리기 마련인데, 선생은 이런 일들을 많이 맡아 성공적으로 마무리를 지었다.

선생은 일을 맡으면 남들이 미처 생각지 못한 새로운 방식으로 처리하여 성과를 얻은 예가 많다. 칠암성당 사목회 부회장을 맡고 있을 때에는 회장에게 두 가지를 건의하였다. 이사회를 민주적으로 운영하여 활성화하자는 것과 교무금과 주일 헌금에 대한 신자들의 인식을 바꾸자고 한 것이다. 이런 말들은 회장에게 건의하기가 매우 거북하고 어려운 것이지만 선생은 그렇게 했다. 그러다가 당신이 사목회장이 되었을 때는 지금까지와는 달리 이사회를 매월 열어 정례화하고, 매주 신부님을 면담하여 본당의 일들을 허심탄회하게 신부님과 의논하고 건의를 드리는 등 신부님의 사목활동을 적극 도와드렸다. 뿐만 아니라 이제까지 본당의 신부님께 의존해 오던 본당의 살림살이를 이

사회 중심으로 꾸리면서 매주의 교무금과 헌금을 공개 공지하였다. 또한 매월 1회씩 이사들이 윤번제로 평신도 강론을 하도록 하여 신자들에게 본당의 자립 운영에 대한 의식개혁을 추진하였다. 그 결과 이 해 말에는 본당 설립 이후 처음으로 새해 예산을 신자들만의 자립으로 세울 수 있게 되었다.(1976.7.25.) 지금

1966년 세례 받던 날, 어머니와 장모님, 선생 내외

도 그러하지만 1970년대에 평신도가 신자들 앞에서 강론을 한다는 것은 매우 이례적이고 어려운 일이었음에도 선생은 그것을 해내었다.

선생은 언제나 낮은 자세로 어려운 이웃의 벗이 되어 주었다. 선생은 사람들을 만나면 늘 먼저 웃으며 인사하고 손을 내밀었다. 그 가운데서도 어려운 처지에 있는 이들에 대한 관심은 각별하였다. 안부를 묻고, 걱정해 주고, 도울 수 있는 길이 있으면 직접 도와준 사례가 매우 많았다. 1972년에는 형편이 어려워 정규학교를 못 간 이들을 모아 성당에다 야간 재건중학교를 열어 배움에 굶주린 이들에게 도움을 주었다. 물질적으로 어려운 이들을 돕는 빈첸시오 아 바울로회의 창립회원으로 참여하였고, 성령기도회를 열어 생활나누기를 통해 삶에 지치

고 힘들어하는 이들의 안타까운 이야기를 들어주며 위로하고 격려해 주었다. 1980년대에는 프란치스코 양로원 원장님의 요청으로 성령세미나를 열어 시설에 사는 외로운 노인들의 마음에 응어리진 한을 풀어주며 달래주는 일을 하였다. 2014~2015년에는 우리말이 서툴러서 고생하시는 베트남 신부님에게 우리말을 가르치기도 하였다.

30대에 사목회장을 한다는 것도 매우 드문 일이지만, 사목회장 임기를 마친 뒤에는 많은 이들의 연임 제안을 뿌리치고 자청하여 교육부장을 맡았다. 이는 칠암성당에서 처음 있은 일로, 회사 일에 비유하자면 사장을 하다가 부장을 자청하여 맡았다는 것과 같은 것인데, 평소 선생의 사람됨을 잘 보여주는 일화이다.

선생은 자신이 할 수 있는 일을 스스로 찾아 온 힘을 다해 해내었다. "죽으면 없어질 몸뚱이"라는 말을 평소에 자주 하시던 모친이야기를 들려주시던 선생은 당신이 지닌 재능을 십분 발휘하여 필요한 일을 찾아내어 열심히 하였는데, 공부하고 가르치는 것이 그것이다. 농림전문대학(현 경남과학기술대학교)에 근무할 때는 가톨릭학생회인 '임마누엘'을 만들어 학생들의 신앙생활을 지도했으며, 진주지역에 가톨릭교수회를 만들어 중세 교회사, 바티칸 공의회 문헌을 공부하는 등 알차게 운영하였다. 교구 꾸르실료 간사, 본당의 중고등학생 교리교사에 대한 피정지도, 고등부 쁘리시디움 단장, 성령세미나 지도, 사목회 교육부장, 재속 프란치스코회 회원들에 대한 교육, 본당 내 고등학생에게 문학 특강을 했으며, 2015~2017년에는 세례를 받으려고 준비하는 예비자 교리반 지도까지 하였다.

이런 일을 할 때면 선생은 온전히 자신을 그 일에 던져 버렸다. 먼지

칠암가톨릭야간중학교 교사들과 함께

가 풀풀 나는 시골길을 몇 시간씩 버스를 타고, 또 배를 타고 하동이
나 남해까지 다니면서 레지오 마리애 회합이나 재속3회 연수에 참석
하여 지도하였다. 추운 겨울에도 성당의 낡은 건물 바닥에 멍석을 깔
아놓고 그 위에 둘러앉아 성령기도회를 열었으며, 심지어 낮에는 직
장에서 일하고 밤에 함안성당까지 가서 성령세미나를 열기도 하였다.
당시 진주의 레지오 마리애 활동이 얼마나 활발했던지 교구에 하나만
설치하기로 되어있는 꼬미시움이 이미 마산에 있는데도, 장병화 주교
님께서 광주 세나뚜스에 강력하게 요청하여 진주에 꼬미시움을 하나
더 두게 하셨다. 그 때에 초대 꼬미시움 단장을 맡은 이가 선생이었다.

　이처럼 맡은 일에 정성을 쏟아 해내자 교회를 위해 애쓴 공로가 인
정되어 1977년에 로마 교황으로부터 십자가훈장을 받았다. 또한 재
속프란치스코회 한국국가형제회에서는 2회로 제한되어 있는 회장 임
기 규정을, 회원들이 청원하여 3회까지 할 수 있도록 고친 뒤 선생에

게 회장을 세 번이나(10, 11, 14대) 맡겼다. 1999년 8월에는 재속프란치스코회 미주 한인 형제회가 주최하는 제4회 북·남미 지도자 연수회에 초청되어 브라질 상파울로에 가서 연수회를 주관하였는데, 이때 교민 가운데는 선생에게 자기가 숙식을 비롯한 모든 생활 경비를 평생 동안 댈 테니 여기서 함께 살았으면 좋겠다는 제안을 한 이도 있었다.

선생은 교회 안팎에서 수많은 단체의 책임자 일을 맡아, 당신의 능력과 시간을 아무 조건 없이 바쳐서 일하였다. 언제나 자신은 낮추고 상대를 존중하고 배려하며 살았던 이가 선생이다. 심지어 세상을 떠나 묻힌 자리도 보는 이들을 안타깝게 하는 장소이다. 선생은 죽음마저도 자매로 기꺼이 받아들이며 살려고 해서 주변에 가까이 있는 이들을 놀라게 하고 서운하게 하였다. 가톨릭 신앙은 믿는 것이 아니라 실행하는 것이라는 그 말대로 살았던 분이다. 이러한 삶이 하늘나라의 삶이 아니었을까?

이 글을 적어 놓고 나니 마음이 영 편하지 못하다. "요한, 자네가 참 쓸데없는 짓을 했구먼." 인자하지만 단호한 선생의 목소리가 들려오는 것 같다.

김태기 (전 칠암동성당 사목회장)

해적이와 글 모음

해적이

태어나서 자라며

1939년 2월 4일(음력 1938년 12월 16일, 갑인년 범띠), 김재찬 공(본관 김해, 자 기만·또철)과 최기순 마리아(본관 삭령)의 첫째로 진주시(옛 진양군) 금곡면 두문리 24번지에서 태어남.

1942년 (네 살) 가을, 진주 읍내로 이사 나옴.

1944년 (여섯 살) 겨울, 외가마을 사천시(옛 사천군) 정동면 수청리 독죽골로 들어감.

1945년 (일곱 살) 9월, 사천군 정동면 정동초등학교 입학.

1947년 (아홉 살) 여름, 아우 대경, 병으로 죽음.

1948년 (열 살) 초봄, 4학년 초에 진양군 금곡면 두문초등학교에 전학 옴.

1950년 (열두 살) 4월 28일, 아버지 돌아가심.

6월, 학제 개편으로 6학년이 됨. 이즈음 이웃집 학동 노인에게 한문을 배움.

1951년 (열세 살) 7월 31일, 중학입시 국가연합고사를 침. 어머니가 농림학교에 가기를 권유함.

9월 1일, 진주농림학교가 진주남중학교와 진주농림고등학교로 나뉘어 진주남중학교 입학. 이때부터 어머니와 함께 진주 읍내살이를 다시 하게 됨.

1954년 (열여섯 살) 2월, 진주남중학교 졸업.

4월 5일, 어머니 뜻에 따라 진주농림고등학교 입학.

1957년 (열아홉 살) 2월, 진주농림고등학교 졸업. 어머니께 효도하고자 대학 진학을 하지 않고 고향으로 돌아와 농사를 지음. 가을에 어머니의 바람으로 대학 입시 준비를 함.

배우며 길을 찾아

1958년 (스무 살) 4월, 경북대학교 사범대학 입학. 정문 가까운 신암동에서 어머니와 함께 대구살이 시작.

1959년 (스물한 살) 11월, 제2회 국어국문학회 전국학술대회가 경북대학교 대강당에서 열림. 이를 참관하면서 국어과 동기들이 한글전용파와 한자혼용파로 갈라져 토론을 벌이고, 선생은 한글전용파로서 이상의 소설을 분석하여 「'지주회시'에 관한 노트」라는 글을 경북대신문에 발표함.

1962년 (스물네 살) 2월 26일, 경북대학교 사범대학 국어과 졸업(문학사). 대학 동기들과 〈세종회〉를 만들어 회지 『세종』을 내며 모임을 이어옴.

3월, 경북대학교 대학원 국어국문학과 석사과정 입학. 경성제국대학 출신 이재수 박사를 지도교수로 하여 연구실에서 조교 일을 하면서 '신비평'에 몰두함.

1963년 (스물다섯 살) 9월, 강구중학교 교사로 발령받음.

10월, 석사학위논문을 한글로만 써서 지도교수가 심사를 거부하였으나 뜻을 굽히지 않음.

1964년 (스물여섯 살) 2월, 경북대학교 대학원 국어국문학과 졸업(문학석사).

3월, 대구 영남고등학교로 옮김. 이즈음부터 올바른 믿음을 지녀야겠다고 생각함.

성탄 무렵, 벗 이원주의 중매로 울진농업고등학교 음악선생 배옥향을 만남.

1965년 (스물일곱 살) 한국어문학회지에 발표한 첫 논문에서 처음으로 '마무리'라는 말을 써서 논란을 일으킴.

11월 18일, 배우손 공(본관 달성)과 손옥이(본관 일진)의 둘째 딸

옥향과 대구예식장에서 효성여대 학장 전석재 신부님의 주례로 결혼식을 올림. 이때 배옥향은 안계중학교에서 일함.

1966년 (스물여덟 살) 4월, 부활절 대구 신암성당 황루메구 신부를 통해 김구정 선생께 부부가 함께 교리를 받고 토마스 아퀴나스와 세실리아를 본명 성인으로 세례를 받음.

10월, 대건고등학교로 옮김.

1967년 (스물아홉 살) 첫째 아들 영두 태어남.

1968년 (서른 살) 3월, 경북대학교 국어교육과 3학년 원서강독 강의를 맡음.

계명대학교 신동욱 교수 연구실에서 있었던 『한국문학사』(조윤제) 독서세미나에서 조동일 교수를 만나 입말꽃(구비문학)에 눈뜸. 이후 1980년~1992년에 나온 『한국구비문학대계』 85책에 놀라 입말꽃을 공부하였고, 1995년 2월에 입말이야기말꽃 「아기장수 이야기 연구」(경북대, 박사학위논문)를 씀.

1969년 (서른한 살) 8월, 대구대교구 제5차 꾸르실료를 받으며 참된 믿음을 가짐.

둘째 아들 영욱 태어남.

가르치며 일을 맡아

1971년 (서른세 살) 3월, 진주농림고등전문학교 교양과 전임강사로 부임함 (1973년 조교수가 됨). 다시 진주로 돌아와서 망경북동에 자리잡음.

셋째 딸 영선 태어남.

가을, 칠암성당 남녀 고등학생으로 '천사의 모후' 쁘레시디움 창단, 초대 단장을 함. 이밖에도 성당과 관련한 일에 두루 책임을 맡아 함.

1972년 (서른네 살) 2월, 상평동으로 이사함.

7월, 십이지장궤양 수술을 받음. 이즈음부터 집과 직장과 성당, 세 곳에서만 자신을 찾을 수 있게 한다는 삶의 원칙을 세움.

1973년	(서른다섯 살) 5월, 경상대학교 사범대학 국어교육과 전임강사로 부임함(1986년 정교수가 됨).
1974년	(서른여섯 살) 2월, 강남동으로 이사함. 2003년 상반기까지 이곳에 삶.
1975년	(서른일곱 살) 넷째 아들 영수 태어남.
	9월, 〈배달말학회〉 창립 발기인이 되어 학회지를 내며 '마무리'의 짝으로 '들머리'를 찾아 씀.
	10월, 재속프란치스코회 진주형제회에 입회하고 회장을 맡음. 이후 재속프란치스코회 경남지구형제회 초대·2대 봉사자(1991년~1997년)를 맡고 유기서약식(1993년)을 함.
1976년	(서른여덟 살) 다섯째 아들 영훈 태어남.
1977년	(서른아홉 살) 1월, 로마교황청 바오로 6세 교황으로부터 십자가 공로훈장을 받음. 4월 부활절에 마산교구장이 칠암성당에 와서 직접 전달함.
	3월, 배달말학회장을 맡음(1978년 2월까지).
	6월, 칠암성당 묘지관리위원장을 맡아서 문산읍 상문리에 칠암성당 공원묘지를 만듦.
1978년	(마흔 살) 3월, 경상대학교 사범대학 국어교육과장을 맡음(1980년 2월까지).
	국문학 개론서인『배달문학의 길잡이』(1978)를 내고, 수정 보완하여『배달문학의 갈래와 흐름』(1992)을 거쳐 토박이말로 학문하기의 아름다움과 정밀함을 보여주는『배달말꽃, 갈래와 속살』(2002)을 냄.
1980년	(마흔두 살) 3월, 경상대학교 교무과장, 연수원 부원장을 맡음(1981년 5월 31일까지).
1981년	(마흔세 살) 7월, 국비 해외파견 연구교수로 이탈리아 페루지아 대학에 파견감(1982년 7월 30일까지). 이때 학급의 크기를 열두 사람에 가깝도록 해야 한다는 것을 깨우치고, 페스탈로치의 환경확장

원리를 배워와 우리 교육에 적용하고자 함. 돌아온 뒤 〈모국어교육학회〉(1983)를 만듦. 이전까지 국문학 분야에 치우쳐 글을 썼다면 이때부터 비슷한 비중으로 국어교육 분야 글도 많이 씀.

1983년   (마흔다섯 살) 4월, 〈모국어교육학회〉 창립총회에서 회장으로 선출됨(1987년 5월까지).

1984년   (마흔여섯 살) 10월, 경상대학교 도서관장을 맡음(1987년 3월 31일까지).

1985년   (마흔일곱 살) 2월, 경상대학교 논술고사위원회 위원이 됨(1986년 2월 4일까지).

1988년   (쉰 살) 11월, 대학의 변화를 위해 학칙개정특별위원회 위원장으로 학칙개정 작업에 참여함. 학칙개정안은 1989년 교수협의회 정기총회에서 최종 의결되었으나 문교부의 승인을 받지 못하고 내부적으로만 시행됨.

1989년   (쉰한 살) 6월, 경상대학교 중등교육연구소 소장으로 선출됨.

『국어교육의 원리』(1989)를 냄. 이후 이 책을 『국어교육의 길』(1998)을 거쳐 『배달말 가르치기』(2006)로 거듭 수정 보완하여 냄.

8월, 경주에서 열린 전국국어교사모임 전체 회원 대상 여름 연수에 강의 요청을 받아 『국어교육의 원리』에 대해 강의하며 전국국어교사모임과 처음 인연을 맺음.

1990년   (쉰두 살) 『우리글 바로쓰기』(1989)를 읽은 뒤, 경상대학교 사범대학 국어교육과 초청으로 이오덕 선생을 불러 강연을 듣고, '글쓰기 소식지'를 접하며 말과 삶을 가꾸는 글쓰기와 우리말 살리기에 깊은 관심을 가지게 됨.

2월, 경상대학교 교수회장에 당선됨.

12월, 직선제로 바뀐 경상대학교 제4대 총장 선거에 나감.

1992년   (쉰네 살) 3월, 경북대학교 대학원 국어국문학과 박사과정 입학.

3월, 배달말학회장을 맡음(1994년 2월까지).

1994년 ◆ (쉰여섯 살) 12월, 경상대학교 제5대 총장 선거에 나감.

길을 만나 뜻을 펼치며

1995년 ◆ (쉰일곱 살) 2월, 경북대학교 대학원 국어국문학과 졸업(문학박사).

6월, 삼광문화연구재단 이사장에 추대됨(2007년 6월까지).

11월, 삼광문화연구재단 제6차 이사회에서 진주를 춤의 도시로 만든다는 목적으로 탈춤경연대회와 학술세미나 행사를 함께 열기로 함.

1996년 ◆ (쉰여덟 살) 3월, 경상대학교 교육대학원 국어교육 전공자들과 입말교육연구모임을, 대학원 국문학 전공자들과 이야기문학연구모임(이야기말꽃모임)을 시작함.

7월, 제1회 진주탈춤한마당 대회본부장을 맡음(2001년 제6회까지. 2006년~2014년 5월까지 제전위원장). 대학생 탈춤경연대회와 함께 '오늘 우리가 왜 탈춤을 추는가'라는 주제로 심우성, 김열규, 김동표 등 학자와 탈 전문가를 모신 학술토론회를 열어 놀이와 연구를 함께 해나가는 토대를 마련함. 이 행사를 기획하고 평가하면서 진주 지역 오광대 복원을 구체화하고 학술토론회의 전문성을 높이기 위한 방안을 논의함.

11월, 재속프란치스코회 한국 국가형제회 제10대 회장에 추대됨. 이후 다시 제11대 회장에 추대되어 봉사함(2003년 1월까지).

1997년 ◆ (쉰아홉 살) 1월, 배달말학회장을 맡음(2002년 12월까지). 이 기간 중 창원, 순천 등에 있는 대학과 협의하여 학회를 개방함. 연 1회 발행하던 학회지 『배달말』을 1999년부터 연 2회 발행하며, 2000년에는 교육부 학술지 평가에서 A등급을 받고, 2001년에는 한국연구재단의 등재후보 학술지로 선정되게 하였으며, 2006년에 등재학술지로 선정되는 토대를 마련함.

5월, 제2회 진주탈춤한마당에서 '진주오광대에 대하여'라는 주제로 학술세미나를 개최하고, 학술지에 「오광대 각본을 소개함」이라는 글을 발표함. 이 대본을 바탕으로 9월부터 칠암성당 지하 강당에서 40여 명의 연희자들이 복원을 위한 연습을 해나감. 국립중앙박물관 지하창고에서 전경욱 교수가 진주오광대의 탈을 찾아내고 황병권이 이를 실측하여 탈을 만들었으며, 김수악과 배또문준이 춤을 지도함.

1998년

(예순 살) 1월, 진주오광대복원사업회 이사장을 맡음.

5월, 제3회 진주탈춤한마당에서 1937년 정월 보름에 놀고 사라졌던 '진주오광대(김수업 대본·배또문준 총지도)'를 예순 해만에 되살려 공연함.

10월, 〈우리말살리는겨레모임〉 세우자는 모임(서울, 지식산업사)에 가서 한 뜻을 모으고, 운영위원을 맡으며 우리말살리는겨레모임 진주모임을 만들기도 함. 2001년부터는 공동대표를 맡음.

12월, ㈜진주신문 대표이사에 선임됨(2001년 10월까지).

1999년

(예순한 살) 3월, 한글학회 진주지회 창립총회 및 연구발표회에서 창립 개회사를 함.

4월, 경남국어교사모임 창립총회 특강에서 '뉘우치지 않을 수 없는 국어교육'에 대해 강연함.

5월, 제4회 진주탈춤한마당의 '처용 다시 보기'라는 주제로 열린 학술심포지엄에서 「처용의 모습과 노래」를 발표하며 처용춤을 곱사춤이라고 하여 열띤 토론을 이끌어냄.

8월, 재속프란치스코회 미주 한인 형제회가 주최하는 제4회 북·남미 지도자 연수회에 초청되어 브라질 상파울로에 가서 연수회를 주관함.

9월, 전국국어교사모임의 '새로운 국어과 교육과정과 교과서 개발을 위한 제1차 세미나'에서 「빠른 세상에 느린 교육-국어과 교육과정과 교과서가 지닌 문제점」이라는 제목으로 강의를 하고, 교육과정과 교과서 개발을 함께함. 이후 전국국어교사모임에서 펴낸 『중학교 1학년을 위한 우리말 우리글 1』(2001), 『중학교 2학년을 위한 우리말 우리글』(2002), 『고등학생을 위한 우리말 우리글』

(2002), 『중학교 3학년을 위한 우리말 우리글』(2003)에 연구협의 진으로 깊이 참여함.

11월, 남성문화재단의 재정 지원을 받아 '진주문화를 찾아서' 책 시리즈를 펴내기로 하고 편간위원장을 맡음(2018년 6월까지). 2001년 『논개』를 시작으로 18권의 책이 나옴.

12월, 〈남성문화장학재단(이사장 김장하)〉 창립 발기회가 열림. 다섯 명의 이사, 두 명의 감사가 구성된 가운데, 이사로 선임됨(2018년 6월까지). 이후, '남성문화장학재단'은 '남성문화재단'으로 이름이 바뀜.

2000년 (예순두 살) 1월, 충주시 신니면 글쓰기연구회 모임집에서 열린 〈한국글쓰기교육연구회〉 겨울배움터에서 '말 살리기와 교육 바로잡기'라는 주제로 강연함. 마주이야기 박문희 원장을 비롯한 여러 분들을 만나 하룻밤을 머물며 이들의 순수한 열정에 깊은 인상을 받음. 이후, 글쓰기 회보에도 수십여 편의 글을 썼으며, 글쓰기회 연수에서 '토박이말이 갈무리한 우리 빛깔(2008)', '삶을 위한 이야기교육의 뜻(2013)', '배달겨레의 삶과 말(2015)', '말꽃으로 바라본 겨레의 삶(2017)' 등의 주제로 강의를 함.

5월, 제5회 진주탈춤한마당의 '탈춤매체의 활용 가능성과 그 지향'이라는 주제로 열린 학술세미나에 조동일 교수를 초청하여 종합토론을 함.

10월, 진주오광대복원사업회가 진주오광대보존회로 이름이 바뀌었으며, 진주오광대보존회장을 맡음(2003년 1월까지).

이야기대회를 처음 제안하여 제1회 전국 중·고등학생 이야기대회의 공동대회장을 맡음. 경상대학교 국어교육과와 전국국어교사모임 공동 주최로 열리던 이야기대회는 경상대학교(2012년 1월까지)에서 한양대학교(2013년부터)로 옮겨 열림.

2001년 (예순세 살) 3월, 〈우리말살리는겨레모임〉 공동대표를 맡음(2003년 8월까지, 다시 2005년부터 2009년 6월까지).

8월, 한국교육과정평가원의 제7차 교육과정에 의한 2종 교과용도

서 검정에 『국어생활』(대표저자 김수업, 도서출판 태성)을 신청하
였으나 심사에서 합격하지 못함. 1년 뒤 『문학』 교과서 또한 합격하
지 못함.

9월, 진주~대전 고속도로 개통을 앞두고 진주시에서 개최한 '진주
지역발전 촉진 세미나'에서 '지역문화 가꾸기와 관광 발전 전략'에
대해 발표함.

2002년 (예순네 살) 1월, 부산교육연구소 〈옛이야기길〉 모임이 주관한 '옛
이야기 들려주기' 연수에서 「옛이야기가 왜 중요한가?」라는 제목으
로 강연함.

5월, 〈올바른 진주시의회를 만드는 시민위원회〉 공동 대표를 맡음.

8월 18일, 어머니 최기순 마리아 돌아가심.

하반기, 선생의 제안으로 경상대학교 교육연구원이 '한국교육의 지
역화 연구'라는 주제로 한국학술진흥재단의 연구프로젝트에 선정
되어 2년간 교과별 연구원, 연구보조원들과 함께 연구를 하게 됨. 국
어교육의 지역화 중 문학교육 쪽 연구를 맡아 4차례의 종합세미나
를 이끌며 전체 연구를 총괄함.

2003년 (예순다섯 살) 5월, 경상대학교 남명홀에서 '지역화 교육의 의의와
방향'을 주제로 '한국교육의 지역화에 관한 연구' 1차년도 학술발표
대회가 열림.

제6회 진주탈춤한마당에서 탈춤 시연과 학술발표가 어우러진 '학
예굿'을 처음 열어 '탈춤연구의 뜻과 길'로 인사말을 함. 학예굿은 〈
민속극학회〉 설립의 촉매가 됨.

9월, 대구가톨릭대학교 제4대 총장에 취임함(2005년 1월 5일까지).

2004년 (예순여섯 살) 2월, 경주 현대호텔에서 열린 대구가톨릭대학교 교
수연수회에서 대학을 새롭게 바꾸어나가자는 경영철학을 밝힘.

7월 문화관광부 국립국어원 국어심의회 심의위원을 맡음. 2년 임
기를 유임하여 모두 4년을 일함(2008년 6월 30일까지).

2005년 (예순일곱 살) 1월, 임기 4년 중 2년 6개월을 남겨둔 채 대구가톨릭 대학교 총장을 그만두고 경기도 군포로 옮겨 서울살이를 시작함. 이후 일곱, 여덟 해를 서울과 진주를 오가며 국어심의회, 전국국어교사모임, 전국초등국어교과모임, 우리말살리는겨레모임, 재속프란치스코회 한국 국가형제회, 진주문화연구소, 학술연구 등의 일을 동시에 펼침.

2월, 대전 사또그레이스 호텔에서 제1회 우리말교육대학원 입학식을 하고 운영을 하였으며, '국어교육철학'과 '배달말꽃' 강의를 함. 매 학기 특강과 합숙을 대학원생들과 함께함. 정식 학위를 주지 않는데도 배움의 열정으로 모인 국어교사들을 매우 기꺼워함.

3월, 경상대학교 명예교수가 됨.

5월, (사)진주문화연구소를 창립하고 이사장을 맡음(2018년 6월까지). 창립총회에서 이사장 취임을 기념하여 「〈진주문화연구소〉를 세우는 뜻」이라는 제목의 인사말을 함.

6월, 제8회 진주탈춤한마당 '탈춤 속의 소외된 인물상'이라는 주제로 열린 학술심포지엄에서 「탈춤에서 소외된 계층은 어떻게 표현되고 있는가?」라는 채희완 교수의 발표에 토론을 함.

(사)전국국어교사모임 부설 우리말교육연구소장을 맡음(2011년 2월 19일까지).

우리말교육대학원장을 맡음.

『우리말·우리얼』 원고 모집과 편집 일을 직접 함(2009년 6월까지).

7월, 경남창원글쓰기교육연구회가 마련한 '삶을 가꾸는 글쓰기-김수업 선생 우리말 특강'에서 강연함.

10월, 전국국어교사모임 교사 세 명과 함께 〈남북어린이어깨동무〉의 방북 대표단으로 평양을 다녀옴.

11월, 국어심의회 국어순화분과위원장을 맡음. 이후 여러 차례의 분과 회의를 함.

12월, 진주 지역 문화예술에 크게 기여한 인물을 찾아내는 '진주 명인을 찾아서' 첫 마당으로 '판소리 동편제의 명인 이선유 선생'을 기획하여 조명하는 행사를 엶. 이후 기산 박헌봉, 김수악, 배또문준 등의 명인을 찾아내어 널리 알림.

제1회 진주인권사랑한마당에서 세계인권선언진주시협의회 공동대표로서 기념사를 함(2010년까지. 2009년은 김장하 공동대표가 함). 여기서 채택한 '인권도시진주선언문(2005. 12.)'의 김중섭 초안을 검토하여 최종본을 만듦.

2006년 (예순여덟 살) 9월, 우리말교육현장학회 초대 회장을 맡음(2008년 8월까지). 학회는 해마다 학술발표회를 연 2회 열고, 학회지 『우리말교육현장연구』를 연 2회 발행함.

국립국어원 1층 세미나실에서 열린 국어심의회 세 분과의 전체회의에서 국어심의회 전체 심의위원장에 선출됨(2008년 6월까지). 이후 분과소위원회를 실무위원회로 바꾸어 회의를 활발히 하며 활동을 이끎.

2007년 (예순아홉 살) 11월, 한국정책방송(KTV)에서 '외래어 및 외국어 남용과 오용'이라는 발제에 대하여 토론하며 국립국어원 관계자에게 어문정책의 일관성을 유지할 것을 요청하며 '공급자 중심의 어문정책'을 비판함.

2008년 (일흔 살) 3월, 진주문화연구소 주최로 채송아트홀에서 '진주문화사랑방' 행사를 처음 열어 시민들에게 '지리산 마고할미 이야기'를 들려줌. 8월에는 '명창 이선유'에 관해, 제20차 행사에서는 '논개'에 관해 이야기를 들려줌.

10월 21일 학술단체 외솔회에서 주는 제30회 외솔상 문화부문 수상.

2009년 (일흔한 살) 1월, 재속프란치스코회 한국 국가형제회 제14대 회장에 추대됨(2012년 1월까지).

7월, '진주시 인권조례제정을 위한 토론회'에 참석하여 기념사를 함.

10월, 2012년에 맞이할 한국 재속프란치스코회 75주년을 뜻깊게 보내기 위해 국가평의회 산하에 한시적으로 둔 〈75주년 기념사업회〉위원장을 맡아 학술, 출판 등의 일을 추진함.

2010년 (일흔두 살) 〈연지사종 환수 국민행동〉 공동대표를 맡음. 5월에 문화재환수협의회가 '진주선언'을 하고, 12월에 학술행사를 열어 문화재 환수, 연지사의 위치 등에 대한 관심을 불러일으킴.

1월, 진주문화방송 시민교양강좌에서 '우리말은 서럽다'를 강연함.

5월, 세종날 한글학회 학술대회에서 「우리말 배움의 길을 생각하며-낱말을 보기로 삼아」에 대해 발표함.

국어책임관·국어문화원 공동연찬회에서 '공공언어 개선의 필요성'에 대해 강연함.

9월, '한글학회 개혁 비상대책위원회' 위원을 맡아 11월말까지 일함.

10월, 국외 한국어 전문가 연수에서 '한국어의 이해'에 대해 강의함.

2011년 (일흔세 살) 10월, 재속프란치스칸연구회를 일으키고, 11월에 첫 모임을 함.

쓰임이 있으면 어디든 내어주며

2012년 (일흔네 살) 1월, 재속프란치스코회 한국국가형제회 회장 임기를 마치면서 일곱 해 동안의 서울살이를 정리하고 진주로 돌아옴.

6월, 진주민예총 축전에서 '진주민예총에 거는 기대'라는 제목으로 특강을 함.

8월, 중국 연변대학 한국조선문화연구소와 전국국어교사모임이 함께하여 길림성 훈춘시 국제학교에서 열린 제8회 '한민족 국어-조선어문 교육의 과제와 전망' 학술토론대회에 초청되어, 8월 2일에 '배달말의 깊고 그윽한 속살'이라는 제목으로 강의를 하고 3박 4일간의 일정을 함께함.

12월, 세계인권선언 64주년 맞이 제8회 진주인권사랑한마당에서 기념사를 함.

2013년 (일흔다섯 살) 6월, 금곡초등학교에서 연 '토박이말을 바탕으로 한 어휘력 기르기' 연수에 초청되어 강연을 하고 〈토박이말바라기〉 모임과 인연을 맺게 됨.

(사)진주문화연구소 주최 '저자와 함께하는 진주문화기행' 첫 번째 저자로 마흔여 명의 시민들과 함께 진주, 화순, 장수, 함양의 논개 유적지를 답사하며 논개에 대해 해설하고 길잡이를 함.

12월, (사)진주문화연구소 주최 '전문예인집단 진주솟대쟁이패 복원을 위한 발기모임'을 진주시청에서 함.

2014년 (일흔여섯 살) 1월 3일, 국립국어원 국어전문교육과정 특강을 여러 번 하였으며, 국어원 홈페이지에 '우리말 가르치는 일의 무게'라는 동영상(등록일 2014.1.3)이 있음.

이 무렵부터 2017년 사이에 말과 교육, 지역 문화에 관한 말씀을 요청하면 생활협동조합, 중·고등학교, 연구원, 문화원, 지역 신문사, 여러 시민 모임 등을 가리지 않고 가서 강연해 줌.

1월, 솟대쟁이놀이보존회 고문으로 추대됨(2018년 6월까지).

2월, 진주 칠암 현대아파트에서 〈토박이말바라기〉 발기 모임을 가지고 3월에 진주교육지원청에서 〈토박이말바라기〉 창립총회를 함. 이후 이 모임의 행사에서 격려사를 하고 연수 특강을 하며 모임 사람들을 칭찬하고 격려함.

3월, 진주삼천포 농악 이수자 평가에 가서 인사말을 함.

4월, 〈겨레말 살리는 이들〉 뜻 일으킨 이들의 첫 모꼬지가 경북 상주시 화북면 입암리 푸른누리에서 열림. 이후 전국에서 모이는 회원들이 안양, 서울, 대전 등에서 모꼬지를 번갈아 하며 온라인 '배달말집'에서 사전 만들기 일을 계속함.

9월, 제17회 진주탈춤한마당에서 80년간 중단되었던 솟대쟁이놀이 복원 공연을 가짐. 12일에 열린 학예굿 '천년의 '진주 소리[歌]'를 꺼내다'에서 이선유 판소리 복원 연주를 축하하며 '진주 노래와 소리를 만나는 기쁨'으로 인사말을 함.

11월, '솟대쟁이놀이의 연행방식과 놀이 전승의 양상'을 주제로 열린 솟대쟁이놀이 복원재현사업 학술행사를 지원함.

2015년 (일흔일곱 살) 5월, 서경방송 Ch8, 『TV특강 1회』, 「삼국유사 이야기 I」 특강이 방송됨. 2015년 6월까지 모두 다섯 차례 특강을 진행함.

제18회 진주탈춤한마당 학술행사에서 '경남지역 오광대 전승 활동의 현황과 연대적 전망'이라는 주제에 대해 기조강연을 함.

6월, 한국어교육학회 주관으로 한양대학교에서 열린 '제1회 국어교육학자대회'에서 이대규 교수와 함께 '국어교육학 원로와의 대화'에 참여함.

7월, 솟대쟁이놀이 복원재현사업으로 '판굿 집담회'를 엶. 이어서 얼른·병신굿 좌담회(9월), 복색 고증 및 재담 좌담회(10월), 전통 복원재현공연(11월)을 엶.

대전대학교에서 진행된 (사)전국국어교사모임 집중연구과정 총회 특강에서 '연구자로서 교사의 삶-가르침을 갈고 닦는 스승의 길'이라는 제목으로 강연함.

11월, 〈사단법인 토박이말바라기〉 창립총회에서 이사장이 됨.

12월, 국어교육학회 제47회 학술대회에서 '광복 70주년, 국어교육이 걸어온 길과 나아갈 방향'이란 기조 강연을 함.

2016년 (일흔여덟 살) 6월, 진주성 외성터 조성 문제를 논의하는 시민단체 대표자의 시장 면담에 참석. 유네스코 창의도시(민속예술) 선정을 위한 진주시의 노력을 요청함.

6·15 공동선언 16주년 기념행사에서 '진주정신과 통일'이라는 주제로 강연함.

7월, 〈역사진주시민모임〉 모두모임에서 공동대표로 추대됨(2018년 1월 고문이 됨).

8월, 〈강마을산마을학교〉와 〈초등교사모임〉이 공동주최하여 '함께 일구는 우리학교'라는 주제로 오산 한신대학교에서 열린 초등교사

여름 배움터에서 '말로써 사람과 겨레를 살리는 교육으로'라는 제목의 특강을 하여 삶의 길을 들려줌.

〈역사진주시민모임〉 주최로 경남과학기술대학교 백주년기념관 아트홀에서 열린 '(가칭) 진주대첩광장 어떻게 만들 것인가?'라는 주제의 제1회 열린 토론회에서 '(가칭) 진주대첩광장을 어떻게 꾸미면 좋을까?'라는 제목으로 주제발표를 함. 이 토론회는 3차까지 이어졌으며 매번 참석하여 인사말을 함. 이밖에 실행위원회에도 빠짐없이 참석함.

10월, KBS 창원 〈뉴스 인사이드-대담 : 김수업 국어학자〉(2016. 10.09.(일)) 편에 출연하여 우리말과 한글에 관한 이야기를 나눔.

11월, 부산글쓰기회 회원, 제자들과 함께 『배달말꽃, 갈래와 속살』 공부모임을 시작함(2017년 7월까지).

2017년 (일흔아홉 살) 1월, 〈역사진주시민모임〉 대표자들과 함께 진주시장을 면담하여 두 차례의 열린토론회 내용에 바탕하여 진주성 앞 광장 조성 방안의 세 가지 기준을 제안함.

2월, 진주교육지원청에서 열린 '2017. 지역사(사회) 및 지역화 교재 활용 교원 연수'에서 '왜 삶터 배우기인가'라는 제목으로 강연함.

4월, 진주시의회 역사문화연구회 창립모임에 참석하여 시의원들에게 『진양지』를 상세하게 설명하여 진주 고을 이해에 도움을 줌.

5월, 진주시청 시민홀에서 열린 '2017 진주시, 유네스코 민속예술 창의도시 추진 국제학술토론회-주제 : 도시의 지속가능한 발전을 이끄는 문화와 창의성' 주관단체인 (사)진주문화연구소 이사장으로 참석하여 관계자들에게 조언함.

7월, 진주문화연구소 주최 '진주이야기판'에서 「『진양지』 풀어읽기」란 제목으로 강연하고 질의에 답함. 이 내용은 채록되어 『문화고을 진주』에 실림.

7월말, 몸의 병을 알게 되어 이후 열한 달 남짓 치료에 전념함.

2018년 (여든 살) 1월, 〈역사진주시민모임〉 모두모임에서 고문으로 추대됨.

2월, 〈남성문화재단〉 이사회에 참석함.

(사)진주문화연구소 정기총회에 참석하여 인사말을 하고 격려함.

〈역사진주시민모임〉 실행위원회에 참석함.

6월 23일 아침 8시 즈음, 경상대학교 병원에서 가족 모두가 지켜보는 가운데 세상을 떠남.

10월 9일, 광화문 광장에서 열린 제572돌 한글날 기념식에서 대한민국 정부로부터 보관문화훈장을 받음. 아내와 큰아들이 대신 참석함.

글모음

책

1978. 9. 1	『배달문학의 길잡이』, 금화출판사 (1983년 개정, 선일문화사).
1989. 5. 25	『국어교육의 원리』, 청하.
1992. 8. 1	『배달문학의 갈래와 흐름』, 현암사.
1998. 1. 23	『국어교육의 길』, 나라말.
2001. 7. 3	『논개』, 지식산업사.
2002. 10. 15	『배달말꽃, 갈래와 속살』, 지식산업사.
2005. 12. 17	『국어교육의 바탕과 속살』, 나라말.
2006. 4. 7	『말꽃 타령 : 김수업의 우리말 사랑 이야기』, 지식산업사.
2006. 4. 20	『배달말 가르치기 : 고치고 더한 국어교육의 길』, 나라말.
2007. 6. 11	『박지원의 한문소설 : 한 푼도 못되는 그놈의 양반』, 나라말 (2013년 개정, 휴머니스트).
2009. 8. 3	『우리말은 서럽다』, 나라말 (2012년 개정, 휴머니스트).
2012. 12. 8	『한국의 프란치스코 김익진』, 한국재속프란치코회 출판부.
2015. 1. 5	『삼국유사 이야기 : 천 년도 하루 같은 옛사람들 이야기』, 휴머니스트.

함께 낸 책

1999. 6. 1	『듣기교육』, 매리 언더우드 지음 · 입말교육연구모임 옮김·김수업 살핌, 나라말 (2008년 초판 5쇄).
2004. 7. 10	『반성과 실천-인문학의 새길을 찾기 위한』, 외 7인, 박이정.
2005. 1. 15	『한국교육의지역화연구I, II』, 경상대학교 교육연구원, 교육과학사.

2009. 1. 23 | 『문학시간에 단편소설 깊이 읽기』, 이야기말꽃모임 엮음, 나라말.

논문

1963. 12 | 「한국 초기 단편소설의 분석 :「물레방아」와「운수 좋은 날」을 대상으로」, 경북대학교 대학원 석사학위논문.

1965. 7 | 「동인 단편 연구(첫째)-'광염소나타'의 주인공에 대한 정신분석적 고찰」, 『어문학』 제13호, 한국어문학회, 59~74쪽.

1968. 5 | 「동인 단편 연구(둘째)-'감자'의 기법」, 『어문학』 제18호, 한국어문학회, 107~120쪽.

1969. 2 | 「'모밀꽃 필 무렵'의 분석」, 『국어교육연구』 제1집, 경북대학교 사범대학 국어교육과, 129~148쪽.

1971. 11 | 「'인현왕후전'의 작자 문제」, 『어문학』 제25호, 한국어문학회, 21~41쪽.

1972 | 「이상론 : 그의 휴머니스트적 정신을 중심으로」, 『진주농림고등전문학교 논문집』 제9호.

1972 | 「소월시의 율적 파악」, 『상산 이재수박사 환력기념논문집』, 형설출판사, 157~175쪽.

1973 | 「우리 시가의 전통적 율동」, 『청계 김사엽박사 송수기념논총』, 학문사, 461~480쪽.

1975. 9. 10 | 「신라노래의 이름과 갈래에 대하여」, 『배달말』 제1호, 배달말학회, 39~69쪽.

1975 | 「삼구육명에 대하여」, 『국어국문학』 제68-69호, 국어국문학회, 121~144쪽.

1976 | 「서동노래의 바탕에 대하여」, 『어문학』 제35호, 한국어문학회, 41~63쪽.

1978 | 「시조의 발생 시기에 대하여」, 『시조논총 : 모산 심재완 박사 화갑기념』, 일조각.

1978 | 「조선후기에 엮여진 노래책들의 성격에 대하여」, 『배달말』 제3

호, 배달말학회, 149~178쪽.

1979	「고려노래의 연구(1)-'가락'에 대하여」, 『배달말』 제4호, 배달말학회, 127~179쪽.
1980	「산성일기에 대하여」, 『연암 현평효박사 회갑기념논총』, 형설출판사, 131~159쪽.
1981	「용비어천가 가락이 지닌 뜻」, 『백강 서수생 박사 환갑기념논총 : 한국시가 연구』, 형설출판사, 235~247쪽.
1983. 8. 25	「이탈리아의 모국어문교육과 라틴어문교육」, 『모국어교육』 제1호, 모국어교육학회, 127~187쪽.
1984. 4. 20	「교육과정(국어과)의 내용·영역에 대하여」, 『모국어교육』 제2호, 모국어교육학회, 53~84쪽.
1984. 11. 30	「'봄·봄'의 기법」, 『배달말』 제9호, 배달말학회, 201~228쪽.
1987. 5. 25	「새로운 국어교과서(중학교) 꾸미기」, 『모국어교육』 제5호, 모국어교육학회, 217~251쪽.
1987. 12. 30	「고려노래 연구(2)-짜임새에 대하여」, 『배달말』 제12호, 배달말학회, 159~194쪽.
1988. 5. 25	「무엇이 국어인가」, 『모국어교육』 제6호, 모국어교육학회, 1~21쪽.
1988. 12. 20	「「악장가사」와 「가사 상」」, 『배달말』 제13호, 배달말학회, 197~220쪽.
1989. 12. 25	「시조 '태산이 높다 하되…'의 지은이에 대하여」, 『배달말』 제14호, 배달말학회, 371~396쪽(2003. 12. 『정읍문화』, 제12호, 정읍문화원, 62~98쪽 재수록).
1989. 12	「보다 나은 중등교육자 양성의 터전을 마련하기 위하여-주제 선정의 뜻」, 『중등교육연구』 제1호, 경상대학교 사범대학 부설 중등교육연구소.
1990. 12	「중등교육연구의 방향 : 중등교육연구의 갈길」, 중등교육연구 제2호, 경상대학교 사범대학 부설 중등교육연구소, 3~7쪽.

1991.12	「중등학교 교과서 연구 : 고등학교용 새 '문학' 교과서를 위하여」(최현옥 공동연구), 『중등교육연구』 제3호, 경상대학교 사범대학 부설 중등교육연구소, 41~58쪽.
1991.12	「중등교육 정상화를 위한 대학입시 개선 방안 – 각 학과별 선발 방식으로 개선하자」, 『중등교육연구』 제3호, 경상대학교 사범대학 부설 중등교육연구소, 109~118쪽.
1992.5	「듣기에 관한 하나의 조사」, 『모국어교육』 제10호, 모국어교육학회, 103~138쪽.
1992.8.20	「글자 싸움에서 말의 싸움으로 – 이오덕, 『우리 글 바로쓰기1, 2』, 『우리 문장 쓰기』-서평」, 『세계의 문학』 제65호(1992년 가을호), 민음사, 199~209쪽.
1992.12.31	「'옥갑야화'의 짜임새와 속뜻」, 『배달말』 제17호, 배달말학회, 225~255쪽.
1993.12.25	「진양군 대평면의 구비문학」, 『경남문화연구』 제15호, 경상대학교 부설 경남문화연구소, 219~397쪽.
1993.12.31	「김천택에 대하여」, 『배달말』 제18호, 배달말학회, 131~153쪽.
1994.12	「사천군 곤명면의 구비문학」, 『경남문화연구』 제16호, 경남문화연구소, 235~342쪽.(1998. 『한국민속학연구논저 12, 설화』, 거산, 재수록).
1994.8	「우리말 하나 되기」, 『세계의 문학』 제73호(1994년 가을호), 민음사. 280~287쪽.
1994.12	「아기장수이야기 연구」, 경북대학교 대학원 박사학위논문.
1994.12	「중등교원 양성제도 개선 방안 : 제2주제 토론:"중등교원 양성제도 개혁의 방향"에 대한 토론(2)」, 『중등교육연구』 제6호, 경상대학교 사범대학 부설 중등교육연구소, 53~54쪽.
1994.12.31	「윤선도론」, 『배달말』 제19호, 배달말학회, 211~231쪽.
1995	「문헌설화 속의 임꺽정」, 『한국 서사문학사의 연구V : 경산 사재동박사 화갑기념논총』, 중앙문화사. 1949~1969쪽.
1995.2	「교육개혁과 교사양성」, 『중등교육연구』 제7호, 경상대학교 사범

	대학 부설 중등교육연구소, 148~165쪽.
1995.12	「면별 종합학술조사 평가(역사분야/방언분야/구비문학분야/고문헌분야/고건축분야/토론내용 요약)(김준형·이상필·조규태·고영훈 공동),『경남문화연구』제17호, 경남문화연구소.
1996.12	「중등학교 교사임용 후보자 선정 경쟁시험 문제분석 및 개선방향 : 교원전형제도개선(안)에 따른 국어과의 전형방안 모색」,『중등교육연구』제8호, 중등교육연구소, 45~52쪽.
1997	「문학교육의 사회·역사적 조건」,『문학교육학』제1호, 한국문학교육학회, 119~160쪽.
1997.12.31	「'오광대 각본'을 소개함」,『배달말』제22호, 배달말학회, 211~241쪽. (2003.『탈놀이 5』, 우리마당 터, 재수록).
1997.12	「현대사회 속의 전통적 민속놀이」,『경남문화연구』제19호, 경남문화연구소, 167~214쪽.(2001.『민속놀이 3』, 우리마당 터, 재수록).
1998.12.31	「진주오광대의 오문등놀음」,『배달말』제23호, 배달말학회, 283~350쪽. (2002.『광대 1』, 우리마당 터, 재수록).
1999.4.20	「우리 신화와 상상력」,『상상력의 자리찾기-한국문화의 상상력』, 경상대학교 인문학연구소 엮음, 백의, 39~74쪽. (1997.2.『인문학연구』제3집, 경상대학교 인문학연구소, 5~43쪽 수록).
1999.12.31	「현대 사회 속의 전통적 민속놀이」,『경남문화연구』제21호, 경남문화연구소, 197~288쪽. (2003.『민속놀이 7』, 우리마당 터, 재수록).
1999.6.30	「처용의 모습과 노래」,『배달말』제24호, 배달말학회, 155~187쪽.
1999.12	「자율연수 프로그램 연구 : 국어과 자율연수 프로그램 연구」(조규태·곽동훈 공동연구),『중등교육연구』제11호, 경상대학교 중등교육연구소, 5~49쪽.
1999.12	「광역연계 시범 연구 : 중고등학교 학생의 듣기능력에 관한 조사연구」(박기주·임규홍·오범석·김현권·서명자 공동연구,『중등교육연구』제11호, 경상대학교 중등교육연구소, 199~255쪽.

2000. 6. 30	「배달문학 갈래짓기」,『배달말』제26호, 배달말학회, 47~76쪽.
2000. 12	「경남 지역 탈놀음의 특성」,『경남문화연구』제22호, 경남문화연구소, 1~19쪽.(2002.『탈놀이 3』, 우리마당 터, 재수록).
2001. 3	「교육정책과 국문학교육」,『고전문학연구』제8호, 한국고전문학회, 435~458쪽. (2001.『국문학과 문화』, 월인, 재수록).
2001. 8. 10	「국어과 교과서와 교육 방법」,『제7차 교육과정과 교과서』, 경상대학교 중등교육연구소, 1~5쪽.(2001.「국어과 교과서와 학습 지도」, 교육과학, 수록).
2001. 12	「지역 언어 문화와 국어교육」,『국어교육학연구』제13집, 국어교육학회, 1~28쪽(2008.『한국어의 규범성과 다양성 : 표준어 넘어서기』, 태학사, 137~166쪽.재수록).
2002	「국어교육과 국어교육학」,『21세기 국어교육학의 현황과 과제』, 한국문화사, 3~28쪽.
2002	「진주오광대 복원의 문화적 가치」,『진주오광대』, 진주오광대보존회, 336~351쪽(2001. 10. 23.『진주 명무전-한국전통 명무전 시리즈-팸플릿』, 세계종족무용연구소, 한국예술종합학교 크누아홀, 수록).
2002. 1	「국어 교사의 길」,『청람어문교육』제24집, 청람어문교육학회, 5~27쪽.
2002. 8	「말과 겨레와 지구 가족의 앞날」,『가을 학술대회 자료집-21세기 국제환경 변화와 남북한』 별쇄본, 연세대학교통일연구원·경상대학교 통일평화인권센터.
2003	「국어교육 지역화의 뜻」,『어문학』제80호, 한국어문학회, 1~25쪽.
2003. 3	「겨레를 살리는 국어교육의 길로」,『초등국어교육연구』제3호, 대구경북초등국어교육학회, 1~9쪽.
2003. 8. 11	「일본의 국어과 교육과정에 대하여」·「일본의 교육과정(뒤침)」,『외국의 국어 교육과정 1』, 우리말교육연구소 엮음, 나라말, 9~21쪽·23~74쪽.
2003. 12. 31	「국어교육 지역화를 해야 하는 까닭」,『배달말』제33호, 배달말

	학회, 339~363쪽.
2006. 12. 31	「국문학 연구의 문제점」, 『배달말』 제39호, 배달말학회, 5~24쪽.
2007. 3. 30	「전문 용어의 순화 방안」, 『새국어생활』 제17권 제1호(2007년 봄). 국립국어원, 89~101쪽.
2008. 4. 30	「『배달말꽃』으로 본 토박이말 살리기」, 『우리말로 학문하기의 사무침』, 우리말로 학문하기 모임·국립국어원, 푸른사상, 149~172쪽.
2008. 2. 29	「새로운 말꽃 교육의 틀 잡기」, 『국어교육연구』 제42집, 국어교육학회, 1~18쪽.
2011. 5	「우리말교육에서 다루어야 할 문학작품 고르기」, 『우리말교육현장연구』 제5집1호(통권 제8호), 우리말교육현장학회, 7~28쪽.
2012. 11. 30	「삶을 위한 이야기 교육의 뜻」, 『우리말교육현장연구』 제6집2호(통권 제11호), 우리말교육현장학회, 7~34쪽.
2013	「국어란 무엇인가」, 『언어와 언어생활』, 경남대학교출판부, 29~49쪽.

글

1. 『함께여는 국어교육』(전국국어교사모임 발행)에 실린 글

1997. 12	「말하기·듣기와 언어 영역」, 통권 34호.	1998. 「국어교과서의 짜임새와 속살」, 통권35호, 68~85쪽.	1998. 「국어교사모임에 바란다 : 횃불을 더욱 밝혀 주시오」, 여름 10주년 기념호, 28~31쪽.	1999. 10. 「빠른 세상에 느린 교육」, 가을호, 28~49쪽.	2000. 12. 「첫 이야기대회를 마치고」, 겨울호, 259~268쪽.	2001. 10. 「국어교육과 아인슈타인」, 가을호[통권49호], 100~113쪽.	2003. 7. 「『우리말 우리글』로 이룬 것과 못 이룬 것」, 여름호[통권56호], 78~97쪽.	2003. 10. 「이야기란 무엇인가」, 가을호[통권57호], 118~137쪽.	2004. 12. 「국어교사모임이 가야 할 길」, 가을·겨울 통합호[통권61호], 20~32쪽.	2005. 3. 「국어교육, 지역화를 하자」, 봄호[통권62호], 192~205

쪽. | 2005. 5.「아름답다」, 여름호[통권63호], 81~86쪽. | 2005.
9.「한글날과 국경일」, 가을호[통권65호], 94~100쪽. | 2005.
11.「우리말 가르치는 길잡이」, 겨울호[통권66호], 22~37쪽. |
2006. 3.「사람」, 통권68호, 48~51쪽. | 2006. 5.「시로 쓴 시 가
르치기」, 통권69호, 182~193쪽. | 2006. 7.「'쉬다'와 '놀다'」, 통
권70호, 44~51쪽. | 2006. 9.「얼과 넋」, 통권71호, 52~57쪽. |
2006. 11.「말과 소리와 이야기」, 통권72호, 58~62쪽. | 2007. 3.
「마음」, 통권74호, 66~70쪽. | 2007. 5.「교육부는 무엇을 하는
곳인가」, 통권75호, 62~68쪽. | 2008. 5.「국어교사모임에 희망
을 걸고」, 통권81호, 96~102쪽. | 2008. 7.「파리에서 보고 들은
프랑스 국어교육」, 통권82호, 160~176쪽.

2.『우리말 우리얼』(우리말살리는겨레모임 발행)에 실린 글

1998. 8

「철없는 소리에 실없는 대꾸」, 제2호 | 1998. 8.「우리말 살리는
겨레모임을 함께 합시다」, 우리말 살리는 진주모임 창립 자료.
| 1998. 9.「한문 유산을 살리는 길」, 제3호. | 1998. 10.「어둠이
빛을 이기지 못한다 –「漢字敎育의 必要性」을 따져 보면」, 제4
호, 4~11쪽. | 1999. 1.「정말 이래도 되는가」, 제6호, 31~33쪽.
| 1999.「다시 〈한자교육의 필요성〉을 따져본다」. | 2001. 3.「마
씨모가 의사 교수와 벌인 토론」, 제27호, 3~6쪽. | 2002.「우리
학문은 살아 있는가?」, 제29호. | 2002. 2.「김만중과 페트라르
카」, 제32호, 3~6쪽. | 2002. 5.「두 가지 논쟁」, 제33호, 18~22
쪽. | 2003. 7.「학문을 우리말로 하는 날(6) 말꽃 타령」, 제38호,
22~28쪽. | 2004. 8.「낱말 '먹거리' 시비」, 제41호, 34~35쪽. |
2004. 10.「노무현 대통령께 드리는 건의문–나라와 나랏말 정
책」, 제45호, 4~11쪽. | 2005. 7.「한글날과 국경일」, 제41호,
34~35쪽. | 2006. 2.「한자도 우리 글자라는 분들에게」, 제47호,
78~89쪽. | 2006. 4.「무서운 영어교육 불길」, 제48호, 4~11쪽.
| 2006. 8.「말뜻 말맛(2)」, 제50호, 24~29쪽. | 2006. 10.「한글
날에 생각하는 중국의 동북공정」, 제51호. | 2006. 12.「한글날 국
경일 첫해를 보내며」, 제52호, 4~9쪽. | 2007. 2.「말뜻 말맛(5)」,
제53호, 56~61쪽. | 2007. 4.「교육부는 무엇 하는 곳인가?」, 제
54호, 4~13쪽. | 2007. 6.「말뜻 말맛(7)」, 제55호, 29~34쪽. |

2007. 8.「말뜻 말맛(8)」, 제56호, 71~76쪽. | 2007. 10.「말뜻 말맛(9)」, 제57호, 81~86쪽. | 2008. 2.「말뜻 말맛(11)」, 제59호, 25~36쪽. | 2008. 5.「우리말살리는겨레모임」, 제60호, 33~41쪽. | 2008. 7.「국민이 알아볼 수 있는 헌법을 기다리며(1)」, 제61호, 18~25쪽. | 2008. 9.「세종임금 집터에 세종박물관 세우자」, 제62호, 4~13쪽. | 2009. 10.「토박이말의 속뜻(1) : '솟다'와 '뜨다'」, 제67호, 36~38쪽. | 2009. 12.「토박이말의 속뜻(2) : '삶다'와 '찌다'」, 제68호, 26~28쪽. | 2015. 5.「모시는 말씀-토박이말바라기 김수업」, 제81호, 25~26쪽.

3.『우리 말과 삶을 가꾸는 글쓰기』(한국글쓰기교육연구회 발행)에 실린 글

1999. 11.

「우리 토박이말의 넋」, 제51호, 37~47쪽. | 2001. 7.「제주도를 미국 식민지로 만들지 말자」, 제71호, 66~67쪽. | 2001. 10.「우리말을 살리는 뜻은」, 제74호, 6~17쪽. | 2002. 3.「국어 교과서에 쓰인 우리말」, 제79호, 83~89쪽. | 2003. 4.「밥 팔아 똥 사 먹는 짓」, 제92호, 112~117쪽. | 2016. 3.「우리말로 새롭게 고친 배달겨레 으뜸벼리」, 제241호, 71~76쪽. | 2001. 9.「반물」, 제73호, 68~70쪽. | 2005. 3.「가시버시」, 제110호, 72~75쪽. | 2005. 4.「마음」, 제111호, 99~103쪽. | 2005. 5.「얼과 넋」, 제113호, 72~77쪽. | 2005. 7.「말과 사투리」, 제114호, 제94~98쪽. | 2005. 9.「기쁘다와 즐겁다」, 제116호, 78~81쪽. | 2005. 10.「아름답다」, 제117호, 103~108쪽. | 2005. 11.「몸」, 제118호, 77~78쪽. | 2005. 12.「머리」, 제119호, 82~92쪽. | 2006. 3.「벼와 나락」, 제122호, 112~118쪽. | 2006. 4.「쉬다와 놀다」, 제123호, 121~128쪽. | 2006. 6.「몸통」, 제125호, 100~109쪽. | 2006. 9.「팔다리」, 제128호, 121~127쪽. | 2012. 4. ~ 2016. 12.「우리말과 삶의 곳간인 백석의 노래 - 1~34」, 제194호~258호. | 2015. 1.「배달겨레의 삶과 말」, 제227호, 4~20쪽. | 2017. 8.「말꽃으로 바라본 겨레의 삶 :『배달말꽃, 갈래와 속살』에 부치는 평계」제258호, 6~7쪽.

4. 『어린이와 함께여는 국어교육』(전국초등국어교과모임 발행)에 실린 글

2005.4 「우리말 깨치기와 가르치기」, 통권1호(봄), 62~79쪽. | 2005. 8. 「우리말을 배우고 가르치는 일」, 통권3호(가을), 12~25쪽. | 2005. 11. 「우리말 가르치는 길잡이」, 통권4호(겨울), 10~25쪽. | 2006. 6. 「글자를 왜 가르쳐야 하는가?」, 통권6호(여름), 42~52쪽. | 2006. 12. 「김수업 선생님의 낱말 뜻 바로 알기, 1 : 사람」, 통권8호(겨울), 180~184쪽. | 2007. 3. 「김수업 선생님의 낱말 뜻 바로 알기, 2 : 마음」, 통권19호(여름), 126~129쪽. | 2007. 5. 「김수업 선생님의 낱말 뜻 바로 알기, 3 : 몸, 머리」, 통권10호(여름), 112~119쪽. | 2007. 7. 「김수업 선생님의 낱말 뜻 바로 알기, 4 : 몸통」, 통권11호(여름특별호), 106~113쪽. | 2007. 9. 「김수업 선생님의 낱말 뜻 바로 알기, 5 : 팔다리」, 통권12호(가을), 132~136쪽. | 2008. 11. 「놀이란 무엇인가」, 통권18호(겨울), 16~24쪽. | 2009. 3. 「만남」, 통권19호(봄), 16~24쪽. | 2009. 6. 「『초등학교 1학년 우리말우리글』 발간의 의미와 나아갈 길 〈대담〉:토론」, 통권20호(여름), 89~100쪽. | 2010. 3. 「새 길 여는 우리말 공부」, 통권23호(봄), 24~30쪽. | 2011. 5~12 「우리 옛말 공부. 1 ~ 4」, 통권28호(5,6월호), 131~139쪽.~통권31호(겨울), 112~121쪽. | 2012. 3.~2013. 3. 「삶은 덤으로 배우는 우리 옛말 공부. 5~9」, 통권32호(봄), 46~55쪽.~통권36호(봄), 116~127쪽.

5. (한겨레) 신문 칼럼 『말뜻 말맛』 꼭지에 실린 글

2006.5.15 「호랑이는 무섭다? 두렵다?」. | 2006. 5. 22. 「속과 안은 다르다」. | 2006. 5. 29. 「'기쁘다'와 '즐겁다'」. | 2006. 6. 12. 「얼과 넋」. | 2006. 6. 19. 「쉬다와 놀다」. | 2006. 6. 26. 「사투리와 토박이말」. | 2006. 7. 3. 「파랗다와 푸르다」. | 2006. 7. 10. 「'강한 바람'만인가?」. | 2006. 7. 17. 「엎어지다와 자빠지다」. | 2006. 7. 24. 「금과 줄」. | 2006. 7. 31. 「'뛰다'와 '달리다'」. | 2006. 8. 7. 「는개와 느리」. | 2006. 8. 14. 「싸우다와 다투다」. | 2006. 8. 21. 「우리와 저희」. | 2006. 8. 28. 「옮김과 뒤침」. | 2006. 9. 04. 「가시버시」. | 2006. 9. 11. 「사람」. | 2006. 9. 18. 「누다와 싸다」. | 2006. 9. 25.

「값과 삯」. | 2006. 10. 09.「다르다와 틀리다」. | 2006. 10. 16.「뫼
와 갓」. | 2006. 10. 23.「움과 싹」. | 2006. 10. 30.「할말과 못할
말」. | 2006. 11. 06.「참말과 거짓말」. | 2006. 11. 13.「먹거리와
먹을거리」. | 2006. 11. 20.「울과 담」. | 2006. 11. 27.「가와 끝」. |
2006. 12. 4.「그치다와 마치다」. | 2006. 12. 11.「굴레와 멍에」.
| 2006. 12. 18.「말과 글」. | 2006. 12. 25.「부리다와 시키다」. |
2007. 1. 1.「소젖」. | 2007. 1. 8.「차례와 뜨레」. | 2007. 1. 15.「뽑
다와 캐다」. | 2007. 1. 22.「말꽃과 삶꽃」. | 2007. 1. 29.「날래다
와 빠르다」. | 2007. 2. 5.「까닭과 때문」. | 2007. 2. 12.「올림과 드
림」. | 2007. 2. 19.「괴다와 사랑하다」. | 2007. 2. 26.「마개와 뚜
껑」. | 2007. 3. 5.「이랑과 고랑」. | 2007. 3. 12.「돕다와 거들다」.
| 2007. 3. 19.「춥다와 덥다」. | 2007. 3. 26.「서낭」. | 2007. 4. 2.
「굿」. | 2007. 4. 9.「한글과 우리말」. | 2007. 4. 16.「슬기와 설미」.
| 2007. 4. 23.「뜰과 마당」. | 2007. 4. 30.「맑다와 밝다」. | 2007.
5. 7.「밑과 아래」. | 2007. 5. 14.「메다와 지다」.

6. 『문화고을 진주』((사)진주문화연구소 발행)에 실린 글

2007. 1

「『문화고을 진주』창간호를 펴내면서」, 창간호. | 2008. 3.「『문화
고을 진주』2호를 펴내면서」, 통권2호. | 2010. 7.「책의 모습을 바
꾸면서」,「연지사를 찾아서」, 통권 4호, 58~67쪽. | 2011. 10.「책
을 펴내며」, 통권 5호. | 2012. 12.「굴러떨어진 지리산 마고할미」,
통권6호, 62~79쪽. | 2014. 12.「살맛나는 세상으로 가는 길」, 통
권8호, 4~15쪽. | 2015. 12.「연지사종과 청주 주치」, 통권9호,
4~35쪽. | 2016. 12.「진주고을 예술의 뿌리와 갈래」, 통권10호,
4~18쪽. | 2017. 12.「김수업 선생님과 함께『진양지』풀어 읽기」
(채록 정리 : 고종민), 통권11호, 4~31쪽.

7. 『평화의 사도』((재)재속프란치스코회 발행)에 실린 글

1986

2월호.「사부님의 가르침-벗어버리기」. | 1986. 3월호.「사부님의
가르침-내려가기」. | 1986. 4월호.「사부님의 가르침-싸움 말리
기」. | 1986. 5월호.「사부님의 가르침-싸움하기」. | 1986. 6월호.
「사부님의 가르침-쉬운 말 쓰기」. | 1986. 7월호.「사부님의 가르

침-늑대 길 들이기」. | 1990. 9월호.「사부님의 가르침-오소서 성령이여!」. | 1991. 9월호.「사부님의 가르침-단체 기합」. | 1996. 9월호.「사부님의 가르침-어쩔 수 없네」. | 1997. 2월호.「사부님께 더욱 가까이-평화와 선」. | 1997. 8월호.「사부님께 더욱 가까이-변명과 호소」. | 1998. 4월호.「사부님께 더욱 가까이-자연 속의 형제 자매를 사랑합시다」. | 1999. 2월호.「사부님께 더욱 가까이-낮은 데로 내려 갑시다」. | 1999. 12월호.「사부님께 더욱 가까이-봉사를 끝내면서 드리는 인사」. | 2000. 2월호.「사부님께 더욱 가까이-프란치스코 성인의 마음으로」. | 2000. 6월호.「사부님께 더욱 가까이-재속성과 세속화」. | 2002. 2월호.「2002년 새해 인사」. | 2002. 12월호.「부끄러운 퇴임 인사」. | 2004. 1월호.「탈바꿈에 붙여」. | 2006. 1·2월호.「회칙체험기 1-불러주심」. | 2006. 3·4월호.「회칙체험기 2-집안 살림」. | 2006. 5·6월호.「회칙체험기 3-이탈리아 가는 길」. | 2006. 7·8월호.「회칙체험기 4-내려가기」. | 2006. 9·10월호.「회칙체험기 5-아픔과 괴로움」. | 2006. 11·12월호.「회칙체험기 6-사부님의 말씨」. | 2007. 1·2월호.「회칙체험기 7-언니와 아우로서 사랑하라」. | 2007. 3·4월호.「회칙체험기 8-세상에서 맡은 몫을 힘껏 다하라」. | 2007. 5·6월호.「회칙체험기 9-세상에 정의를 일으켜라」. | 2007. 7·8월호.「회칙체험기 10-일을 고맙게 여기고 부지런히 하라」. | 2007. 9·10월호.「회칙체험기 11-사랑이 넘치는 가정을 만들어라」. | 2007. 11·12월호.「회칙체험기 12-거룩한 가정」. | 2008. 1·2월호.「회칙체험기 13-우주만물의 모두 우리 형제」. | 2008. 3·4월호.「회칙체험기 14-복된 삶의 마무리」. | 2008. 5·6월호.「회칙체험기 15-형제회의 등급 분류와의 관계」. | 2008. 7·8월호.「회칙체험기 16-형제회를 살아움직이게 하는 힘」. | 2008. 9·10월호.「회칙체험기 17-단위형제회는 무엇이며, 무엇을 해야 하는가」. | 2008. 11·12월호.「회칙체험기 18-형제회는 회원을 어떻게 돌보아야 하나(1)」. | 2009. 1·2월호.「회칙체험기 19-형제회는 회원을 어떻게 돌보아야 하나(2)」. | 2009. 3·4월호.「회칙체험기 20-회원은 형제회에 무엇을 해야 하나」. | 2009. 5·6월호.「회칙체험기 21-친교와 공동책임을 표현하는 요청들」. | 2009. 7·8월호.「회칙체험기 22-프란치스칸 가족」. | 2009. 9·10월호.「회칙체험기 23-재속프란치스코회의 남다른 자리」. | 2009. 11·12월호.

「회칙체험기 24-회칙의 권위와 존엄성」. | 2010. 1·2월호. 「회칙체험기 25-복음을 살아가는 사람들」. | 2010. 3·4월호. 「회칙체험기 26-그리스도를 찾아서 만나야 한다」. | 2010. 5·6월호. 「회칙체험기 27-교회와 사제를 극진히 사랑해야 한다」. | 2010. 7·8월호. 「회칙체험기 28-날마다 회개해야 한다」. | 2010. 9·10월호. 「회칙체험기 29-기도와 관상, 성사생활로 그리스도처럼 살아야 한다」. | 2010. 11·12월호. 「회칙체험기 30-동정 마리아를 본받고 사랑해야 한다」. | 2011. 1·2월호. 「회칙체험기 31-예수 그리스도를 따라야 한다」. | 2011. 3·4월호. 「회칙체험기 32-현세 재물에서 마음을 깨끗이 해야 한다」. | 2011. 5·6월호. 「회칙체험기 33-하느님과 세상을 자유롭게 사랑해야 한다」.

8. 〔가톨릭신문〕에 실린 글

1984. 10. 14 「학교교육」. | 1984. 11. 11. 「국방은 말의 통일에서부터」. | 1984. 10. 14. 「학교교육-지극한 교육열 저변엔 역사의 한이」, 제1426호. | 1984. 11. 11. 「국력은 말의 통일에서부터-바벨탑 얘기는 말의 신비 알려줘」, 제1430호. | 1984. 12. 9. 「청소년 문제-술·담배에 어른 두들겨 패는 세태」, 제1434호.

9. 그 밖의 글

1973. 12. 20 「작품 속의 인간상을 중심으로-이생규장전의 최씨와 사랑」, 〔경상대학보〕 제117호, 경상대학교 신문사.

1974. 8. 30 「조신설화와 중국 전기의 비교에서 본「구운몽」」, 『개척자』 제11집, 경상대학교, 88~98쪽.

1975. 7. 18 「겨레의 삶과 글자」, 〔경상대학보〕 제146호, 경상대학교 신문사.

1980. 12. 30 「한국 현대 문학의 민족성」, 『개척자』 제17집, 경상대학교 학도호국단, 162~167쪽.

1988. 7 「교리의 토착화」, 『1988년도 4교구(대구, 부산, 안동, 마산) 가톨릭교수회 하계합동세미나 자료집』, 마산교구 진주지구 가톨릭교수회협의회, 25~52쪽.

1988	「부끄러워서 찾은 평계」,『대학교육』제35호, 135~138쪽.
1990. 3. 3	「진주, 진양의 문화 지역민의 삶의 터전」,〔진주신문〕창간호.
1990. 3. 5	하현숙, [인터뷰]「대학에 적을 둔 모두가 힘을 모아 학칙을 정착시키는 것이 우선 과제」,〔경상대신문〕제423호.
1990. 3. 20	「경상대신문 창간 28주년을 축하하며-참다운 힘은 진실에서만 나온다」,〔경상대신문〕제425호.
1990. 5. 28	「90학년도 기성회계(안) 예산 심의를 마치고」,〔경상대신문〕제429호.
1990. 10. 25	「중앙집권적 구조 속의 대학인식 탈피해야-대학은 곧 지역사회요 그 지역사회는 그대로 대학」,〔경상대신문〕제435호.
1991. 11. 11	「[개척논단] 중등교육 정상화를 위한 대학입시 개선 방안- 학교교육 자체를 근본적으로 뜯어고쳐야」,〔경상대신문〕제435호.
1996	「소공동체운동과 신앙의 토착화」,〔마산교구 평신도협의회 회지〕.
1996. 7	~ 2001. 6.「제1회~제6회 진주탈춤한마당」팸플릿 인사말씀
1997. 2	「책을 펴내면서」,『진주탈춤한마당 제1호 1996』, (재)삼광문화연구재단.
1998. 4	「책을 펴내면서」,『진주탈춤한마당 제2호 1997』, (재)삼광문화연구재단.
2000. 1. 3	'[새해 인사] 기쁘고 즐거운 일로 살맛나는 세상을',〔진주신문〕제491호.
2000	「예순 해만에 되살린 진주오광대탈놀음」,『진주문화』제25집, 진주문화원.
2000. 12. 20	「고 윤성근 선생을 생각한다. - 윤성근의 삶과 죽음」,『세종』제8집, 33~38쪽.
2001. 1	「진주 문화와 새로운 축제」,『진주문화』제26집, 진주문화원.
2001. 7	「진주문화를 찾아서」, '진주문화를 찾아서' 편간위원회 인사말 (2010. 2014. 다시 씀), (사)진주문화연구소.

2003. 7	「『외국의 국어 교육과정』을 펴내면서」, 『외국의 국어 교육과정 1,2』, 우리말교육연구소 엮음, 나라말.
2003. 8. 28	「떠나네」, 「빗방울」, 「어머니」, 「가을」, 『세종』 제9집, 세종회, 18~23쪽.
2004	「내가 지금 만약 젊은이라면」, 『IYF』 통권 제10호, 국제청소년연합, 11~13쪽.
2004. 11. 8	「그리운 선생님-상산 이재수 선생님」 〔매일신문〕
2005. 5	「진주문화연구소이사장 취임 강연-〈진주문화연구소〉를 세우는 뜻은」, 『진주문화연구소 창립총회』, (사)진주문화연구소, 10~14쪽. (2007. 『문화고을 진주』 창간호, 266~273쪽. 재수록).
2006	「처용 다시 보기」, 『춤·지성』 2006년 제3호, 도서출판 늘품.
2006. 6	~ 2014. 5. 「제9회 ~ 제17회 진주탈춤한마당」 팸플릿 인사말씀.
2007. 3	「진주탈춤한마당 제3~6회를 펴내면서」, 『진주탈춤한마당 3~6회』, (사)진주문화연구소.
2007. 4	「진주탈춤한마당 제7~9회를 펴내면서」, 『진주탈춤한마당 7~9회』, (사)진주문화연구소.
2007. 5. 20	「현장과 학문이 어우러지는 우리말교육학」, 『우리말교육현장연구』 창간호 간행사, 우리말교육현장학회, 3~6쪽.
2007. 11. 16	~18. 「겨레말을 하나로 가꾸는 일-민족어발전의 현실태와 전망 국제학술회의」, 중국 연변대학교 학술보고청·국어심의회.
2007. 12. 17	「내가 겪은 경상대 교수회」, 『경상대학교 교수회 20년사』, 경상대학교 교수회, 121~127쪽.
2009. 2. 1	「이야기판 되살리는 교육으로-영화·만화·게임 '기계문명' 뒤에 '뛰어난 이야기꾼' 시대 곧 도래」, 〔한겨레〕.
2010. 9	'겨레말큰사전을 기다리는 마음', 겨레말큰사전누리판 웹진 제29호, 겨레말큰사전남북공동편찬사업회(http://www.gyeoremal.or.kr/webzine/2010_09/index.jsp).
2011. 6. 4	「청맹과니 국회의원들」, 『씨알의 소리』, 2011년 7, 8월호, 함석헌

기념사업회.

2012 「간행사」, 『재속프란치스코회 역사』, 재속프란치스코회 출판부.

2013 「만석꾼 지주가 거지 성자를 본받아-김익진 프란치스코-」, 〔평화신문〕.

2016. 3 「『쏙쏙 이해되는 진주 역사 문화유산』을 펴내면서」, 방문교육사업교재, (사)진주문화연구소.

2017. 2 「회고사 - 뒤돌아보니」, 『재속프란치스코회 경남지구형제회 25년사』, 19~21쪽.

마무리하며 _____

2019년 6월 23일이면 김수업 선생이 돌아가신 지 한 해가 됩니다. 때를 맞추어 1주기 추모사업회를 꾸렸습니다. 사업은 문화공연과 책자발간으로 나누어 추진하기로 하였습니다. 평소 선생의 뜻을 따르는 사람들이 추진위원으로 참여하여 사업 기금을 만들었습니다. 5월 15일 현재 전국에서 200명과 26개 단체가 추진위원으로 참여하여 26,770,760원의 기금을 모았습니다. 문화공연은 진도 씻김굿을 중심으로 다른 공연을 곁들여 진행하고, 행사 날짜에 맞추어 선생을 기리는 책이 나오게 하자고 뜻을 모았습니다. 이 행사를 기림굿이라 이름하여 2019년 6월 22일 오후 5시에 경남과학기술대학교에서 열기로 하였습니다.

1. 일을 진행한 과정

- 1차 모임(1월 11일)

  일할 사람과 공연 날짜와 장소, 책자 발간 시기를 정함.

- 2차 모임(1월 19일)

  추모사업 이름과 내용, 추모사업회 구성원을 정하고, 원고 집필과 교정에는 따로 삯을 주지 않기로 함. 책자 500부를 발행하며, 행사 경비는 모금으로 마련하기로 함. 공연 장소는 더 찾아보기로 함.

- 3차 모임(1월 29일)

  사업회 이름과 함께하는 단체도 확정함. 책에 담을 내용의 기준과 기림굿 장소와 시간을 정함. 기부금 영수증 발행하기로 함.

- 4차 모임(3월 26일)

  추모 책 '차례'와 원고 마감일을 정함. 추진위원 명단을 책에 넣기로

하고, 책 제작에 필요한 세부사항은 편집부에 위임하기로 함. 공연 제
목과 내용, 공연 시간을 의논하고, 모금 기간을 늦추기로 함(~5. 15.).

- 5차 모임(4월 30일)
  공연위원들이 모여서 공연 내용을 의논하고, 이훈호 장자번덕 대표
  를 감독으로 선임함.
- 6차 모임(5월 18일)
  추모 행사의 전체 프로그램을 논의함.

2. 사업회 구성

고문

김경희 지식산업사 대표이사

김선옥 진주삼천포농악보존회장

김장하 남성문화재단 이사장

리영달 진주문화사랑모임 명예이사장

윤철지 삼광문화연구재단 이사장

이대로 우리말살리는겨레모임 공동대표

정상박 동아대학교 명예교수

조규태 경상대학교 명예교수

채희완 민족미학연구소장

공동대표

고용우 전국국어교사모임 이사장

김중섭 진주문화연구소 이사장
정병훈 진주시 유네스코 창의도시 추진위원장
하재태 경상대학교 사범대학 국어교육과 총동문회장

실무위원

집행위원장   정경우 경남고성음악고등학교장
편집국   김태기 전 삼현여자고등학교장
             고종민 남해제일고등학교 교사
             권복순 경상대학교 인문대학 국문학과 강사
             권유경 경상대학교사범대학부설고등학교 교사
             김미숙 진주중앙고등학교 교사
             김연희 진주문화연구소 이사
             김정호 경남과학기술대학교 교양학부 강사
             이영지 성포중학교 교사
공연국   강동옥 경남문화예술관장
             강영진 솟대쟁이놀이보존회 사무국장
             이훈호 극단 장자번덕 대표
             황병권 진주오광대보존회 사무국장
사무국   남성진 진주문화연구소장
             문은진 진주문화연구소 차장

추진위원

- 개인(200명)

강경우, 강동옥, 강명숙, 강미숙, 강미훈, 강미희, 강분순, 강윤자, 강을선, 강진수, 강창우, 고안덕, 고영훈, 고이석, 고종민, 구자행, 곽재균, 권복순, 권소희, 권영란, 권유경, 권정혜, 권혜숙, 권희정, 김경숙, 김경희, 김남숙, 김문웅, 김미령, 김미숙, 김미애, 김보영, 김수현, 김숙련, 김승진, 김연중, 김연희, 김완섭, 김은주, 김장하, 김정문, 김정순, 김정욱, 김정호, 김정희, 김중섭, 김지은, 김진수, 김태기, 김한준, 김향, 김혜영, 김혜희, 나영미, 남성진, 남필, 류민현, 모영화, 문명숙, 문은숙, 문은진, 문정임, 박관영, 박기주, 박미경, 박상규, 박선미, 박성리, 박순찬, 박옥란, 박용식, 박재홍, 박종어, 박진환, 박철현, 박현, 박현정, 박혜숙, 박희영, 배성완, 배향란, 서상호, 서은애, 서해금, 성종남, 소미란, 손진욱, 송성아, 송숙정, 신미란, 신미옥, 심낙섭, 심숙희, 안동준, 안선옥, 안용순, 안종금, 양순이, 엄희영, 여태훈, 염정희, 오춘택, 옥상호, 우장식, 유현주, 윤영백, 윤일호, 윤정원, 윤종원, 윤주란, 윤태규, 이경례, 이경옥, 이계순, 이귀순, 이기주, 이대례사, 이상석, 이선녀, 이성효, 이영지, 이정관, 이주영, 이창수, 이천훈, 이철현, 이현주, 이혜원, 임광찬, 임규홍, 임은정, 임지룡, 장정현, 장효진, 전영조, 전현주, 정경신, 정경우, 정대규, 정도련, 정명규, 정미애, 정병훈, 정영숙, 정영현, 정용선, 정유철, 정일, 정일상, 정재훈, 정창욱, 정혜옥, 정호갑, 정화영, 조구호, 조규태, 조수철, 조장희, 조재성, 조정림, 조정일, 조창래, 조헌국, 주옥경, 주중연, 지원주, 진윤경, 진주형, 차정희, 최귀연, 최남순, 최상재,

최석진, 최시한, 최인영, 최진호, 추선화, 하경임, 하계윤, 하신규, 하윤옥, 하재태, 하춘란, 하현태, 한갑진, 한말순, 한수미, 허관, 허남술, 허상천, 허정림, 허창오, 현종갑, 형은수, 홍은영, 홍차순, 황경재, 황수엽, 황주호, 황현돈

• 단체(26곳)

겨레말살리는이들, 경상대학교사범대학국어교육과 총동문회, 극단 장자번덕, (재)남성문화재단, (재)삼광문화연구재단, 생활정치시민네트워크 진주같이, 솟대쟁이놀이보존회, (주)양철북출판사, 역사진주시민모임, 이야기말꽃모임, 이오덕김수업교육연구소, 입말교육연구모임, 재속프란치스코회 한국 국가형제회, (사)전국국어교사모임, 전국초등국어교과모임, 전통예술원 놀제이, 전통예술원 마루, (사)진주문화사랑모임, (사)진주문화연구소, (사)진주민예총, 진주삼천포농악보존회, 진주오광대보존회, 천주교 마산교구 칠암동성당, 큰들문화예술센터, (사)토박이말바라기, (사)한국글쓰기교육연구회

빗방울 김수업

초판 1쇄 발행 2019년 6월 20일
지은이 김수업 선생 1주기 추모사업회
펴낸이 구주모

편집책임 김주완
디자인 김미경
유통·마케팅 정원한

펴낸곳 도서출판 피플파워
주소 (우)51320 경상남도 창원시 마산회원구 삼호로38(양덕동)
전화 (055)250-0190

홈페이지 www.idomin.com
블로그 peoplesbooks.tistory.com
페이스북 www.facebook.com/pepobook

ISBN 979-11-86351-24-6
책값은 뒤표지에 있습니다.